« PAVILLONS »
Collection dirigée
par Maggie Doyle et Jean-Claude Zylberstein

MARIOLINA VENEZIA

J'AI VÉCU MILLE ANS

traduit de l'italien par Nathalie Bauer

ROBERT LAFFONT

Tous les faits et personnages évoqués dans ce roman sont le fruit de l'imagination de l'auteur.

Titre original : MILLE ANNI CHE STO QUI

ISBN 978-2-221-10805-5
(édition originale : ISBN 88-06-18474-1 Giulio Einaudi editore s.p.a., Turin)

Fais-moi un papier car je ne me rappelle plus rien. Ni les prénoms de mes enfants ni qui était mon père. Je l'aurai toujours dans ma poche.

D'accord, je te le fais.

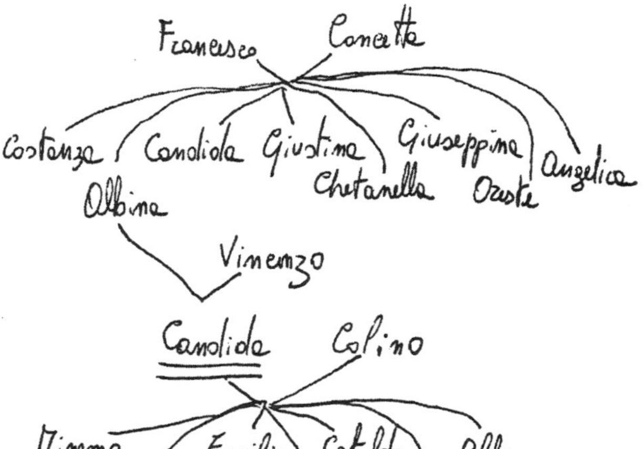

Toi, tu es soulignée. Moi, je n'y suis pas encore.

I

Certains jours, il soufflait un vent coloré qui agitait la poussière, et tout se mettait à lever comme la pâte à pain sous la couverture. On voyait ressurgir des événements du passé et apparaître ceux qui étaient encore à venir. Ces jours-là, les courants d'air sous les portes évoquaient des babillements d'enfants pas nés, ils nouaient aux chevilles des femmes des liens impalpables qui les faisaient trébucher. Les fenêtres claquaient. Le lait caillait dans les seaux. Les hommes passaient les vêtements qu'il ne fallait pas et les fillettes se transformaient en femmes.

Où qu'elle fût, Gioia le sentait elle aussi. Soudain, elle avait envie de rire et de pleurer, elle pirouettait au beau milieu d'une pensée, puis la vie reprenait comme si de rien n'était.

C'était ainsi depuis l'époque où Mammalina lui montrait son mouchoir noué en forme de souris qui filait sur la paume de sa main, petit bout de tissu terriblement vivant ; un mystère enfantin qui l'arrachait à l'ennui, à la peur des piqûres, à ses pièces d'or au cœur en chocolat, aux longs après-midi de malade dans son lit qui se peuplait de montagnes et de cavernes, d'étangs gelés et de déserts où il lui arrivait de s'égarer.

La tristesse de Gioia venait de loin. Elle la prenait par surprise dans la voiture d'un métro, à l'arrêt d'un autobus, tandis qu'elle traversait la rue parmi la foule. Parfois son écho retentissait dans la nuit, comme un galop de chevaux qui se rapprochent, montés par des bandits en capes noires. Les sabots des chevaux martelaient le sol, au rythme du roulement d'un tambour, et ils remplissaient la pénombre de murmures puis de cris. Gioia balayait cette tristesse d'un clignement des yeux et se regardait dans le miroir. Elle se recoiffait. Elle vaporisait sur sa peau quelques gouttes de parfum.

Le bonheur aussi venait de loin. D'encore plus loin.

1.

Il était environ trois heures de l'après-midi, le 27 mars 1861, quand se produisit à Grottole, cette partie du Basilicate située dans l'arrière-pays, à cent kilomètres de la côte des Pouilles, un événement qui devint légendaire.

Au cours des heures suivantes, les habitants s'interrogèrent longuement sur sa nature, émettant différentes hypothèses : les uns évoquèrent un miracle ; certains, un acte de sorcellerie ou, de manière plus orthodoxe, une tentation du démon ; seuls les plus instruits – c'étaient aussi les moins nombreux – l'imputèrent à une manifestation naturelle.

Un moment, on songea que *zí* Uel le *fourneur* y était pour quelque chose puis, vu les circonstances, on abandonna l'idée : il travaillait très bien l'argile, n'y laissait pas le moindre petit caillou, et ses pots se fendaient donc rarement. Ses mains étaient rapides et précises sur le tour, ses doigts à moitié brûlés caressaient les hanches rondes des cruches et des pichets, comme Dieu devait avoir effleuré celles d'Ève le jour de la Création. Il pétrissait, modelait, enfournait. Il défournait des lampes à huile, des *contient-l'eau* et des jarres. Il leur imprimait ces cercles concentriques qui permettaient autrefois aux vivants de communiquer avec les morts dans une langue que plus personne ne connaissait. Des terres cuites minces et sonores, des cruches qui emprisonnaient la fraîcheur de l'eau. Si fines qu'un cri suffisait à les briser.

En ce jour où Rome encore insoumise fut désignée capitale de l'Italie enfin unie, le benjamin des gens de la Rage se promenait, un rat d'égout attaché au bout d'une corde et l'estomac gargouillant de faim. Il errait du côté de la vieille terre que l'on appelait aussi la troitesse, un amas dense de rues et de maisons qui ignorait le soleil. Il fut le premier à remarquer ce phénomène d'une nature différente mais tout aussi important que l'ascension de Rome au rang de capitale.

Il tirait sur la laisse quand il constata qu'un liquide jaune coulait le long du passage du Sarrasin, formait une flaque sur les pavés disjoints, poursuivait son chemin marche après marche en glissant sur les pierres, dévalait les venelles et se jetait enfin au bas du talus. Il pensa tout d'abord qu'il s'agissait de l'urine d'un animal, mais il n'avait jamais vu de mulet ni même la vache de Totonno se soulager aussi longtemps. Il se dit qu'on vidait peut-être les bassins de don Filippo Cocca, puis se ravisa : les amis du jeune Cocca, étudiant à l'université de Salerne, avaient beau être nombreux, il aurait fallu un bataillon entier pour produire toute cette pisse… Sa curiosité fut telle qu'il laissa échapper le rat et ne s'en aperçut même pas. Il s'approcha de la rigole et l'observa de si près qu'il faillit mettre le nez dedans. Le liquide continuait de couler. Fluide et visqueux, limpide et doré sous les rayons du soleil, il faisait des bulles grasses et reprenait sa course de plus belle ; sa source paraissait grossir au lieu de se tarir.

Bientôt, Rocchino y trempa le doigt, qu'il huma et suça. Son visage se plissa en une grimace qui pouvait aussi bien exprimer le chagrin que le plaisir.

À cette heure-là ne se trouvaient au village que les enfants, les femmes, les estropiés et les fous. Les hommes valides travaillaient aux champs. Rocchino entreprit de laper la mare, y plongea les pieds, les mains et sa caboche pelée, puis s'y roula comme un cochon dans la merde. C'était de l'huile, de l'huile d'olive !

Un son de cloche résonna dans ses oreilles. Il sentit que la vie coulait dans son corps avec onctuosité, et que la mort sèche s'éloignait. Par un hiver de disette, murmurait-on, les gens de la Rage avaient rôti et mangé leur benjamin tout juste né. Une odeur appétissante, inoubliable, avait envahi et imprégné le village pendant plusieurs jours.

Tandis que Rocchino grognait de plaisir et manquait de s'étouffer sous l'effet de sa goinfrerie, l'étrange affaire se manifesta à un second villageois, Felice la Clochette. Assis sur un siège en pierre, il espérait en vain que le soleil de l'après-midi lui réchaufferait le cœur quand il vit la pisse du démon se frayer un chemin sur le sentier boueux qui menait au potager de *zí* Titt.

Un instant, il s'arracha au souvenir qui le tenait enchaîné depuis plus de vingt ans : le corps opulent de sa femme lardé de trente coups de couteau.

À sa sortie de la prison royale de Naples, il avait cessé de parler, sinon pour marmonner des injures comme d'autres récitent des Ave Maria, et les cauchemars de son âme damnée avaient affleuré sur sa peau. Du cou jusqu'à la taille, et certainement sur le reste du corps, mains et parties intimes comprises, il n'était que diables tatoués, cœurs brisés, femmes nues et inscriptions obscènes qui étaient autrefois animés par ses contractions musculaires mais se dissimulaient maintenant dans les replis de sa peau et de son poil chenu.

Son manteau noir flottait au coin des rues tandis qu'il se rongeait de solitude, le pouce et le petit doigt dressés dans le dos, la ceinture ornée d'autres cornes, petites et grandes, qui tintaient à chaque pas afin de conjurer le mauvais sort – tentative désormais ridicule. Il n'y avait plus que les enfants à le suivre pour lui jeter des cailloux avant de se cacher rapidement derrière un mur ou dans l'embrasure d'une porte.

Felice la Clochette vit dans l'huile la bile du démon et se dit que le Malin était enfin venu le chercher. Il prononça une terrible imprécation et, soulagé, se prépara à le suivre.

C'est une femme qui comprit de quoi il retournait.

La mère Tar'socc's'aventurait le long des murs écaillés, elle bondissait dans l'ombre et ressurgissait prudemment au soleil, enroulée dans un châle marron qui masquait le pot de chambre nauséabond qu'elle entendait vider sur la place Sant'Andrea. Personne ne la verrait à cette heure-là, car ceux qui ne travaillaient pas étaient certainement assoupis. Elle renversa furtivement le pot sur la rampe de pierre où glissaient les roues de la charrette, devant la maison de sa belle-sœur Agnese. Grande fut sa surprise lorsqu'elle s'aperçut que les étrons flottaient sur un lac jaune que sa famille, certes nombreuse, n'aurait jamais réussi à produire.

Elle méditait sur le mystère, en équilibre sur la pointe des pieds, le cou tendu comme une poule, son pot de chambre contre la hanche, quand le cri de sa belle-sœur déchira l'air immobile de ce début d'après-midi, souleva des nuées de mouches et réveilla le village hébété. *Ca pzz scttà u'sagn'da n'gann !...* Que ta gorge puisse cracher du sang ! L'étirement sonore du « *n'gann* » retentit contre les murs, se répercuta de rue en rue à travers l'enchevêtrement des venelles et se répandit dans les ravins de la vallée. Les femmes jaillirent des portes entrouvertes, prêtes à savourer la bagarre. Mais un autre spectacle les attendait, une scène que, soixante-dix ans plus tard, certaines se rappelleraient encore et raconteraient à leurs petits-enfants, mêlée aux histoires de saint Pierre, du diable et de la dame au porcelet blanc qui apparaît aux carrefours lorsqu'on perd son chemin.

Agnese et Tar'socc'avaient à peine commencé à se défier et à se pousser en dégainant leurs ongles de chattes furibondes que la seconde fit un faux pas et dérapa. Elle tomba sur les fesses et cassa son pot de chambre. Agnese se rua sur elle, l'empoigna, la plaqua, ses jupons trempés et collés à ses jambes.

Les deux belles-sœurs se saisirent à la gorge du geste dont on tord le cou des poules. Cramoisie et *échevelurée*, les yeux révulsés, Agnese réussit à plonger dans le liquide la tête de l'indigne qui faillit étouffer. Quand Tar'socc' reprit son souffle, stupéfaite, elle murmura en léchant le duvet qui ourlait ses lèvres : « *iè iuogghj* », de l'huile, de l'huile d'olive ! Les femmes se dévisagèrent, persuadées que le manque d'air lui avait brouillé les idées.

Une minute de silence s'ensuivit. Lucietta, la fille aînée de Peppino Longue-Paille, la brisa après avoir prudemment trempé le doigt dans la mare et l'avoir léché : « C'est bien de l'huile », dit-elle en italien en martelant les mots d'une façon très affectée, car elle avait fréquenté l'école jusqu'en onzième.

Un bruissement parcourut la foule de femmes. L'une d'elles remémora le jour où une source d'eau limpide avait jailli sous le lit de Pif-Bouché. Personne ne l'écouta.

On s'interrogeait plutôt. Les neuvaines organisées par le nouveau curé avaient-elles atteint leur but ? La source miraculeuse venait-elle sauver les affamés ? Du haut de ses quatre-vingt-dix-neuf ans, la mère Caniuccia exhorta ses voisines à ne pas toucher une goutte de cette huile, qui – elle en était aussi sûre que la mort est inéluctable – avait débordé des chaudrons où bouillonnent les damnés de l'enfer. Mais les femmes la laissèrent croasser telle une autre Cassandre et se précipitèrent sur le prodigieux liquide.

Lucietta avait ôté son fichu qu'elle plongea dans l'huile et, le tenant avec autant de précautions que si elle eût porté l'enfant Jésus, regagna son domicile pour le tordre au-dessus d'un *contient-l'eau*. Les autres villageoises l'imitèrent, essorant tabliers et mouchoirs à l'intérieur de seaux de cuivre ou de bois.

En remontant le cours de la rigole, elles atteignirent la demeure de don Francesco Falcone. Ninetta, la plus jeune de la troupe, la fille de P'tit-Peu, leva les yeux et constata que l'huile s'échappait de l'entrepôt.

Elle lançait un regard hésitant à ses compagnes quand soudain les cloches se mirent à carillonner.

Plus bas, la rigole d'huile avait suscité de multiples réactions, querelles, stupeur, discussions... Don Valentino Blasone, instituteur titulaire du diplôme d'honneur, auteur d'une histoire de la littérature lucane, remplaçant du médecin du Service de Santé ainsi que citoyen honoraire de la commune de Miglionico, s'était escrimé à expliquer que l'écoulement n'avait rien de surnaturel. Pas de miracle : il s'agissait d'une question de chimie, d'une simple agrégation de molécules. Par un effet de pur hasard, certains éléments présents dans la nature s'étaient rencontrés dans une nappe souterraine et, en s'associant, avaient produit le fluide connu aussi sous le nom d'huile d'olive. Avant de l'utiliser, avait-il recommandé, il convenait de l'observer au microscope, à cause des microbes.

L'écho de la nouvelle était également arrivé aux oreilles de don Antonio, le jeune curé originaire de Salerne, qui, par précaution, avait aussitôt ordonné de sonner les cloches : elles remercieraient un saint ou effraieraient le démon, selon le cas.

Les derniers à apprendre ce qui se passait furent la famille Falcone et en particulier don Francesco Falcone, le premier intéressé.

Dans la chambre nichée dernier étage, Concetta accouchait. Ses souffrances étaient si grandes et ses cris si aigus que les vibrations avaient fait éclater, l'une après l'autre, les jarres conservées dans l'entrepôt. C'est tout au moins la version qui fut donnée plus tard. L'huile qu'elles contenaient s'était déversée à travers des trous ronds qui servaient de chatières. Cinquante quintaux d'huile, assez pour satisfaire les besoins annuels de la famille de don Francesco et de tous ses serviteurs.

Autour du lit étaient réunies les filles de don Francesco et de son ancienne sujette, Concetta, qui accouchait pour la septième fois, ses quatre fausses couches et ses cinq avortements mis à part.

Plus personne, à l'exception de la parturiente, n'osait encore espérer que la Vierge accorderait la grâce réclamée avec insistance au long des années, tant la déception avait été cuisante à chaque fois : à six reprises don Francesco et les membres de la maisonnée avaient cru qu'un garçon allait naître. Désormais le maître de maison ne voulait plus en entendre parler. Il était parti sur ses terres aux premières lueurs de l'aube comme un chien enragé et avait dit à Concetta, qui était dans les douleurs depuis le début de la nuit, de se débrouiller toute seule car c'étaient des affaires qui ne le concernaient pas. Concetta souffrait trop pour s'offusquer de ce départ. De surcroît, elle était pourvue de la résistance d'une mule, de la mansuétude d'une brebis et de la légèreté d'un papillon, qualités sans lesquelles elle n'aurait pu vivre longtemps auprès de don Francesco dont la nature furieuse évoquait une journée de mistral, et qui n'était même pas son mari. Il en profitait, d'ailleurs, pour la menacer de la renvoyer chaque fois qu'il y avait un problème, c'est-à-dire chaque fois qu'elle accouchait d'une fille.

Don Francesco n'avait pas jugé bon de stipuler un contrat pour s'approprier ce qui lui appartenait déjà : le corps de Concetta en usufruit, sa disponibilité, son dévouement, ainsi qu'un sentiment qu'il prenait pour de l'amour et qui était en réalité de la pitié, cette compassion profonde que la femme réservait aux *bestioles* blessées, aux miséreux et à son compagnon. Un fait fort singulier puisqu'il était riche, fort, en bonne santé, et qu'il la nourrissait.

Don Francesco n'aurait épousé Concetta qu'à une seule condition : qu'elle lui donne un garçon. Mais l'événement, tant attendu par leurs six filles illégitimes, ne s'était pas encore produit, et son éventualité semblait s'éloigner de jour en jour.

Avant d'installer Concetta chez lui, don Francesco avait été marié avec donna Nina, une alliance arrangée par son propre père. Originaire de Grassano, cette femme mûrissante, jaunâtre et molle, aux os aussi creux que ceux des oiseaux, lui avait offert en dot les terres d'Arsizz', de Mazzam'pet et de Sant'Làzzar', ainsi que le domaine de Serra Fulminante, qui rapportait plus de mille ducats par an.

Donna Nina avait été élevée dans un couvent de Naples où elle avait appris à ourler les mouchoirs, à lire les vies des martyrs et surtout à dévisager ceux qu'elle qualifiait, don Francesco en tête, de lourdauds comme s'ils risquaient de lui transmettre la petite vérole. Ils se méprisaient l'un l'autre. Après leur nuit de noces, au cours de laquelle don Francesco avait fait son devoir – preuve en était le drap souillé du sang de son épouse qu'il remit à sa belle-mère –, donna Nina et lui avaient continué, d'un commun accord, à dormir dans le même lit en se tournant le dos. Au bout d'un an de mariage, ils n'avaient toujours pas de descendance.

En proie à la déception et au regret, donna Nina passait ses journées enfermée dans la chambre nuptiale, la plupart du temps allongée dans son lit à baldaquin, sous prétexte qu'elle était souffrante ; l'air y était si vicié que don Francesco se sentait défaillir lorsqu'il franchissait le seuil de la pièce. Il y flottait une odeur de tombeau, amplifiée par le parfum puissant des lis et des bougies qui ornaient l'effigie d'une Vierge à l'air chichiteux, vénérée par son épouse.

Don Francesco n'arrivait à s'endormir auprès de donna Nina que lorsqu'il était épuisé. Peut-être craignait-il de se réveiller directement dans l'au-delà, pieds et mains liés par les fils minces de l'envie et les envoûtements de sa femme ? Cependant, il n'osait pas lui dire d'ouvrir les fenêtres ou d'aller coucher ailleurs, encore moins abandonner lui-même le lit conjugal par peur du scandale.

Mais la nuit de la Saint-Jean, une chaleur précoce et étouffante lui fit bouillir le sang dans les veines. Les chansons reprises par la foule parvenaient, étouffées, à ses oreilles. Aussi enragé que s'il avait été enterré vivant, il ne résista pas au besoin impérieux de quitter la chambre, en quête d'air pur.

C'est au moment du solstice d'été, les 21 ou 22 juin, que le jour est le plus long. Dès l'après-midi, les bouseux entassaient des genêts dans les rues et sur les places. On les enflammait pour aider le soleil à briller dans le ciel. Les cendres étaient ensuite recueillies et rapportées dans chaque habitation, afin de chasser les mauvais esprits et attirer l'abondance. Et surtout on chantait. Les hommes et les femmes sautaient au-dessus des braises ardentes avec une stupeur toujours égale afin de se marier, de transmettre les joies et les chagrins de la vie.

Don Francesco ouvrit la fenêtre. Le vent de la nuit lui balaya le visage, caressa sa barbe noire, ses cheveux, et l'homme se sentit jeune et plein d'ardeur. Mais, pour la première fois de son existence, la perception de cette vigueur était accompagnée d'un étrange pressentiment : il aurait beau éviter les pièges du mauvais œil, les sortilèges, la jalousie, les guerres et les maladies, il finirait un jour par mourir. Oui, il était impossible d'y échapper ; son grand corps qu'on aurait cru taillé dans l'olivier se ramollirait, se décomposerait comme les trognons de maïs et les déchets jetés dans les mares pour fumer la terre. Le chambard, en bas, se frayait un passage dans ses pensées et lui donnait le tournis. Don Francesco s'appuya au rebord de la fenêtre. Les braises et les yeux des filles étincelaient dans la pénombre. Soudain, un rire, qui avait les tonalités chaudes et graves de *toumtoumtoum* montait aussi haut que le tintement d'une clochette, couvrit les autres sons. Don Francesco plongea les yeux dans l'obscurité. Il assista, à la lueur de la lune et dans les éclats des flammes, à une mutation extraordinaire.

Elle avait brusquement éclos. Ses lèvres étaient aussi rouges que des cerises, ses cheveux dansaient sur ses épaules, son corps, petit et rond, sombre et galbé, ressemblait à un grain de raisin, ses seins paraissaient déjà épanouis.

Bien sûr, il l'avait déjà vue : tous les villageois étaient sinon parents, du moins parrains et marraines, lien qui avait plus de valeur que ceux du sang. Mais certaines filles se développaient d'un jour à l'autre, telles des roses qui s'ouvrent en l'espace d'une nuit.

Il contempla ce miracle, assailli par le désir de descendre. Se mêler aux paysans en fête, il l'avait toujours fait avant l'arrivée de donna Nina. Il mourait d'envie de confondre sa chair avec celle de la fillette qui devenait femme, de sentir la vie se frayer un chemin en elle et de se battre avec la mort qui se ménageait une brèche en lui.

Une main inconsistante se posa sur son épaule. Il sursauta. Donna Nina le priait de fermer la fenêtre, le courant d'air pénétrait dans la chambre et l'empêchait de s'endormir. Don Francesco obéit docilement et suivit sa femme jusque dans leur lit. Il la craignait parce qu'elle savait lire et écrire et qu'elle avait le sang froid des lézards.

Quand ils éteignirent la lumière, Nina déclara qu'être marié et ne pas avoir d'enfants est un péché. Don Francesco le savait bien, cette pensée le rongeait en secret ; il répondit qu'ils avaient bien le temps. Or donna Nina avait déjà pris sa décision : elle s'était signée deux fois et avait tendu vers lui ses mains sèches et froides. Don Francesco, qui était fort et vigoureux, mais avait parfois le sentiment d'être perdu enfant sans sa maman ne sut se dérober. Il consomma l'acte, même si, au fond de son cœur, l'eau fraîche se gâtait, les roses se fanaient, la nuit l'emportait sur le jour et la vie abdiquait devant la mort.

À l'aube, tandis que Nina le surveillait à travers ses paupières mi-closes car elle avait la vue des chats, don Francesco s'habilla et se dirigea vers ses terres.

Il lui fallut un certain temps pour oublier le dégoût qui l'avait saisi, cette nausée de femme forcée, la saleté que l'absence de désir lui avait collée à la peau. Mais il lui fallut plus de temps encore pour trouver ce qu'il cherchait : ses propriétés étaient si étendues qu'une journée, de l'aube jusqu'au couchant, ne suffisait pas pour les parcourir.

On moissonnait. En milieu de matinée, les hommes de la marina partagèrent avec lui du pain et du boudin frit ; il en fut tout ragaillardi.

Il la dénicha à l'Ai Mar, alors que la nuit commençait à tomber. Elle glanait. Il posa sur elle ses yeux tristes de rapace et lui demanda à brûle-pourpoint qui l'avait autorisée à faire ce travail. Il était peu bavard et c'était la seule phrase qui lui était venue à l'esprit pour lui conter fleurette.

À sa vue, Concetta comprit qu'il allait lui arriver ce qui était arrivé à sa mère, à sa grand-mère, à bon nombre de cousines, et qui faisait l'objet de réflexions furtives entre amies autour du puits. L'idée de se dérober ne lui traversa même pas l'esprit. Elle abandonna au pied du chêne son frère qui était encore au maillot et avança. Don Francesco la sentit palpiter tandis qu'il l'emportait sur son cheval.

Mais quand ils atteignirent la masure de Santa Lucia, il se produisit un fait inhabituel, que n'avaient connu ni la mère de Concetta, ni sa grand-mère ni ses cousines. Alors que don Francesco lui ceignait la taille pour l'aider à descendre de cheval, la jeune fille fut séduite non pas par la richesse de sa tenue, ou par la virilité de ses mains, mais par sa puissante mélancolie. Elle voulut lui offrir un cadeau supplémentaire, ce genre de présents que les pauvres font aux riches. Elle lui donna son corps et une partie d'elle-même qu'elle n'aurait su nommer.

Il la prit sur le matelas en feuilles de maïs de la petite maison. La peau de Concetta avait le goût du blé. Le sang de sa virginité perdue se mêla à celui de ses premières règles.

Avant la fin des moissons à Calavrès et à Sant'Làzzar', elle exhibait déjà un petit ventre rond en forme de pleine lune. Et le désir de don Francesco redoubla. Le corps de donna Nina grossissait lui aussi ; on avait tout juste terminé de vanner lorsque la nausée l'obligea à s'aliter. La première menace de fausse couche survint au moment des semailles, et le blé était vert quand le travail commença. Il dura une nuit et la journée du lendemain ; la nuit suivante, elle mit au monde un monstre à tête de poisson qui vécut à peine quelques heures et qu'elle suivit dans la tombe.

C'est ainsi que don Francesco installa Concetta chez lui afin qu'elle lui serve de domestique et de putain. Bien qu'elle fût née dans la fange, il se jura qu'il l'épouserait si elle lui donnait un garçon ; ce serait d'autant plus simple que, son père étant mort entre-temps, il n'avait de comptes à rendre à personne. Or Concetta donna la vie à une petite fille qui reçut le prénom de Costanza.

Une période de grand deuil s'ouvrit alors. Il devint intraitable et colérique comme jamais il ne l'avait été auparavant. Par une ironie du sort, seule Concetta, responsable directe de sa mauvaise humeur, était en mesure de le calmer.

Mais une fois la déception surmontée, don Francesco s'attacha à sa fille beaucoup plus qu'on aurait pu le penser – lui le premier. Quand elle se précipitait vers lui en trottinant et en l'appelant papa, ses yeux s'éclairaient et son cœur fondait, il en était gâteux.

Costanza était autorisée à faire ce que personne n'avait jamais eu le droit ne serait-ce que d'imaginer : lui tirer la barbe, lui fourrer les doigts dans le nez et les oreilles, jeter son chapeau du balcon et fouiller ses poches pour voir quel trésor pouvait s'y cacher.

Parfois, dans un fugace éclair de lucidité, don Francesco essayait de ramener dans le rang son impétueuse fille illégitime. C'était peine perdue : de nature obstinée et despotique, elle était désormais trop gâtée pour obéir. Il ne lui restait qu'à se consoler en pensant qu'elle était son portrait tout craché. Et à s'épancher auprès de Concetta.

S'étant assuré que la petite n'entendait pas, il lui jurait que, si sa bâtarde de fille continuait à mettre sa patience à rude épreuve, il les flanquerait à la porte sans même une chemise sur le dos ; d'ailleurs, il ne manquerait pas de partis avantageux. Ces menaces ne troublaient nullement Concetta : elle savait qu'elle avait pénétré le cœur de Francesco Falcone et était la seule à avoir découvert qu'il était ombrageux comme un cheval de race, mélancolique et colérique, mais assoiffé d'amour. Forte de ce secret, elle vivait dans sa demeure sans autres incertitudes que celles que la vie réserve en général aux êtres, veillant à ce qu'il y eût toujours dans le foyer, pour les pauvres, une marmite de pois chiches et une de fèves, remerciant la Vierge d'avoir permis que ses filles et elle ne manquent jamais de pain et de ce qui va avec.

Après Costanza étaient nées en effet, dans l'ordre : Albina, Candida dite Licandra, Giustina, Gaetana dite Chetanella et Giuseppina. Leur arrivée avait apporté bourrasques, larmes et regrets, mais le miracle du gâtisme s'était chaque fois reproduit chez don Francesco, même si les cadettes n'étaient pas parvenues à prendre dans son cœur une place aussi encombrante que celle de Costanza.

Dans son désir toujours déçu d'avoir un garçon, don Francesco avait élevé ses filles illégitimes en leur donnant un peu de cette virilité qui faisait défaut à la maisonnée.

Il avait appris à Costanza à compter : à l'époque où ces événements se déroulent, c'était elle qui, du haut de ses dix-sept ans, enregistrait les revenus des terres paternelles et des fermes, les dettes des métayers ainsi que les dépenses nécessaires.

Albina tenait quant à elle de la gent masculine, et en particulier de son père, une incapacité à s'émouvoir qui virait parfois à l'irascibilité, une franchise, une froideur et une dureté – en d'autres termes l'orgueil mauvais en vertu duquel elle eût préféré mourir plutôt que d'avouer une passion ou une faiblesse.

Licandra maniait correctement le fusil. Pour le reste, elle était belle, gentille, féminine, et mourut jeune de malaria.

Giustina voulut instruire, et dès qu'elle en eut besoin, gagna sa vie en qualité de maîtresse d'école.

Dès l'enfance, Chetanella montait à cheval telle une furie, les jambes écartées, pas en amazone comme les autres femmes, cuisses serrées et corps profilé.

Giuseppina avait pris du mâle ce qu'il avait de plus inconvenant : elle avait hérité de son père sa passion pour les femmes. Quand cela devint une évidence embarrassante, on l'enferma dans une chambre éloignée où elle fut oubliée et où, une fois apaisées les intempérances de ses sens, elle mena discrètement une interminable existence de vieille fille.

En cet après-midi de mars 1861 qui passa à l'Histoire pour d'autres raisons, Concetta accouchait sans l'aide de sage-femme. La mère Rachele, qui avait mis au monde tous les enfants de Grottole et en avait aussi expédié beaucoup d'autres auprès du Créateur au moyen d'infusions de persil et d'aiguilles à tricoter, était trop vieille pour exercer ; elle ne se déplaçait que pour les cas désespérés.

Concetta savait se débrouiller et distribuait, entre deux cris, des instructions à ses filles. Mais cette fois la naissance s'annonçait difficile : l'enfant se présentait par les pieds. Pressé par les mains de Costanza, le ventre de Concetta n'était plus qu'un grand bleu. Albina houspillait sa sœur, la rendant déjà responsable de futures complications. C'était presque un rituel : elle ne perdait jamais une occasion de critiquer Costanza. C'est alors que Licandra distingua, parmi les hurlements de sa mère et les cris de ses sœurs, un étrange brouhaha. Aussitôt, elle songea aux brigands dont on narrait les exploits extraordinaires ou les aventures malheureuses. Très émue – son cœur battait pour eux – elle se pencha à la fenêtre. Informée, elle descendit à l'entrepôt et put constater l'inéluctable gravité de l'événement.

Au moment où, à Turin, un maître artificier, appelé tout exprès de Naples, préparait les feux, les paysans de Grottole rentraient des champs au crépuscule, les uns sur le char, les autres à dos de mule, certains encore accrochés à la queue du bidet, et la plupart à pied. Don Francesco fermait la marche, monté sur son cheval noir et suivi des deux haridelles de ses aides.

Les cloches sonnaient le Te Deum. Les paysans, pourtant fatigués par leur journée de travail, reculèrent légèrement sur la montée qui menait à la grand-place, se demandant si le nouveau prêtre avait perdu la tête, s'il manquait d'expérience, ou s'il s'était produit un fait inattendu, synonyme évident de malheur dans leur esprit.

Enroulé dans sa cape noire, la moustache frisée et le fusil sous le bras, don Francesco pensait à Concetta. Il espérait de toutes ses forces que l'accouchement s'était bien passé, mais il ne l'aurait avoué à personne, pas même sous la torture. C'est alors qu'il fut abordé par Tommasino, un fils d'une des nombreuses femmes que Concetta, la malheureuse, nourrissait à l'œil dans sa demeure.

On l'avait choisi pour annoncer la nouvelle parce qu'il courait très vite. À sa vue, le cœur de don Francesco bondit : s'il avait eu une fille, personne n'aurait osé lui envoyer un émissaire au carrefour de la Via Nuova. C'était un garçon ! Tel devait être le motif de tant de hâte. Il se sentit défaillir de bonheur, cependant son visage sanguin ne trahit aucune émotion. Tommasino lui murmura à l'oreille que ses cinquante quintaux d'huile avaient été perdus, jusqu'à la dernière goutte, parce que les jarres s'étaient brisées.

Don Francesco ne comprenait pas où il voulait en venir, alors Tommasino lui répéta la nouvelle à trois reprises. Il regarda le visage de l'homme s'obscurcir comme la mer – qu'il n'avait jamais vue – avant une tempête, ou comme le ciel – qu'il avait souvent vu – avant un orage. Puis il prit ses jambes à son cou avec la force et la rapidité que ses drôles de quilles possédaient, et s'éclipsa dans les ruelles étroites et sombres de San Nicola où le cheval ne pourrait le suivre.

À la maison, Concetta pleurait. De joie, à l'idée de la grâce que la Vierge lui avait accordée ; de crainte, car renverser de l'huile porte malheur ; d'hébétude, parce qu'elle ne parvenait pas à imaginer la réaction de don Francesco. Elle pleurait, riait et serrait son enfant contre sa poitrine. C'était un garçon.

Au moment où Licandra avait regagné la chambre et rapporté ce qui s'était produit, ses entrailles s'étaient tordues sous l'effet de l'inquiétude et le malheureux bébé s'était enfin retourné. Quelques minutes plus tard, il sortait, tiré par Albina, qui n'avait pas encore coupé le cordon ombilical et criait déjà, incrédule : C'est un garçon, c'est un garçon !

Don Francesco pénétra dans la pièce avec violence, d'un pas annonciateur de tempête et d'ouragan, le fusil encore en bandoulière et son vilain chapeau enfoncé sur la tête. Il était temps d'en finir. Elles partiraient, de la première à la dernière, ces femmes de malheur, ruine de sa maison ; il n'entendrait ni rime ni raison ; il ne se laisserait pas attendrir par ces mijaurées insolentes et pouilleuses, les jetterait dehors sans attendre une seconde et sans rien dans la poche. Le tissu qu'elles avaient sur le dos avait déjà coûté assez cher, et dorénavant : Interdiction de prononcer leur nom en sa présence. Dehors ! Elles étaient rayées de sa vie. Mieux : elles n'avaient jamais existé. Cinquante quintaux d'huile ! Répandus dans la rue comme de l'eau de vaisselle ou un pissat de mulet, voilà ce qui arrive quand un homme a trop de femmes chez lui !

Concetta écarta le drap et saisit sous les aisselles le bébé qu'elle n'avait pas encore emmailloté. Elle le souleva lentement, exposant sa petite virilité. Don Francesco s'immobilisa. On aurait dit un diable devant l'hostie. Puis il recula de quelques pas et planta les pieds au sol tel une rosse. Il contempla avec plus d'attention le pénis minuscule et mou, les couilles qui pointaient et le reste, il n'en croyait pas ses yeux. Son visage trembla comme une montagne sur le point de s'effondrer. Il pinça les lèvres pour réprimer ses sanglots. Il empoigna son fusil, se pencha à la fenêtre et, de bonheur, tira longuement.

2.

Les préparatifs du mariage de Concetta et de don Francesco durèrent une année. Mais des festivités célébrèrent d'abord l'arrivée du nouveau-né. On égorgea coqs et poules en abondance pour les distribuer aux métayers, aux domestiques agricoles et à tous ceux qui travaillaient pour don Francesco ; sans compter les parents plus ou moins proches, bref le village entier fut servi. Puis on passa aux agneaux de lait, aux chevreaux, aux lapins et gibier. Les femmes confectionnèrent des *fougacelles*, creusèrent des *cavatelli*, tordirent des *ricchitede* [1], froncèrent des merveilles au miel et au vin cuit, fourrèrent des rissoles à la crème de pois chiches ou à la confiture de griottes comme si Noël, Carnaval et Pâques arrivaient au même moment !

On festoya pendant des journées entières, tandis que le petit geignait dans son berceau de riche en fer forgé, toujours flanqué de Concetta et veillé par ses sœurs qui accouraient au moindre de ses soupirs. On dansa au son de l'orgue de Barbarie, et il y eut pour

1. Les *cavatelli* et les *ricchitede* sont des pâtes typiques du Basilicate, les premières en forme de cylindre creux, les secondes de petites oreilles.

cette circonstance beaucoup plus de fiançailles qu'au cours des noces qui jalonnèrent l'année suivante. En proie à une joie sans pareille, don Francesco octroya momentanément une journée de repos hebdomadaire à ses paysans et constitua une dot à deux filles de familles pauvres qui pourraient ainsi convoler en justes noces.

Le maître du *crache-feu*, le maître du *crache-feu* est né ! disait-il, en clignant de l'œil aux gens qu'il rencontrait. Il se promenait, l'air béat. L'idée qu'il avait désormais un héritier pour son nom et ses terres semblait avoir en partie dissipé son obsession de la mort qui le rendait absolument intraitable.

On aurait dit qu'un univers jusqu'ici privé de son centre l'avait enfin découvert : le soleil était apparu et la vie du foyer avait commencé à s'organiser autour de l'astre divin.

Peu importaient désormais les caprices de Costanza, ou la jalousie qu'Albina nourrissait pour sa sœur. Chaque membre de la famille occupait une place bien précise et devait s'y tenir, car ce bel univers n'avait qu'un seul but : être transmis à l'enfant geignard qui, de son berceau, avait appris à commander et menait son monde à la baguette ; un enfant si exigeant qu'il devint vite odieux à sa propre mère ; Concetta en fut réduite à lui servir de domestique et l'allaita jusqu'à l'âge de quatre ans, avant de le mépriser définitivement.

Une fois passés les fastes du baptême, les nuits blanches que le bébé pleurard imposait à la maisonnée et la déception inavouée que son mauvais caractère causait à don Francesco, ce fut enfin l'époque des rêves. La famille, parents et enfants compris, avait le sentiment de s'être dérobée aux caprices du destin et de pouvoir maintenant se projeter dans un avenir qui avait la prévisibilité rassurante et même un peu ennuyeuse des désirs trop longtemps caressés.

Une nouvelle paix envahissait l'esprit de Concetta qui, pas un instant, n'avait oublié au cours de ces années qu'elle vivait dans le péché. La possibilité d'être en règle avec le Père éternel se profilait maintenant.

Le regard fixé sur le blé qui poussait dans les champs, don Francesco se perdait en rêveries de descendance ; il imaginait ce que deviendraient sa semence, ses terres et son nom, ce patrimoine qui traverserait désormais des générations. Il songeait déjà à l'éducation de son fils, à ce qu'il en ferait et à la famille à laquelle il l'apparenterait.

Réconcilié avec la vie et avec la mort, il entreprit des travaux pour agrandir sa maison et sa tombe. Dès lors, la chapelle des Falcone se distingua sur la colline du nouveau cimetière par la majesté de ses marbres rose et noir, par l'expressivité de son ange gardien, doté du visage de Licandra. La maison, en revanche, se transforma en un amoncellement sans queue ni tête de luxueux et poussiéreux décombres, où la famille Falcone allait errer, avec le temps, au milieu de ses rêves brisés.

Albina était ravie du pli qu'avaient pris les événements.

Aussi loin que remontaient ses souvenirs, avant même qu'elle ait reçu le don de la parole, ou vu la lumière peut-être, elle jalousait sa sœur aînée, Costanza. Qui sait d'ailleurs si justement ce n'était point la jalousie qui l'avait poussée à naître ? Tout ce que sa sœur disait, mangeait ou regardait, se changeait aussitôt en un étau qui lui serrait le cœur et lui nouait les entrailles. Lorsque Costanza tombait malade, avait la scarlatine, la gale ou la diarrhée, elle se sentait défaillir à l'idée que pareil sort ne lui était pas échu. L'injustice qui habitait ces terres depuis le début des temps, la rage des peuples malheureux qui s'y étaient amalgamés et perdus, semblaient s'être nichées dans sa poitrine et dans le ressentiment démesuré qu'elle éprouvait à l'égard de sa sœur.

Étrangement, cette haine échappait à Costanza qui grandissait, impérieuse et tapageuse. La chair étincelante, ferme et bien galbée, le visage de pleine lune, les yeux brillants et les lèvres voluptueuses, elle était partout à l'aise, et toujours suivie d'une brise légère. Le corps d'Albina, à l'opposé, était sec, un peu ligneux, et son âme comme rongée par le ver solitaire.

Pourtant, malgré sa maigreur déplacée, à une époque où elle était signe de misère, Albina n'était pas laide. Grande, elle avait le front large et les traits sévères de ces Vierges byzantines qui jaillissaient à l'improviste parmi les pariétaires dans les grottes des environs. Elle ne souriait jamais.

Elle avait fait la connaissance, au baptême de son frère, d'Aurelio, le fils du baron Lacava di Montescaglioso. Si don Francesco n'avait pas eu de garçon, s'il n'avait pas décidé d'épouser Concetta, ses filles seraient restées illégitimes ; elles constituaient sans doute d'excellents partis, mais n'auraient pu s'unir qu'avec des artisans aisés ou de petits propriétaires.

La musique avait changé ! Et Aurelio s'était mis en avant pendant les danses.

Après avoir hésité entre Albina et Costanza, son choix s'était porté sur la première. Non qu'il eût été frappé par sa beauté sévère : la splendeur de la seconde était à ses yeux présage de soupirs et de tourments, et, lui, il brûlait d'assainir au plus vite les finances de sa famille. Albina avait tant de mal à croire qu'un baron la préférât à sa sœur aînée qu'elle était prête à lui jurer une fidélité éternelle. Peu importait que le baron en question fût trapu, mal fichu, et obligé de lever le nez pour la regarder droit dans les yeux.

Alors que Ciccillo, le coiffeur, jouait de l'accordéon, entre une jale de pâtes et quelques côtelettes de chevreau, Aurelio s'était employé à glisser dans la conversation, par petites touches, ses avantages, ses quartiers de noblesse. Avec une fausse indifférence, il avait mentionné ses terres, les Tre Confini, la Difesa, Rivolta Sant'Angelo, plus de deux mille sept cents *tomoli*, mille quatre-vingts hectares. Toutefois il se garda bien d'ajouter qu'il s'agissait essentiellement de terres incultes, d'étendues de chaumes et d'escargots, et que les quelques familles qui les cultivaient crevaient de faim.

Les plateaux de gâteaux et de *taralli*[1] en *manteau-de-sucre* circulaient quand ils étaient allés bavarder sous la lune, où Aurelio avait récité des poèmes d'amour qui avaient laissé Albina de marbre.

Ils avaient échangé la promesse de se revoir.

Après les festivités liées à la naissance de l'héritier

1. Biscuits en forme d'anneaux typiques du sud de l'Italie.

Falcone, Aurelio revint souvent à Grottole. Il arrivait à bord de son cabriolet et, par souci de discrétion, s'arrêtait à l'abreuvoir, vers la Via Nuova, l'ancienne Via Appia construite du temps des Romains. Il y retrouvait en secret Albina avec qui il s'attardait une petite heure, sous le regard de Giustina. La cadette, installée derrière un buisson un peu plus loin, fabriquait pour noyer son ennui des carrosses en épines et des cours entières de petites dames aux jupes en pétales de pavot. Dans l'obscurité des branchages, Aurelio murmurait des mots d'amour empruntés à un certain Byron. Albina n'écoutait pas, elle pensait à la jalousie que sa sœur éprouverait lorsqu'elle connaîtrait le parti sur lequel elle avait mis le grappin.

Or Constanza était la seule à ne pas avoir remarqué les prémices de fiançailles d'Albina, bien que celle-ci se démenât pour attirer son attention et que tout le monde, pierres comprises, en eût vent désormais. La fille aînée de don Francesco continuait imperturbablement à s'occuper d'affaires dans lesquelles les membres de sa famille ne fourraient pas le nez, trop occupés par leurs propres affaires.

Quand un laps de temps convenable se fut écoulé, Aurelio vint demander la main d'Albina à son père, et les jeunes gens se fiancèrent officiellement. Leurs rencontres ne se déroulèrent plus à l'ombre de l'abreuvoir ni dans la crainte constante de briser une brindille, mais sur l'inconfortable divan familial aux ressorts cassés, parmi les gravats entassés par les ouvriers napolitains chargés de restaurer la demeure ; et toujours sous la surveillance d'une sœur cadette, Giustina ou Chetanella, qui s'empiffrait de cerises à l'eau-de-vie au point de s'enivrer.

Au grand soulagement d'Albina, les discours d'Aurelio avaient perdu en romantisme. On parlait enfin concret, de *tomoli* de terres et de pièces de lingerie à apporter en dot. La jeune fille était si heureuse qu'elle en oubliait d'être jalouse pendant des après-midi entiers.

Mais cette nouvelle perspective ne réussit cependant pas à la soustraire à son destin, et l'ombre de Costanza s'étendit encore une fois sur elle, comme celle d'un chêne au-dessus d'un buisson.

Quand Aurelio lui avait demandé la main de sa fille, don Francesco avait posé une unique condition : le respect des traditions, à savoir que le mariage d'Albina fût célébré après celui de sa sœur aînée. Or Constanza n'était même pas fiancée, elle faisait la difficile, la chichiteuse, la fuyante, alors qu'elle aurait pu avoir mille partis, et personne ne comprenait ce qu'elle cherchait.

Concetta commença à lui dire d'aller trouver *zí* Uel le *fourneur* afin qu'il lui fabrique dans l'argile du fleuve un mari approprié ; qu'il lui modèle sur le tour, laisse sécher au soleil et cuise au four un homme capable de satisfaire ses multiples exigences et de la supporter. Ces mots restèrent dans la famille, car il y aurait toujours une fille qu'on ne parvenait pas à assortir – à croire que le Père éternel leur envoyait à chaque fois une pièce unique, un exemplaire dépareillé, aussi précieux et inutile qu'une chaussure sans jumelle.

Les refus de Costanza troublaient le sommeil d'Albina. Elle se tournait et se retournait dans son lit comme s'il était recouvert des épines de la couronne de Notre-Seigneur, et elle rêvait parfois qu'elle tuait sa sœur. « Sœur, ma sœur, les *tranche-tout* s'aiguisent, les *tranche-tout* sont aiguisés, et mon heure est arrivée ! Tue-la, tue-la donc ! Sur-le-champ ! » Puis elle le regrettait. La barque glissait sur le fleuve qui menait aux enfers. Des couteaux affûtés. Des queues de baudet qui vous fouettaient le front. Des femmes à la voix de grenouille. Le samedi soir, Albina était obligée de confesser qu'elle avait péché en pensée, tandis que Costanza prospérait, un sourire olympien sur son visage de pleine lune, et ne se décidait pas.

Les préparatifs du mariage de don Francesco et de Concetta s'éternisaient aussi en raison des travaux.

Paysan dans l'âme, don Francesco n'appréciait pas le luxe, pourtant il avait décidé sur un coup de tête d'engager un architecte de Naples et des ouvriers spécialisés afin de transformer sa grande et confortable demeure, située en haut du village, en l'un de ces riches palais ornés de frises et de blasons qu'il avait vus lors de son unique voyage à Naples. Il pourrait ainsi y héberger dignement ses enfants, ses petits-enfants et ses descendants, qu'il se souhaitait nombreux.

Concetta s'y était violemment opposée. Elle redoutait la jalousie et pressentait l'infortune. Elle craignait les forces du mauvais œil qui frappent le bonheur exhibé et la richesse. Don Francesco oubliait-il qu'on dissimulait sous des châles les joues florissantes de ses filles afin que les regards malveillants des affamés ne les creusent pas ? Depuis qu'elle était entrée dans sa demeure, elle s'asseyait sur le bord des chaises, se signait à chaque bouchée et priait le Père éternel de lui pardonner de vivre dans l'abondance alors que ses frères et sœurs mouraient de faim.

Ses efforts furent vains. Elle vit arriver un monsieur à canotier fumant des cigares nauséabonds qui se mit à déambuler dans la maison avec l'œil clinique et l'air énigmatique des médecins examinant un patient gravement atteint. Il tapait sur les murs et, l'air découragé, écoutait leur son, prenait des mesures, décidait d'enfoncer ou de fermer, montrait à don Francesco des croquis incompréhensibles que notre homme se hâtait d'approuver afin d'éviter de passer pour un rustre. Interrogé par Concetta, il haussait ensuite le ton comme chaque fois qu'il était surpris en difficulté.

Les ouvriers napolitains furent logés dans la *survoûte*, un étage surélevé permettant d'accéder aux toits, qui faisait depuis toujours office de débarras et de logement pour les invités ; ils y entassèrent leurs affaires, des malles, des lettres et des photographies que Gioia retrouverait un jour après s'être hissée là à l'insu de sa mère, de sa grand-mère et de ses tantes.

La tâche la plus ardue consistait à éloigner ces hommes des six sœurs : les autoriser à vivre sous le même toit équivalait, en effet, à héberger le loup dans la bergerie ou à tenter le diable. Concetta fut donc obligée de monter la garde jour et nuit afin que ses filles soient épargnées et les dégâts limités aux jeunes voisines qui venaient l'aider aux travaux domestiques.

On engagea aussi des ouvriers sur place, et il s'instaura entre les deux groupes une rivalité, qui prit peu à peu des allures de guerre, donna lieu à un armistice, puis se mua en une alliance destinée à délester don Francesco de son argent en travaillant le moins possible. Les Napolitains abandonnèrent leurs théories sur les stucs et les ornements, les ouvriers de Grottole gardèrent leurs secrets sur le séchage de l'argile et le transport des pierres. Dès lors ils s'entendirent à merveille.

L'architecte repartit à Naples une semaine après son arrivée sous prétexte d'un problème urgent à résoudre et avec la promesse de revenir au plus vite. Mais il s'en garda bien. Il entama une correspondance avec don Francesco dans laquelle il déclinait, comme une sorte de litanie, tous les malheurs, ennuis et empêchements qu'un esprit imaginatif est capable de concevoir. Enfin, don Francesco cessa de le mentionner, se mettant à brailler chaque fois que son nom était prononcé.

Pendant ce temps, les ouvriers napolitains bivouaquaient dans la demeure. Ils avaient apporté un vent d'allégresse qui s'ancrerait dans les mémoires. Les grognons de Grottole les observaient avec curiosité et méfiance, conscients qu'ils étaient bien de la même espèce mais de race différente. Puis la glace se brisa, et la saison des fêtes démarra. Beaucoup plus tard, alors que personne ne se souvenait de ces ouvriers, il y aurait toujours une femme pour cuisiner un plat, ou un homme pour employer un mot qui datait de l'époque de leur séjour. Il y aurait aussi un certain Ciro, portrait craché du contremaître, et la mauvaise réputation de sa mère, Assunta, serait la seule œuvre achevée qu'ils laissèrent derrière eux.

Quand il apparut que la maison ne serait jamais prête à temps pour le mariage, don Francesco et Concetta décidèrent de convoler sans attendre.

Concetta alla à Matera acheter l'étoffe destinée à sa robe ; elle quitta pour la première et la dernière fois de son existence le village où elle était née.

Elle eut l'impression d'arriver à Rome, ou à New York, des villes dont elle avait entendu parler, et elle fut saisie d'une nostalgie tenace, d'un sentiment de solitude et de vertige que seule la vue de l'église effondrée de Grottole parvint à apaiser, sur le chemin du retour.

Son cœur battait la chamade quand elle demandait des renseignements. Elle n'avait jamais croisé autant de visages étrangers et ignorait comment se comporter. Pendant des années, elle décrirait ce voyage. Les Sassi [1], qu'elle admira d'en haut, et leurs occupants, des cohortes de fourmis. Un enterrement de riches, avec son corbillard tiré par six chevaux noirs et sa musique. La vitrine d'une boutique où elle contempla les premières photographies de sa vie, avant de se sauver par crainte que ces curieuses images ne la poursuivent.

Elle choisit une soie d'une couleur aussi changeante que le ciel de mars, si belle que l'atelier de Poltina, la couturière, se remplit du matin au soir de femmes venues admirer son prodigieux miroitement. Pour ses filles, Concetta dénicha une pièce de velours azuré d'un métrage si important qu'il fut possible d'y tailler une robe pour chacune d'elles et qu'il en resta même un bon morceau ; il échoua ensuite dans la *survoûte*, comme tout ce qu'on ne savait pas où ranger. Gioia s'en emparerait bien des années plus tard, le transformant au gré de ses humeurs en cape de reine, en suaire ou en mer.

1. Habitations troglodytiques qui sont une curiosité de Matera.

Don Francesco s'employa à organiser le banquet, il ordonna aux bergers de sélectionner les meilleures bêtes et aux paysans de lui fournir le miel destiné aux gâteaux. La famille était si affairée qu'elle ne remarqua pas le changement qui s'était produit chez Costanza.

Depuis un certain temps, la jeune fille fréquentait l'église avec l'assiduité de la plus bondieusarde des bigotes. Elle assistait à la neuvaine, aux vêpres, aux oraisons des morts, et se confessait tous les jours que Dieu faisait. Albina en déduisit qu'elle entendait entrer dans les ordres et faillit prendre le voile à son tour pour remercier le Père éternel qui s'était enfin résolu à passer dans son camp.

Seule Concetta eut un pressentiment. Car Costanza n'affichait pas l'air pâle et l'expression habitée de celles qui s'éprennent du Seigneur : avec son teint vif, ses yeux brillants et ce sourire qui animait ses fossettes, elle était encore plus belle qu'avant; le petit vent qui l'accompagnait s'était changé en zéphyr, et si l'on dressait l'oreille, on aurait pu entendre un son de clochettes.

Lorsque le secret fut sur le point d'être percé et son prolongement évident sur le point de s'accomplir, Concetta ne tenta pas de s'y opposer. Depuis que les travaux avaient débuté, elle n'avait jamais cessé de s'attendre au pire.

La veille du mariage, don Francesco alla coucher dans son domaine de Mazzam'pet pour ne pas voir la robe de mariée. Ce soir-là, donnant libre cours à son amour maternel – qui est aveugle, comme chacun le sait –, Concetta convoqua Costanza et, sans rien lui demander, lui remit une ceinture à l'intérieur de laquelle elle avait cousu dix napoléons d'or. Elle savait que la jeune fille en aurait besoin. De fait, le lendemain, Costanza s'enfuit avec don Antonio, le jeune prêtre venu de Salerne, mais les napoléons ne furent qu'un petit supplément, car elle emporta le produit de la vente du blé.

Ce qui s'ensuivit évoqua une invasion de sauterelles, ou une gelée tardive qui détruit les bourgeons sur les arbres. Ce qui avait commencé à croître et à prospérer se mua en poussière et en désolation. Le mariage de don Francesco et de Concetta fut définitivement annulé. L'homme eut le sentiment d'avoir été poignardé au cœur et sembla longtemps quasiment mort. Quand il se ressaisit, ses cheveux avaient blanchi et il était si faible qu'il n'eut pas la force de menacer Concetta de la flanquer à la porte avec ses rejetons.

Par sympathie, Concetta vieillit à son tour. Elle qui avait résisté aux ravages des maternités répétées et avait conservé assez d'attraits pour insuffler à son mari l'envie de l'engrosser, se dessécha et se ratatina progressivement au fil des années et ce jusqu'à sa mort.

Désormais, don Francesco ne tonnait plus, mais marmonnait et se plaignait. Jamais satisfait de l'endroit où il se trouvait, il errait sur ses terres comme une âme en peine, suscitant la compassion des journaliers qui l'avaient jadis craint.

Mais c'est dans le cœur d'Albina que l'épisode produisit le plus de dévastations. Une oppression aussi pesante que le couvercle d'une *caisse-à-mort* sembla s'abattre sur elle. Elle ne songea plus un instant à se venger, se contenta de haïr Costanza, de la haïr avec une force qui ne cessa de s'accroître et se raviverait, plus tard, à la vue des napoléons d'or que les fils de sa sœur arboraient sur leurs gilets, quand, devenus grands, ils se promenaient dans le village avec leurs bouilles satisfaites. Au reste, cette haine ne s'éteignit pas avec elle, mais se transmit aux générations suivantes, comparable à un souvenir qui vous glace le sang, les nuits d'insomnie.

Le mariage d'Albina et d'Aurelio n'eut pas lieu. Quand le jeune homme se présenta le lendemain des faits, elle lui fit savoir qu'elle ne voulait plus le voir. Elle lui renvoya sans la moindre explication sa bague de fiançailles ainsi que ses lettres d'amour, et personne ne sut si Aurelio était venu ce jour-là lui signifier son congé, ou s'il était prêt à fermer un œil sur cette affaire au nom, sinon de l'amour, du moins de l'intérêt.

Une honnêteté obtuse poussait Albina à ériger sa rancœur en son seul refuge. Elle se maria peu après avec un savetier du nom de Vincenzo, un homme de forte carrure qui l'aurait sans doute aimée si elle ne lui avait pas servi du pain et du fiel dès le premier jour de leur existence commune. Elle devint gaie, se dota d'une repartie cinglante et d'un rire toujours prompts. On sentait souffler sur son passage un vent froid, un de ceux qui font jaunir les feuilles et donnent mal à la gorge, et plus rien ne parut l'impressionner, pas même quand il arriva ce qui arriva avec son mari.

3.

Le 13 septembre 1862, les brigands se présentèrent à Serra Fulminante et apportèrent la touche finale au désastre dont étaient déjà victimes les Falcone. Ils s'installèrent dans la maison seigneuriale qui avait appartenu au père de donna Nina et festoyèrent pendant plusieurs semaines, pillant les garde-manger, se soûlant, s'empiffrant de *provoloni*[1], de poules et de chevreaux. Ils s'enivraient de sang, dansaient et s'enroulaient dans l'étoffe damassée des rideaux avec la gaieté funeste des condamnés à mort. On aurait pu croire au passage d'un cyclone : ils s'acharnaient sur tout ce qu'ils dénichaient, se vengeant davantage des objets que des maîtres car la veille encore leur vie ne valait même pas une serpette et désormais elle ne vaudrait plus rien.

Parmi eux se trouvait Rocchino, l'un des fils de la Rage. Il avait été appelé sous les drapeaux quelque temps auparavant et avait éprouvé une grande satisfaction en se voyant offrir pas moins de deux repas par jour, un uniforme neuf et une paire de chaussures.

1. Fromage à pâte dure typique du sud de l'Italie.

Jamais, pas même dans ses rêves les plus doux, il n'avait imaginé qu'il porterait un jour des chaussures confectionnées spécialement pour lui ! Il les contemplait, les caressait, leur parlait. Mais après les avoir enfilées, les chaussures se mirent à le tenailler, à le piquer, à le gratter. Elles enserraient ses pieds avec la force d'un étau, les faisaient enfler, les égratignaient, les écorchaient. Au fil des heures, les ampoules se multipliaient, et crevaient ; la chair vive s'enflammait et une douleur lancinante grimpait le long de son dos puis éclatait dans sa tête. Il finit par les ôter. Tremblant et soupirant de soulagement, il se demanda pourquoi il avait si longtemps souhaité posséder ces objets de torture.

Lorsque le sergent turinois passa la troupe en revue et avisa parmi les chaussures réglementaires ces pieds aux ongles noirs et aux cals aussi épais que des sabots de mulet, il lui fallut y regarder à deux fois pour s'assurer qu'il ne s'était pas trompé. Soudain, il fulmina à l'idée qu'on lui avait attribué, à lui, l'un des meilleurs élèves de l'Académie militaire de Milan, une bande de rustres auxquels il était impossible d'apprendre à s'aligner, pas même à coups de bâton. Et c'était avec ça qu'il était censé mener la guerre contre un ennemi dont on n'avait pas encore bien saisi la couleur !

Quoique Rocchino parlât la langue gutturale des bêtes mieux que le piémontais, il devina le sens des hurlements poussés par le sergent qui gardait les yeux fixés sur ses pieds comme sur autant de malfaiteurs, de voleurs ou de parjures. Et pourtant, il n'avait pas la moindre intention de rechausser ces pièges qu'on lui avait offerts, il les avait noués autour de son cou et laissés pendre sur sa poitrine où ils se balançaient avec fierté.

Constatant que ses cris n'avaient aucun effet, le sergent turinois redoubla de rage, et Rocchino se vit bientôt cerné par des soldats de la Garde nationale qui entendaient le fusiller pour insubordination. Il le comprit à l'expression de leurs visages sans qu'il eût besoin de traduction, il fit ce pour quoi il était le plus doué depuis sa naissance : déguerpir.

Malgré les trente cavaliers qui le poursuivaient, il réussit à s'échapper ; il courait à la vitesse d'un lièvre, grimpait avec la dextérité d'un chat et parvenait, avec la souplesse d'un rat, à se faufiler à travers les fissures.

Il erra des jours durant dans la campagne, dormit parmi les buissons et dans les arbres, mangea les oisillons sans plume qu'il dénichait dans les nids et les racines qu'il arrachait à la terre. Puis, une nuit, à moitié mort de sommeil, de froid et de faim, il aperçut les éclats d'un feu dans une clairière, au milieu de la forêt de Lagopesole. Intrigué, il s'approcha et lorgna entre les branches d'un buisson.

Des silhouettes noires aux cheveux longs et aux barbes hirsutes, ornées de cornes, d'os humains et d'hosties enchâssées dans de l'argent, s'agitaient autour des flammes. Il distingua une femme au visage de fillette et au regard étrange, ainsi que, lui sembla-t-il, le bûcheron Mastropaolo, un villageois couvert de dettes, disparu un an plus tôt – on avait dit alors qu'un créancier l'avait poussé dans un ravin.

Rocchino sentit ses bras et ses jambes se *tassepiler*. Nul doute, il avait affaire aux âmes des damnés qui s'échappent de temps à autre de l'enfer et se réunissent sur terre pour rafler quelques chrétiens baptisés : leurs joues creusées et leurs yeux fébriles le prouvaient. Les personnes qui avaient croisé leur chemin n'étaient plus revenues, ou avaient réapparu avec des cheveux totalement blancs, comme la mère de Tar'socc', qui à l'âge de huit ans s'était transformée en une vieillarde balbutiante.

Mais ce n'était pas seulement la peur qui figeait les jambes de Rocchino. Une odeur de viande rôtie flottait dans l'air, chatouillant son odorat soudainement pris d'excitation. Sur les braises cuisait une brebis.

Il décida en un instant qu'il planterait les dents dans la succulente chair, dût-il subir le châtiment suprême, et avança avec voracité, les yeux fixés sur la bête. Aussitôt un damné pointa sur son cou un couteau catalan. D'autres le saisirent et le portèrent à bout de bras auprès de leur chef, qui puait le vin et entreprit de le questionner.

Rocchino tremblait de trouille, mais au moins, se rassura-t-il, ces âmes parlaient sa langue et avaient la même odeur que les gens de chez lui.

Il se signa et récita un Pater en espérant que ces êtres diaboliques disparaîtraient, non sans se demander s'ils emporteraient la brebis. Or ils l'examinaient avec curiosité et un certain amusement. Rocchino rassembla tout son courage et demanda si la vie n'était pas dure au pays de l'éternelle souffrance. Ils éclatèrent de rire. Seul leur chef garda son sérieux. Il observa un moment de silence puis répondit que le pays de l'éternelle souffrance se trouvait là où ils étaient nés, où leurs enfants mouraient de faim avant même de grandir, où ils se brisaient les reins en travaillant la terre pour des étrangers, où ils subissaient des offenses. Tu as raison, dit-il, de nous prendre pour des morts, car aujourd'hui nous nous remplissons la panse, mais demain papa Victor[1] s'emparera des trois os que nous avons, les découpera en rondelles et en fera des boutons.

Les damnés se dévisagèrent, l'air déconcerté. Leur chef scruta alors l'intrus et son uniforme déchiré, puis l'invita à s'asseoir. Monsieur le Gouvernement, ajouta-t-il, se moque bien de savoir comment survivent les enfants des bouseux mais, si par hasard ils deviennent des hommes, il les ramasse un par un et leur fait cracher leur sang... pour la Patrie ! Un murmure se répandit. Je suis le serpent, dit-il à Rocchino, mon sang est empoisonné. Ma mère a fini folle à l'asile d'Aversa, mon père emprisonné alors qu'il était innocent. Pour qui, pour quoi ? Pour une chienne. La chienne de don Vincenzo. Il rit. Les hommes commençaient à s'échauffer. Nous taillerons en pièces les gentilshommes ! s'écrièrent-ils, l'air sombre. Pour la Vierge et pour Franceschiello[2] ! Le chef des damnés les considéra un instant puis se tourna une nouvelle fois vers Rocchino. Voilà, soupira-t-il. Hier, ils criaient vive Victor-Emmanuel, vive Garibaldi, vive l'Unité ! Aujourd'hui, ils veulent à nouveau Franceschiello, et demain qui sait qui ? Les seigneurs leur montent le bourrichon, le gouvernement fait fusiller les lézards et conserve les serpents en son sein.

1. Victor-Emmanuel de Savoie, roi d'Italie.
2. François II, roi des Deux-Siciles, battu en juillet 1860 par les troupes de Garibaldi, financées par Victor-Emmanuel.

Il posa le regard sur un individu trapu au visage jaunâtre qui s'employait à découper la brebis et se perdit dans ses pensées. Il sembla sur le point d'ajouter quelque chose, puis se ravisa.

Rocchino, qui avait enfin compris, baissa la tête en signe de respect. L'homme qui s'était adressé à lui n'était autre que Carmine Crocco Donatelli, général de l'armée bourbonienne, chef des brigands de Basilicate. Et la femme au regard curieux, Filomena Pennacchio, sa maîtresse. Elle éclata de rire quand il se mit à raconter l'histoire des chaussures, rit à en perdre haleine tant et si bien qu'elle ne pouvait plus s'arrêter. Elle ordonna qu'on lui donne à manger, et Rocchino l'aima jusqu'à la fin de ses jours qui ne furent pas nombreux. Il mourut l'année suivante, pendu à un noyer sur la route carrossable entre Grottole et Ferrandina.

Pour don Francesco, les brigands furent la preuve qu'un malheur n'arrive jamais seul. Habitué à la malchance, il ne perdit pas son calme quand la nouvelle de leurs méfaits lui parvint. Il s'assombrit davantage, garda le silence pendant des journées entières, et se contenta de s'adonner à une activité frénétique qui amena les femmes de la maison à craindre qu'il n'eût perdu son bon sens sous les coups de l'infortune.

En l'espace d'une seule nuit, il entassa dans des barils les ducats de la dot de donna Nina, ceux qu'avait rapportés la vente des olives, les bijoux de sa mère, les objets de valeur, y compris la bague et les boucles d'oreilles en or rouge offertes à Concetta le jour de la naissance de son fils. Puis il les scella comme si la famille devait entreprendre un long voyage en mer et mit au travail les ouvriers qui rôdaient encore dans la demeure. À l'insu des femmes – il n'avait même plus confiance en son ombre qui était de sexe féminin – il dissimula ce trésor dans la maison dévastée par les travaux, à l'intérieur d'un mur, sous un plancher, dans une colonne, se remémorant les propos que lui avait adressés Concetta lorsqu'il s'était lancé dans son entreprise, des mots marquaient son cœur au fer rouge. Quand les maçons eurent terminé de murer, d'enterrer, de crépir, il les chassa tous autant qu'ils étaient.

La maison demeura inachevée ; le squelette de l'escalier voulu par l'architecte se tordait au beau milieu du salon telle une femme de mauvaise vie, et les chambres de l'étage supérieur n'étaient que béances. On s'employa juste à rapiécer et à rapetasser : des rideaux furent accrochés pour couvrir des passages qui ne débouchaient sur rien ; des armoires utilisées en guise de cloisons, des trous dissimulés sous des casseroles et la tribu se résigna à vivre sur le champ de bataille d'une guerre que personne n'avait jamais menée.

Mais au milieu de la déception et du désordre, un petit miracle se produisit : l'amour, fruit du hasard et de la distraction, submergea soudain Concetta et don Francesco. Maintenant qu'il n'y avait plus d'intérêts en jeu ni de contraintes en cours, maintenant qu'elle était enfin vieille et libre, Concetta se rendit compte qu'elle n'avait plus rien à perdre et, soulagée, s'offrit avec une ardeur que don Francesco ne lui avait jamais connue.

Pendant que les membres de la famille erraient dans la demeure, don Francesco et la femme qui n'était jamais devenue son épouse s'isolaient la nuit et parfois le jour dans la chambre à coucher que l'architecte napolitain avait épargnée et s'abandonnaient à un doux pressentiment de mort ; ils entremêlaient leurs membres flétris, se consolaient, se découvraient avec plus de passion que dans leur jeunesse, quand leurs corps neufs ressemblaient à ceux de tant d'autres individus. C'est ainsi qu'ils conçurent à l'improviste Angelica, la plus belle de leurs filles. Ne dit-on pas que le raisin suret donne le vin le plus sucré ?

Nous étions en 1864. Depuis trois ans, les brigands tenaient tête à l'armée piémontaise et constituaient l'espoir et le rêve des miséreux.

Entre 1861 et 1863, le jeune État italien avait envoyé environ cent vingt mille soldats, soit presque la moitié de l'armée nationale fraîchement constituée, exécuter un massacre que le reste de l'Europe comparait à celui des Indiens d'Amérique. Ces tueries participaient de la lutte contre le brigandage dans les régions méridionales. Le combat avait provoqué plus de morts que toutes les guerres du Risorgimento réunies, mais il n'en resterait presque aucune trace dans les livres d'histoire.

La remontée des garibaldiens de la Sicile vers le Nord et la descente de l'armée piémontaise s'étaient déroulées pendant la période de grande agitation sociale provoquée par la répartition des terres domaniales.

De son exil de Gaeta, le roi déposé, Franceschiello, avait promis satisfaction aux paysans contre les propriétaires terriens, et le peuple aspirait à son retour à la tête du royaume comme à un avant-goût du royaume des Cieux. En revanche, tous les « don » s'étaient alignés dans le camp du nouveau roi, Victor-Emmanuel de Savoie, s'improvisant « libéraux » par intérêt.

Au cours de ces années, le nouveau gouvernement instaura un service militaire obligatoire et harcela tant et si bien les paysans en multipliant les impôts qu'il les conduisit au bord de la famine et les poussa à la révolte. Une armée de miséreux, emmenée par des brigands, résista à l'armée piémontaise jusqu'en 1864, date à laquelle le général Crocco, abandonné par ses partisans et trahi par son lieutenant, le chef de bande Caruso, serait capturé et expédié en prison pour le restant de ses jours.

Certains gentilshommes se rangèrent aussi auprès des bourboniens et soutinrent les brigands. Qualifiés de complices, ils étaient fusillés aussitôt démasqués.

Don Francesco Falcone ne se comptait pas dans leur nombre. En vérité, il n'avait pris fait et cause pour personne car seules ses terres lui importaient. Mais voilà que les brigands, qui avaient englouti les provisions, lui réclamèrent d'autres victuailles. Leur exigence frisait la condamnation à mort. S'il la satisfaisait, il risquait de passer pour un complice aux yeux des Piémontais ; s'il se dérobait, les brigands se vengeraient.

Pour la première et unique fois de son existence, Concetta se rebella contre le destin : elle estima avoir assez payé et conçut un stratagème. Elle prépara le double de victuailles nécessaires – pain, saucisses, *caciotte*, *manteche*[1], etc. – et n'en présenta qu'une moitié à l'officier piémontais venu les empoisonner. Elle leur substituerait ensuite les autres vivres.

Or rien ne se passa selon ses prévisions. On ne sut pas exactement ce qui se produisit, mais un fait était certain : nombre de seigneurs enviaient le respect unanime dont don Francesco jouissait grâce à sa loyauté.

Chetanella partit pour la campagne avec des corbeilles de pain, des saucisses préalablement enroulées autour de son corps tels des serpents, et des *manteche* aussi grosses que des *têtelles* de vache. Elle se réjouissait de l'expédient que sa mère avait inventé, mais c'est le cœur battant qu'elle fit goûter à Flèche, le chien de Ninco Nanco, saucisses et *scamorze*, *manteche* et miches de pain maison.

Le terrible Ninco Nanco, qui n'était plus qu'un paysan timide quand il descendait de sa monture, l'invita à patienter en bégayant, le visage cramoisi. Survint alors l'autre chef. Chetanella en eut le souffle coupé, elle n'oublierait jamais la beauté de son visage. C'était le fils de la Vierge, Giovannino Coppa le sanguinaire, bâtard de mère noble et de père baron, élevé par des miséreux et poussé, peu de temps après, par ceux de son sang vers sa dernière baronnie.

Ils attendirent ensemble un moment. Soudain, Flèche se mit à courir en divaguant puis s'immobilisa, les yeux exorbités, la gueule baveuse, la langue pendante, enflée et verte, le regard tourné vers son maître

1. Fromages typiques du sud de l'Italie (le second renfermant une boule de beurre), tout comme la *scarmoza*, citée plus bas.

pour implorer sa pitié. Ninco Nanco l'acheva d'un coup de fusil, avant de bondir en selle, suivi de Giovannino Coppa et de leurs hommes.

Pendant ce temps, don Francesco se réjouissait du péril auquel Concetta et lui avaient échappé. Rassuré par leur trouvaille, il avait déclaré aux gendarmes piémontais que leur protection était inutile, et ceux-ci s'en étaient allés.

Au moment où on l'emmenait, il essaya de dire quelque chose à sa femme. Non qu'il l'avait toujours aimée, mais les différents endroits où il avait caché leurs trésors. En vain. Les brigands lui octroyèrent à peine le temps de la saluer, puis l'attachèrent par les pieds à son propre cheval.

Don Francesco, que la pensée de la mort avait toujours accompagné, la trouva presque familière quand elle lui apparut et il alla à sa rencontre avec courage.

Les brigands le traînèrent dans le village puis à travers ses domaines. Il entendit d'abord les cris des enfants qui voyaient passer son corps ensanglanté. Il sentit ses os se briser sur les pierres, et les ronces lui déchirer la peau. Dans chacun de ses champs, il laissa une parcelle de lui-même, un lambeau de peau, un peu de chair, une pensée. La fureur qui l'avait toujours animé reflua peu à peu. Les souvenirs tournoyaient dans sa tête, se mêlant à des images et des pensées nouvelles, surprenantes, puis tout s'éparpillait, comme les feuilles mortes dans les eaux du Basento.

Don Francesco mit beaucoup de temps à mourir. Les brigands l'emmenèrent au-delà du Cugno del Ricco. Il vit le chêne au pied duquel les journaliers venus des Pouilles prenaient leur *déjeunette* et chantaient leurs chansons dans l'après-midi enflammé, la masure de Santa Lucia où il avait fait l'amour pour la première fois avec Concetta, l'alisier dont il rapportait les fruits à Costanza lorsqu'elle était petite, l'Ai Mar où le blé était encore tendre, Serra Purtusa et son argile craquelée, et encore des grèves et des buissons qui se délavaient au couchant, puis tout se confondit et il ne vit plus rien.

Histoires et rappelleries
Et le culon *de zí Vittoria*
Et le culon *de zí Marí*
Et bien le bonsoir aux hautegens.

4.

Pédé, crétin, enculé, cocu, fils de pute, foutu *courgeon, tête-de-couille*… Écoute papa chéri, fais voir comment tu dis.

Pédé, enculé, cocu, fils de *porquesse*.

Ah, la gentille fifille à son père ! *Demi-langue*, pine racornie, merlan frit, andouille. Répète !

Demi-langue, pine racornie…

Espèce de salaud… la petite !

Albina arracha Candida aux bras de son père, qui la tenait, l'air satisfait, sur ses genoux, et l'amusait avec ses colles et ses alènes. Comment tu lui apprends à causer ?

Ils sont revenus, répondit Vincenzo.

Et il n'eut pas besoin de préciser de qui il s'agissait.

Ils avaient crié leur avis sur la place. Écoutez, écoutez, Minguccio le *mercant* est arrivé, il n'a que de l'excellente qualité. Femmes qui voulez des articles, de beaux articles, de bons articles, venez, ici on ne vend pas, on offre – quelle *tête-de-couille* – des articles pour jeunettes, des articles pour les morts, des articles pour les draps du trousseau, des articles fins de castor, *pluche*, futaine, écossais, *tissépais*, toile de Marghera double fil, flanelle et fausse flanelle, velours pour filles et pour *masculons*, satin et cachemirrre, zéphyrrr pour les bonnes chemises et *tibétain* pour le deuil.

Les femmes blablataient.

Devant l'église mère, Minguccio le marchand, surnommé aussi le *Pouillais*, déroulait les étoffes qu'il transportait sur son chariot et les laissait courir sous leurs yeux. Elles caressaient furtivement la percale délicate dont on faisait des draps, l'écossais qu'on vendait à tour de bras pour confectionner chemises et nappes, la flanelle et la fausse flanelle destinées aux culottes, le *mol-ton* aux jupons, le velours lisse pour les femmes et le velours côtelé pour les hommes, le castor marron ou lilas, épais et sombre, qui se prêtait aux tenues de mariage hiver comme été, le *tissépais* à simple ou double fil dans lequel on taillait serviettes et housses de matelas, le satin noir approprié aux *couvre-poitrine*, le cachemire, la laine légère avec laquelle on confectionnait des fichus, la gabardine pour les costumes d'été et la vigogne pour l'habit du marié, une étoffe de si bonne qualité qu'on mettait de côté pour les grandes occasions, si bien qu'elle se *rongemitait* et qu'on la retrouvait plus tard *troutroutée*.

On n'a pas besoin de ces choses qui consument les sous et point final, disait Vincenzo. Qu'ils aillent donc se faire foutre, lui et ceux qui l'ont appelé.

Pour sa part, il avait toujours vendu une toile rustique, si épaisse qu'elle tenait debout toute seule, une toile idéale pour les serviettes et les draps de ceux qui se contentaient de peu et que les femmes du village tissaient sur leurs métiers avant de la lui échanger contre des pièces de cuir pour leurs chaussures, ou du pétrole destiné aux lampes, ou encore de la corde, du savon en morceaux. Aussi loin que remontaient ses souvenirs, il en était allé ainsi. Et puis Minguccio le *mercant* était venu des Pouilles sans que personne lui demande quoi que ce soit, il lui avait enlevé la place, gâtant les femmes qui se laissaient embobiner par sa parlotte et séduire par ces tissus aussi lisses que le cul des enfants, aussi bruissants que les tentations, des tissus qui faisaient *germoyer* dans leur tête on ne savait quelles pensées.

La première à le trahir, évidemment, avait été sa femme Albina, qui ne perdait jamais une occasion de le contrarier. Elle s'était acheté un fichu orné de dentelles et se l'était planté sur la tête, façon drapeau de guerre. Lorsque Minguccio le *mercant* avait loué une chambre avec l'argent qu'il avait écornifié à son concurrent afin d'y entreposer sa marchandise et d'y coucher en compagnie de son épouse, Albina s'était dépêchée de lui rendre visite avec le cérémonial d'usage.

Dès le jour de leur mariage, Albina et Vincenzo avaient engagé une guerre muette et sourde, faite de coups bas, de vengeances et d'actes de dépit, avait éclaté. Albina ne pouvait se résigner à l'idée de vivre aux côtés d'un savetier plutôt que du baron qui lui était destiné. Elle ne cessait de l'aiguillonner, de le provoquer à coups d'épines dans le flanc. Elle vouait un amour obstiné à la vie qu'elle aurait dû avoir, crachait sur le peu de bonheur qui se trouvait à portée de sa main et cultivait la morgue d'une noblesse sans fondement.

Ainsi, elle n'avait jamais donné à son mari la satisfaction de prendre ses repas en sa compagnie. Quand Vincenzo rentrait de la boutique, elle déclarait d'emblée qu'elle n'avait pas d'appétit et le laissait manger seul, guettant l'instant où il reposerait sa fourchette pour lui retirer son assiette. Vincenzo tremblait de rage puis vomissait tous les gros mots qu'il connaissait, et ils étaient nombreux. Mais Albina se bornait à lever les sourcils car son cœur marinait depuis longtemps dans le vinaigre. Vincenzo s'emportait, fulminait, cependant il n'osait pas battre sa femme – alors que n'importe quel autre homme l'aurait fait pour beaucoup moins.

La vérité, c'était qu'il y avait trop de parents chez lui, et seulement de son côté à elle. Sa mère, Concetta, petite et silencieuse, se déplaçait sans bruit, surgissait à l'improviste en posant sur vous des yeux de jeune fille qui illuminaient son visage parcheminé. Sa sœur, Angelica, une beauté au teint clair, aux grands yeux, aux cheveux sombres, bouclés et doux, parsemés de reflets cuivrés mûrissait chaque jour, pareille aux pommes blanc, rouge et jaune paille, rondes, plus grosses que les autres, ces pommes à la peau lisse dont il émane un parfum délicat et entêtant, des pommes qui semblent exquises, succulentes, si bonnes qu'on n'ose pas les manger, et dont ensuite plus personne ne veut. Son frère, Oreste, servi et révéré par les femmes de la maison comme un pacha, paresseux et méchant, occupait son temps à soigner sa petite moustache frisée et était parfois saisi d'accès de colère injustifiés. Enfin l'autre sœur, Giuseppina, n'était jamais là où on la croyait, avec sa peau jaunâtre et sa bouche surmontée de poils drus.

Parmi eux, Vincenzo avait l'impression d'être un chat au milieu d'une meute de chiens. Il était toujours sur le qui-vive. Quelle bonne affaire avait-il faite en épousant la fille de don Francesco Falcone… pensait-il avec amertume. C'était le monde à l'envers : il lui fallait maintenant nourrir Albina, sa mère, ses sœurs et son frère, car don Francesco n'avait pas révélé la cachette des barils contenant sa fortune, et l'État, le lâche, avait confisqué une partie de ses terres sous prétexte que l'homme avait aidé les brigands. Trompée et roulée, la famille avait été contrainte de vendre la maison, dont les pièces à moitié ornées de stucs napolitains abritaient désormais un cercle de jeu. Vincenzo y passait ses dimanches, les nuits et les heures où il aurait dû se tenir dans sa boutique, et c'est là qu'Albina était parfois obligée de venir le chercher.

Chaque fois qu'elle traversait les pièces enfumées et nauséabondes, ses *intérieurs* se retournaient à la vue de la peinture écaillée, des toiles d'araignée, de la *survoûte* bourrée de chaises en bon état ou en morceaux, de la sciure imprégnée de saleté et de vin au milieu de laquelle on pouvait entrevoir les fleurs du carrelage choisi par son père, don Francesco, lorsqu'il croyait encore en l'avenir.

Une fois arrivée dans la dernière pièce, celle qui dominait la vallée, où la famille ne pénétrait jadis qu'en présence d'un invité de marque, elle s'immobilisait et respirait avec difficulté. L'inutile escalier de l'architecte napolitain se tordait au centre, présage de malheur. Vincenzo était toujours assis derrière, occupé à disputer une partie de cartes et à jurer. Elle le regardait et la haine montait en elle : elle le rendait responsable de tous leurs maux.

Et pourtant, c'était lui qui se *désquelettait* pour nourrir la maisonnée. Mille fois, il avait pensé envoyer ce beau monde au diable, et aller chercher fortune aux Amériques ; selon les dires, cette terre belle et dévergondée s'offrait à ceux qui désiraient la prendre. S'il restait là, c'était pour une raison insoupçonnable, la raison même qui l'incitait si souvent à partir : sa femme.

Contrairement à sa sœur Angelica, une pomme farineuse, Albina comptait en effet parmi les *pommelettes* acidulées qui vous donnent la chair de poule et l'envie de vous resservir, de vous goinfrer jusqu'à l'indigestion. Elle avait beau lui faire des méchancetés et le regarder de travers, Vincenzo avait le souffle coupé chaque fois qu'elle le frôlait.

Ils avaient eu plusieurs enfants, morts à la mamelle, ou, un peu plus grandelets, du typhus ou de la malaria ; l'un de consomption, un autre empoisonné par le vert-de-gris d'une marmite dans laquelle il avait mangé de la viande, le jour de la Saint-Antoine ; un beau et gentil garçon prénommé Francesco.

Chaque été, en effet, les enfants du village mouraient comme des mouches à cause de la diarrhée. V'là qu'est passée la *traggh'*, la Faucheuse disaient les femmes. Mais, Albina en était persuadée, la faute incombait à sa sœur et au fils de putain qui, pour lui courir après, n'avait pas hésité à cocufier le Père éternel.

De ses petits, seule avait survécu la plus jeune, Candida, fragile et souffreteuse depuis le jour de sa naissance, mais qui était restée sur terre tandis que ses frères gagnaient l'au-delà l'un après l'autre. Albina posait sur elle un regard de commisération, et chaque fois qu'elle la voyait jouer parmi les alènes et les colles de son père, elle secouait la tête comme si elle avait affaire à une idiote ou à une pauvrette affligée d'un mal incurable.

Dès que sa femme et sa fille eurent quitté la boutique, Vincenzo recourut à son réconfort habituel. Il se pencha à la fenêtre et émit un long sifflement. Rosina *mest* Prêt ne tarda pas. C'était une femme robuste au teint blanc et rouge, à la tenue tape-à-l'œil, dotée d'une *meuterie* de gosses qui ressemblaient à tous les gaillards du village. Sans elle, Vincenzo n'aurait pu supporter les tourments que sa femme lui infligeait. Il se perdait et s'apaisait dans l'opulence de ses chairs, alors que le corps anguleux d'Albina l'enfiévrait.

Albina et sa fille avaient déjà traversé la grand-place et presque atteint la maison lorsque Candida s'aperçut qu'elle avait oublié sa poupée de chiffons à la boutique. Elle cria tant et tant que sa mère l'autorisa à aller la chercher.

La porte était fermée, le contraire eût été étonnant, mais Candida savait comment entrer. Elle l'avait appris quelques jours plus tôt en jouant avec l'apprenti de *mest* Vardin, le menuisier, qui lui montrait avec fierté différents outils, la laissant manier en cachette le *lisse-bois* ou le *coupeau*. Elle le pria de lui prêter encore une fois cet instrument prodigieux qui piquait et dessinait des cercles parfaits et le fourra dans le trou de la serrure. Quand la porte s'ouvrit, elle distingua dans la pénombre des éclats de peau, des froissements d'habits qu'on tentait d'ajuster, un ondoiement de cheveux et les fesses de son père. Candida s'éloigna sans mot dire. Ce soir-là, des cris retentirent au milieu de la Via Nuova, et Albina eut enfin une excuse chaque nuit pour se refuser à son mari.

Le temps du chagrin commença. Vincenzo s'y installa, acquérant, lui aussi, droit de cité dans le sous-sol où les heures s'écoulaient, lentes et vénéneuses. Les membres de la famille cultivaient tous amertume, regrets et rancœur, barricadés dans l'échec tels des nobles déchus à l'intérieur du château ancestral, rêvant à ce qu'ils auraient pu être et aux barils pleins d'argent ensevelis on ne savait où. À force d'en parler on se demandait s'ils avaient vraiment existé et on ne les voyait plus apparaître qu'en rêve.

À chaque coin de rue, Albina voyait passer les enfants de sa sœur Costanza aux bouilles réjouies, condamnation et matérialisation de l'injustice. Elle les reconnaissait aux fameux napoléons d'or qu'ils portaient, fichés sur la poitrine, et dont l'éclat lui blessait le cœur.

Angelica macérait dans son exubérante féminité de rose effeuillée. Oreste regrettait l'empire pour lequel il était né et qui lui avait été soustrait ; il aurait dû constituer la grand-route menant à l'avenir mais elle s'était transformée, à son insu, en quai secondaire, en tronc mort. Quant à Giuseppina, on ignorait complètement quelle était sa vie intime.

C'est au milieu de cette tribu amère que Candida grandit, gentille et polissonne. Il semblait que rien de mauvais ne pouvait la toucher – ni les querelles de ses parents, ni les maladies, ni les mains que son oncle Oreste glissa un jour sous sa jupe pour voir comment elle était faite, avant de lui donner un sou afin qu'elle n'en touche mot à personne. De même que le venin produit son antidote, elle avait reçu en naissant le don de transmuer le mal en bien.

Toujours proche de l'agonie mais rebondissant avec la souplesse d'un chat, elle n'eut pas la vie facile. Chaque fois qu'elle aimait quelque chose, le destin semblait s'acharner à le lui soustraire.

Ainsi, elle avait eu pour premier compagnon de jeu un enfant à la poitrine ornée d'un napoléon d'or ; ensemble ils s'amusèrent une journée entière à creuser des trous dans des jardins à la recherche du trésor dont elle avait entendu parler depuis qu'elle était née.

Le soir venu, l'enfant lui offrit en gage d'amitié un oiseau printemps. Il avait les ailes noires, la gorge jaune, et une minuscule tête ronde et duveteuse.

Elle était en train de le caresser quand Albina survint. Sa mère lui arracha la petite bête des mains, l'observa un instant puis la propulsa dans les airs. La fillette regarda l'oiseau printemps s'éloigner dans le ciel, devenir de plus en plus petit, puis disparaître. Elle aurait dû fondre en larmes, elle éclata de rire. Par un étrange phénomène, une vertu insolite s'était emparée d'elle, une faculté qui lui permettrait désormais de changer d'avis à sa guise. Elle transmettrait à sa descendance ce moyen de survie – ou cette condamnation, selon le point de vue – et ne s'en départirait pas elle-même. Chacun prit l'habitude d'entendre son rire qui débutait par de petits hoquets et se poursuivait par un *hihihi* au martèlement sourd comme les premières gouttes de pluie d'un orage d'été.

Quand elle fut en dixième, on la retira de l'école car les quelques filles qui s'y trouvaient encore avaient été admises dans une classe de garçons qui comptait deux gamins à la poitrine ornée d'un napoléon d'or.

Une autre, à sa place, en aurait fait une maladie. D'autant qu'elle aimait beaucoup former les lettres à l'aide de sa plume, les alignant bien droites sur la feuille blanche : amène, méandre, a-na-cho-rè-te, des mots qu'on n'employait jamais dans la vie quotidienne, comme des bijoux exhibés dans les grandes occasions. Grâce à ces vocables, elle créait des objets : par le seul fait d'être nommés, ils semblaient soudain dotés de réalité. Une fois encore, Candida accueillit l'injustice de bonne grâce et occupa ses journées différemment.

Elle n'avait pas de petits frères à élever et les tâches domestiques incombaient à sa tante Angelica. Elle jouissait donc d'une plus grande liberté que les filles de son âge ; elle choisit de la consacrer aux romans roses et aux conversations avec le Christ, les deux grandes passions de sa vie, qu'elle finirait d'ailleurs par confondre.

Elle tenait la première d'Angelica qui était une furieuse lectrice de ce genre d'ouvrages, ce qui expliquait pourquoi elle ne parvenait pas à dénicher un mari. Il se trouve que, dans ses années crépusculaires, la plus belle fille de don Francesco Falcone, engluée dans ses minauderies, attendait imperturbablement qu'un pilote tombe du ciel, qu'un maître d'équipage surgisse d'une mer lointaine, méprisant les rustres honnêtes mais bien réels qui se présentaient à elle avec une fréquence, il faut bien le dire, de plus en plus décroissante.

Avant même de savoir articuler les syllabes, Candida se mit avec dévotion à lire des histoires d'amours éternelles dont les héroïnes étaient des jeunes filles très croyantes, immanquablement comparées à des roses, des lis ou des violettes.

Dans son esprit naïf, l'amour sacré et l'amour profane se confondaient en un mélange sublime. Et voilà comment elle s'éprit de Jésus. Non pas du concept abstrait et divin qu'il représentait, mais de son profil, de ses hanches, de ses jambes qu'elle contemplait à l'église mère : c'est là que se tenait la statue de Jésus déposé de la croix, la Pietà.

Il trônait dans une chapelle un peu obscure, dont le marbre blanc brillait d'une façon sensuelle au-delà de la balustrade en bois. C'était un homme magnifique, aux membres longs et aux muscles bien dessinés la peau. Personne n'en n'avait jamais vu de pareils dans le village. Les blessures infligées à sa chair étaient fort sensuelles, et Candida prit l'habitude de le contempler plusieurs heures par jour. Tandis qu'elle le fixait, une mystérieuse chaleur – peut-être la sainteté – l'envahissait, parcourait peu à peu son corps fragile et s'épanouissait au milieu de ses jambes. Le dimanche, à la communion, elle tournait et retournait l'hostie dans sa bouche en veillant à ne pas l'effleurer avec ses dents, car c'était le cœur de son bien-aimé et elle ne voulait pas le blesser. Puis elle l'avalait et sentait enfin Jésus fondre en elle.

En proie à cet immense amour, elle se rendait à l'église vêtue de sa plus belle robe dès qu'elle le pouvait. Elle ne comprit pas pourquoi sa mère vint la chercher un jour, dans la pénombre de la chapelle où elle vivait des heures sublimes. Albina l'emmena de force, la bombardant d'épithètes impossibles à répéter, et lui enjoignit de ne plus revenir qu'en sa compagnie, le dimanche et pour les fêtes d'obligation. Elle se résigna une nouvelle fois, mais promit au Christ d'être sa femme. Elle y parviendrait à sa façon, sans prendre le voile ainsi qu'elle l'avait d'abord souhaité.

Elle avait douze ans quand elle vit pour la première fois son futur mari.

Il serait inexact de dire qu'elle était belle. Une légère forme de rachitisme dont elle avait été victime dans l'enfance l'avait transformée en poupée, une de ces drôles de poupées qu'on assied, jambes écartées, sur les lits. Avec sa petite taille, ses épaules et son buste étroits, sa tête un peu plus grande que la normale, ses yeux doux animés d'un regard coquin, ses lèvres charnues, elle éveillait chez les représentants du sexe masculin des élans qui allaient de la brutalité à la tendresse en passant par un amour sans faille. Il y eut toujours et partout des hommes qui perdaient la tête pour elle ; dans sa vieillesse encore, elle recevrait des demandes en mariage d'hospices situés dans les villages voisins, qu'elle refuserait avec un coquet mépris.

Son charme incompréhensible eut ses premiers effets sur les prétendants d'Angelica : intimidés par la femme sublime à laquelle ils venaient faire la cour, ils ne pouvaient s'empêcher de jeter un coup d'œil à la fillette qui servait le rossolis ; ils échangeaient alors quelques mots avec elle et, non sans honte, s'en éprenaient.

Pendant leurs visites Oreste l'exhibait comme on montre un ours à la foire, et il n'aurait renoncé pour rien au monde à la marier. Quand elle était jeune, des hommes accouraient de la région entière pour demander sa main à son frère, mais il ne les trouvait jamais à la hauteur. L'un était trop grand, l'autre trop petit, un autre avait un cousin atteint de folie. Il écarta même un riche propriétaire terrien parce qu'il s'était mouché dans un mouchoir rouge en produisant un joyeux bruit de trompette au moment de prendre congé. On aurait dit qu'il devait épouser lui-même l'homme qu'il cherchait pour sa sœur.

Au début, Angelica s'était impatientée, mais ses vapeurs s'étaient peu à peu évaporées, elle avait fini par s'en remettre à la volonté d'Oreste et par chercher du réconfort dans la lecture de romans roses. Le reste de la famille était plus préoccupé par ses malheurs que par l'avenir d'Angelica, mais quand les tempêtes se furent éloignées, tout le monde se rendit compte que la plus belle fille de la famille était encore célibataire et s'efforça d'y remédier.

De Grassano à Miglionico, en passant par Salandra, les entremetteurs s'employèrent à lui dénicher de bons partis, qui devinrent peu à peu des partis ordinaires. Avec le temps, il fut également nécessaire de s'éloigner pour dénicher des étrangers qui ignoraient son âge – qu'elle dissimulait fort bien cependant, en vertu d'un défaut de vitalité, même si, en contrepartie, elle perdait en saveur, en substance et en réalité. Elle se mit à ressembler à ces fruits de cire prodigieusement réalistes et inodores dont Albina ornait le coffre, seul souvenir de la maison de son père.

Quand un homme semblait décidé à lui proposer le mariage, Angelica le rejetait avec irritation, et si la famille l'invitait à se raviser, il ne lui était pas difficile de décourager le prétendant. En vérité, elle ne voulait pas perdre l'occasion de s'unir à un bel aviateur. Il fallut l'amour et l'entêtement de Candida pour changer le cours des choses.

5.

À la mi-octobre, Grottole accueillait une foire pendant une semaine. Elle précédait celle de Potenza qui mettait un point final à la saison, et était si fastueuse qu'on y accourait de tous les environs. Elle débutait dans une animation sourde et joyeuse sur la grand-place, où les ferblantiers venus de Pouilles et de Matera exposaient marmites, *cuves-à-laver* en cuivre pour le linge et autres ustensiles destinés à la maison. Pendant ce temps, les animaux affluaient sur la route, plus bas. C'était toujours durant cette période que les bohémiens célébraient leurs fiançailles.

Au cours de la foire, Candida vit Colino pour la première fois.

Et pourtant la journée ne laissait rien augurer de bon. Ce matin-là, alors que son père vendait ses babioles et que sa mère était allée rejoindre une amie bohémienne, Candida était sortie de bonne heure. Elle avait zigzagué entre les comptoirs de chaussures et de linge. Puis, sans s'arrêter devant les tas d'*arachideries* et les *je-vous-contiens* d'olives macérées dans la chaux, ni devant les épis de maïs rôtis qu'elle aimait tant, elle avait gagné l'étal de Gennarino le *Cheveulier.*

Trônait là, parmi la marchandise ordinaire – rubans, épingles à cheveux et savonnettes –, une poupée espagnole au visage de cire peint, dont le corps de sciure était revêtu d'une robe à volants en satin rouge. Elle représentait en secret, depuis le jour de son exposition, le rêve des fillettes du village. Pour l'obtenir, il fallait avoir la patience de recueillir un à un les cheveux emprisonnés dans les fines *dentines* dont on se servait pour s'épouiller, des *dentines* qui labouraient jusqu'au sang le cuir chevelu. Un travail de fourmi qui pouvait durer une vie entière. Mais Candida avait décidé de raccourcir les délais.

Ce matin-là, elle s'était emparée des ciseaux qui servaient à éventrer les poulets et, d'un coup sec, avait coupé la tresse qui lui arrivait jusqu'aux fesses, comme d'autres le feraient de l'autre côté de la terre – certes, pour des raisons différentes.

Lorsque Gennarino empoigna la tresse, enveloppée dans un bout de journal, il secoua la tête : il avait déjà vu cette scène une quantité de fois. Il n'avait pas besoin de cheveux coupés, mais de cheveux tombés naturellement, au bulbe encore intact. Toutefois, constatant la déception de la fillette, il lui proposa en échange un *joue-joue* – c'était tout ce qu'il était en mesure de lui donner. Il en avait un, au milieu de ses colifichets. Il l'agita pour qu'elle entende le son que les billes produisaient en s'entrechoquant à l'intérieur. Le jouet tintinnabula. Candida s'en alla sans piper mot ni reprendre sa tresse et se mit à errer parmi les étals, tandis que ses prunelles se remplissaient de larmes.

Colino se trouvait avec son père derrière un comptoir. Quand Candida le remarqua, il déroulait un coupon de taffetas couleur de prune mûre, si bruissant qu'elle l'entendrait longtemps chanter dans son souvenir.

Il avait des yeux levantins, noirs et langoureux. Les hommes qui viennent de la marina ont souvent ces yeux caressants ; même le coupon le plus cher de l'étal, un mélange de velours et de soie, ne pouvait rivaliser avec ce doux regard. Ses lèvres étaient bien dessinées, ses dents éclatantes et droites, ses doigts effilés. Bref, le portrait craché du Christ déposé que Candida avait tant aimé, tout au moins c'est ce qui lui sembla ; à croire que ce dernier avait abandonné le marbre dont il était fait pour se changer en chair. À cette époque-là, Colino était âgé de dix-huit ans.

On ne l'avait pas vu au village depuis une dizaine d'années, qu'il avait passées à Bari avec son oncle Cataldo, marchand d'édredons. Il était venu aider son père à l'occasion de la foire, et les affaires ne s'étaient jamais mieux portées : attirées par sa présence, les femmes se pressaient autour de l'étal, feignant de s'intéresser aux étoffes que Minguccio le *mercant* vantait en les saoulant de bavardages. Les éclairs provocants de leurs regards ne cessaient de bombarder Colino, mais pas un seul ne le touchait. À la grande satisfaction de sa mère, jalouse et fière du miracle qu'elle avait engendré, il était resté vierge. Une quantité d'occasions s'étaient présentées, mais il s'était bien gardé de se mêler aux veuves, aux femmes de mauvaise vie ou de compromettre la vertu de la moindre jeunette. Une innocence coquine le protégeait de la tentation.

Il rayonnait d'une véritable douceur. Il s'était habitué aux femmes qui vrombissaient autour de lui comme le bœuf s'habitue aux mouches, et s'il ne pouvait les chasser d'un coup de queue paisible, il noyait leurs ardeurs dans ses yeux limpides.

Colino mesurait l'étoffe avec la paume de la main quand il leva les yeux et aperçut Candida.

Son attention fut d'abord attirée par l'étrange coupe de cheveux de la jeune fille. Mais il se produisit une chose bizarre lorsqu'elle le contempla à son tour : on eût dit qu'une porte s'ouvrait. Stupéfait, Colino traversa des pièces, certaines lumineuses, d'autres sombres et secrètes, des couloirs, des recoins cachés et froids, des débarras, des terrasses ensoleillées...

Hé mon gars ! Une tape dans le dos le fit sursauter. Son père, Minguccio le *mercant*, avait suivi son regard, curieux de découvrir ce qui le distrayait, et n'avait rien remarqué, à l'exception d'une fillette aux épaules étroites et au buste plat, aux cheveux coupés à la hauteur du menton et aux yeux embués de larmes qu'un sourire éclaira justement à cet instant-là.

Il lui ordonna une nouvelle fois d'empaqueter le velours que venait d'acheter la dame de Tricarico. Colino fut contraint de détourner les yeux. Quand il les ramena vers Candida, elle avait disparu.

Pendant toute la durée de la foire, il eut l'espoir de la revoir ; dès qu'il en avait la possibilité, il quittait le comptoir de son père pour aller la chercher parmi les vendeurs d'édredons, dans les groupes des querelleurs, là où s'assemblaient les camelots qui vendaient racines de saponaires et réglisse, ainsi que les bohémiens qui lisaient le destin dans les cartes. Il la chercha partout et interrogea nombre de personnes pour la retrouver sans être capable de la décrire. Enfin, il se présenta devant l'étal de Gennarino le *Cheveulier*.

Candida nettoyait des oignons de serpent. Quelques jours plus tôt, après l'avoir surprise, bouche bée, devant les coupons de Minguccio le *Pouillais*, son père l'avait attrapée par le bras et traînée à la maison, où il lui avait donné une taloche et une montagne d'oignons de serpent à nettoyer. Candida n'avait pas protesté, songeant qu'elle aurait ainsi le loisir de penser à Colino. De fait, en travaillant, elle revoyait les pommettes du garçon, ses yeux, la courbe de ses sourcils, le renflement de ses lèvres, autant de détails qui prenaient pour elle des milliers de significations évidentes ou cachées, qu'elle n'aurait toutefois pas su nommer.

Perdue dans ses rêves, elle laissa le temps s'écouler, plein de promesses, jusqu'à ce qu'elle se heurte à la réalité : c'était le dernier jour de la foire. Son père venait de sortir, armé de son *je-vous-contiens* rempli d'oignons de serpent. Elle en profita pour partir sans le moindre scrupule à la recherche de Colino.

Une foule un peu triste occupait la place San Rocco. De nombreux marchands s'en étaient déjà allés, les autres commençaient à libérer les lieux. Les au revoir et les cris d'encouragement aux mulets retentissaient ici et là. Hiiiiiiiii ! Candida éternua, le nez irrité par les fragments de paille et les grains de poussière qui tourbillonnaient dans l'air. Le cœur battant, elle se fraya un chemin parmi les gens qui hissaient leurs marchandises sur des chariots et gagna l'endroit où se trouvait l'étal de Minguccio le *mercant*. Mais il n'y avait plus que des coquilles d'*arachideries* et des graines, des crottins de mulet et de la paille.

Le vent s'était levé. Un vent frisquet et cinglant, trop vif pour la saison, qui emportait de temps en temps un morceau de papier, le faisait tournoyer puis l'abandonnait au sol. Un monsieur lui apprit que Colino et son père étaient repartis ce matin-là. Elle le pria de répéter parce qu'elle n'arrivait pas à le croire. Brusquement, elle sentit le froid et la mort. Elle pensa que sa vie, tant qu'elle durerait, ne serait qu'un fardeau inutile.

Soudain, au cœur de cet hiver, une silhouette jaillit de l'ombre et vint à sa rencontre. Candida eut l'impression qu'elle surgissait d'une autre époque. Une époque plus heureuse ou plus triste ? Elle était incapable de le dire. Un temps très lointain, quoi qu'il en soit, celui où elle était encore une fillette qui jouait à la poupée. Gennarino le *Cheveulier* l'appelait en agitant les bras. Une fois à sa hauteur, il lui tendit la poupée espagnole. Elle est à toi , lui dit-il pour la rassurer. Elle le regardait, incrédule. Le fils de Minguccio le *mercant* t'envoie son bonjour, ajouta-t-il avec un petit sourire. Il lui adressa un clin d'œil et s'éloigna rapidement. Il devait charger son chariot avant que la nuit tombe. Candida eut le sentiment que le soleil naissait à cet instant précis. Aussitôt, la vie reprit autour d'elle.

Quelques jours plus tard, Colino confia à sa mère qu'il avait l'intention de se marier et lui montra sa future épouse : elle marchait dans la rue, armée d'une corbeille d'œufs qu'elle faillit transformer en omelette.

Cette fille-là ? Mais elle a encore du lait sur les lèvres ! s'exclama Diodata en éclatant de rire. La perspective de céder ce fils sublime à une autre femme ne l'enchantait déjà guère ; celle de l'offrir à cette morveuse lui sembla carrément révoltante. Puisqu'il n'y connaissait rien, elle veillerait elle-même à lui trouver une épouse convenable, se dit-elle. Or, une fois n'est pas coutume, elle n'eut pas gain de cause. Colino se montra inébranlable.

Lorsque Minguccio le *mercant* apparut sur le seuil de sa boutique, Vincenzo pensa qu'il venait lui proposer de l'acheter. Il décida en l'espace de quelques instants qu'il ne la lui vendrait jamais, pas même à prix d'or. Or, c'était sa fille que l'homme voulait. Rien de moins que ça. Ma fifille, ma fifille, ma fifille Candida, Licandrella... Sous le coup de l'émotion, le savetier se répétait. Ce Minguccio, quelle tête de nœud !

Vincenzo profita de l'occasion pour s'occuper de ses affaires et satisfaire la curiosité qui l'avait tenaillé au cours de ces dernières années. L'air d'évaluer la proposition du mercier, il lui demanda combien de coupons il conservait dans son entrepôt des Pouilles, combien de liquide, combien de chariots, s'il possédait une maison, des ânes, des mulets et des poules. Minguccio n'avait pas envie de répondre, mais il fallait bien dire quelque chose, et il recourut à sa parlotte proverbiale pour abrutir le savetier. Mais ce dernier pour autant n'en démordait pas.

Colino, qui craignait que Vincenzo ne se vexe, finit par intervenir. Il fit le compte rendu lui-même, sous le regard exaspéré de son père. Vincenzo répéta ensuite ses propos mot à mot, comme s'il réfléchissait : Un âne, un mulet, deux chariots, un chien, une maison à Monopoli et un *une pièce* à Grottole, quatre cents coupons rangés dans l'entrepôt… Tu peux te les foutre au cul ! Tu n'auras pas ma fille, pas même son cadavre ! Je préférerais la noyer de mes propres mains, lui tordre le cou, la laisser crever de faim ou de chagrin ! s'écria-t-il avant de se tourner vers Colino. Quant à toi, fils de putasse, si tu l'approches ou si tu penses seulement à elle, je te briserai la nuque, je te ruinerai, et avec toi toute ta famille, ainsi que ceux qui sont venus vous chercher ! Quelques instants plus tard, on vit Minguccio le Pouillais, sa femme et son fils s'éloigner d'un pas leste le long de la rue en pente qui partait de la grand-place, tandis que Vincenzo, fumasse et satisfait, les couvrait d'injures, sur le seuil de sa boutique.

Dès lors, Candida n'eut plus le droit de mettre le nez dehors.

Elle passait ses heures à tenir l'écheveau que sa grand-mère Concetta pelotonnait à l'infini en secouant la tête avec l'air de dire qu'elle savait depuis longtemps comment les choses se termineraient. Pour réconforter la fillette, la vieille femme lui racontait des histoires du passé dont la morale était toujours la même : lorsqu'une chose commence à aller de travers, il est impossible de la redresser. Ce qui était arrivé à leur famille, à sa tante Costanza, que Dieu lui pardonne, à grand-papa feu Francesco et à sa pauvrette de mère le prouvait.

Or, un jour Candida décida qu'elle écrirait elle-même la fin de sa propre histoire, ainsi qu'elle le faisait à l'école lorsqu'il y avait composition.

Mais comment s'y prendre ? Elle s'adressa à la

seule personne influente qu'elle connaissait, Jésus-Christ. Selon l'usage éprouvé, elle lui promit, en remerciement de son aide, de lui rendre l'homme que sa grand-tante lui avait soustrait. Le Seigneur apprécia peut-être, on ne le sait pas, mais ce qui est sûr c'est qu'il ne fut pas le seul à veiller sur la conclusion heureuse de ses amours.

Albina ne pouvait pas le croire. Il devait y avoir une erreur. Le plus beau garçon qu'on eût jamais vu à Grottole, « celui » que toutes les filles désiraient et qu'aucune n'avait jamais réussi à attraper, avait demandé la main de sa *chatine* de fille, de cette *micro-puce*, de cette demi-portion ! Il fallut pourtant se résigner : c'était bien Candida que voulait Colino, et elle seule, ainsi que le lui confirma la mère du garçon, son amie Diodata, qu'il lui fut impossible de désapprouver quand elle l'entendit déclarer que son fils avait perdu le sens commun. Mais Albina songea qu'il convenait de profiter de cette chance inespérée avant qu'il le retrouve. Et tant pis pour son mari, *mest* Vincenzo.

Au mois de février, Pif-Bouché, qui avait capturé un renard, donna un *régaleton* dans sa cave. Vincenzo y fut convié. La femme de Pif-Bouché invita ses voisines à manger les viscères chez leur amie de Tricarico.

Cette nuit-là, il se produisit de nombreux événements qui, pour une raison ou pour une autre, s'ancrèrent dans les mémoires et enrichirent le répertoire d'histoires qui tiendraient compagnie à Gioia lorsqu'elle serait entre la vie et la mort.

On assista à une éclipse de lune.

Candida eut ses premières règles.

Pour la première fois depuis que Colino avait demandé sa main, elle avait été autorisée à sortir avec sa tante Angelica. Mais tandis qu'elles se promenaient derrière le mur, elle eut un étourdissement et fut obligée de rentrer seule plus tôt que prévu.

Concetta dormait derrière la cloison, ainsi que le prouvaient les ronflements que Candida entendit en passant à côté. Sans un bruit, elle descendit l'escalier qui menait au sous-sol, où elle partageait un lit avec sa tante. Soudain, un éclair déchira la pénombre. Écartant le rideau, elle découvrit son oncle Oreste : vêtu d'une robe d'Angelica, les joues et les yeux fardés, il posait devant un appareil photographique monté sur un trépied.

Il menaça de l'étrangler si elle racontait ce qu'elle avait vu, et elle jura qu'elle ne s'y hasarderait jamais. De fait, elle garda ce secret pendant plusieurs années, par crainte d'abord, puis par indifférence. Elle l'avait presque oublié quand, inopinément, il se révélerait utile.

Cette nuit-là, en parlant de chasse et de femmes dans la cave de Pif-Bouché, Vincenzo siffla une demi-dame-jeanne de vin, non sans une grande satisfaction et quelques sentiments de culpabilité. Il n'aurait pas dû, à cause de sa santé.

Il y avait longtemps, en effet – c'était, d'après ses calculs, à partir du moment où sa femme se refusait à lui –, que son cœur le tracassait. Le médecin lui avait interdit de boire et prescrit des gouttes amères comme la suie qu'il oubliait d'avaler un jour sur deux, alors qu'il ne négligeait jamais de s'enfiler en cachette un petit verre quotidien, et parfois deux ou trois autres. Il les avalait cul sec en lançant un regard furtif à la ronde, murmurait, quand on le surprenait, que cela ne nuisait pas à sa santé et que, de toute façon, ce casse-couilles de médecin ne pouvait pas le blairer.

Sur le chemin du retour, il lui fallut réprimer une irrésistible envie de chanter à tue-tête.

Lorsqu'il se présenta, Albina venait de rentrer. Elle avait ri à en avoir mal au ventre chez son amie de Tricarico, pendant que le disque de la lune s'obscurcissait et que quelques vieilles femmes, au village, se préoccupaient du mauvais sort. Elle était en train de se déshabiller.

Vincenzo la contempla un instant sans piper, puis il lui sauta dessus avec la fureur d'un assoiffé dans le désert, lui qui n'était plus autorisé à la toucher depuis des lustres. Mais elle ne le repoussa pas : une étrange idée avait soudain germé dans son cerveau.

Vincenzo posséda sa femme avec violence, s'enfonçant dans ce qui n'était plus pour lui qu'un mirage et son cœur malade faillit sortir de sa poitrine. Albina le sentit battre comme un tambour contre ses seins, battre de plus en plus fort, puis sursauter et s'écraser.

Elle s'attarda un moment sous lui. Le poids de son corps était agréable. Elle s'en extirpa non sans peine puis le retourna. Vincenzo affichait une expression de bonheur, ce plaisir même qui l'avait, un instant, envahie elle aussi en traître. Elle lui dispensa une caresse rapide car, à force de lui faire la guerre tout au long de ces années, elle s'était attachée à lui, bien que ce ne fût jamais au point de le contenter. Enfin, elle lui ferma les yeux afin de chasser les pensées qui lui venaient à l'esprit.

C'est ainsi que les prières de Candida furent exaucées. On célébra ses fiançailles dès que le deuil prit fin.

Civl Ciavl s'rendait au potager
La malombre *descendait derrière lui*
Si Nez-Tordu n'avait pas été là
Civl Ciavl aurait cassé sa pipe.

6.

Sais-tu quand tu es tombé amoureux de moi ? demandait Candida à Colino, tandis qu'un sourire de friponne lui montait au visage. Le jour de ma naissance, ta mère te chargea de porter des pigeonneaux à la mienne. Alors que tu repartais, maman te rappela. Et la petiote, tu ne veux pas la voir ? te lança-t-elle. Elle m'arracha au *berce-marmot* afin que tu m'embrasses. Tu ne m'as plus oubliée.

Colino l'observait avec perplexité. Fiche le camp, disait-il en la repoussant, et ses yeux lui souriaient.

Ils devaient attendre, avant de convoler, qu'Angelica soit casée. Oreste, qui émergeait de temps à autre des abîmes de sa vie gâchée pour accomplir un acte de tyrannie inutile, l'avait exigé. Certes, les chances de la marier étaient désormais nulles, mais Candida se démena si bien qu'il n'y eut pas seulement un mariage ou deux, mais trois, et que ces noces mirent le village sens dessus dessous.

Au pied du palais qui avait appartenu à don Francesco Falcone et qui abritait à présent le cercle, vivaient les gens de la Rage. Ils se multipliaient depuis plusieurs générations dans l'obscurité de la même écurie, telle la *malherbe* qui repousse chaque fois qu'on l'arrache et se renforce au point de résister aux maladies et aux incendies, au typhus, au choléra, à la famine, aux inondations, aux poux et à la gale. Ils ne songeaient qu'à se reproduire, les pères s'accouplant avec les filles, les frères avec les sœurs, oublieux de leur propre nom et même de leur langue, puisque certains poussaient des cris et d'autres, des grondements de chien.

De temps en temps, par erreur ou sous l'effet d'une plaisanterie sur les propriétés combinatoires, naissait une fille qui se trouvait à un barreau un peu plus élevé de l'échelle évolutive et qui, pour cette raison précise, menait une existence particulièrement malheureuse. C'était le cas de Lucrezia.

Contrairement aux membres de sa famille, elle savait faire la différence entre la chicorée et l'herbe des pâturages, elle ne disputait pas aux cochons les trognons de poire, n'avait jamais mangé de chat tout juste assommé ou de poissons du Basento avec leurs écailles. À l'âge de douze ans, elle avait miraculeusement conservé sa virginité. Elle se coiffait et, quand elle le pouvait, se lavait. Elle avait appris à parler à un âge normal et, comme elle avait honte de la misère dans laquelle vivait sa famille, elle racontait une foule de mensonges.

Elle décrivait chaque fois sa maison d'une manière différente, soulignant la beauté du *berce-marmot* destiné à son petit frère, du pot rempli d'huile, de la huche à pain, du *cylindron* débordant de blé, des bocaux de saucisses à l'huile enroulées en spirale, sans se soucier du fait que tout le monde connaissait la vérité. Et lorsqu'on lui donnait charitablement de quoi manger, elle répondait qu'elle avait l'estomac plein. Mais elle acceptait la nourriture. Pour Antonino le porc, avait-elle coutume de dire.

Le village l'aimait bien car elle ne se dérobait jamais à la tâche. Elle écorchait encore les mots qu'elle conduisait déjà les cochons au pâturage et puisait de l'eau à la fontaine sur la pointe des pieds.

Lucrezia lavait le sol chez Albina quand Giuseppe la vit, et, par sa faute, Candida faillit rester vieille fille.

Giuseppe Amodio, fils de Rocco, n'était qu'un gamin quand il était parti pour les Amériques. Il avait découvert la mer à Naples, où il s'était embarqué. À la vue de cette terrible masse d'eau démontée, dont l'odeur nouvelle se mêlait à celle du goudron des navires, les poils de son corps s'étaient dressés et ses jambes s'étaient plantées au sol, à croire que des racines avaient soudain poussé au bout.

Comme il avait déjà payé les cent cinquante lires du billet ainsi que les cent lires du courtier nécessaires pour partir, on l'avait traîné et fourré de force dans la cale.

Il commença aussitôt à vomir. Les tripes nouées et l'estomac pris de sursauts, il regardait à travers les hublots l'élément hostile qui se teignait de sang à l'aube et au couchant. Il l'imaginait peuplé de monstres ignobles qui ne tarderaient pas à engloutir le bâtiment, mais il ne pouvait confier ses pensées à personne car personne ne comprenait son dialecte. Aussi le dépaysement le rendit-il solitaire.

La nuit, alors qu'il se tournait et se retournait dans l'espoir de s'endormir, il se demandait quel péché il avait bien pu commettre et par quel mystère on envoyait ainsi en enfer un brave homme *encrainté* de Dieu et exempt de faute.

S'il ne perdit pas complètement la tête, ce fut grâce à un sachet d'olives noires au sel que sa mère lui avait donné avant le départ. Il en mangeait une chaque soir en la mâchant lentement avec le pain qu'il mettait de côté à midi, et la saveur de la chair saumâtre lui ramenait à la mémoire son nom, le visage des membres de sa famille, le souffle chaud de ses frères qui dormaient avec lui, le grommellement des animaux, les odeurs et les sons de sa maison ; elle lui permettait de transformer l'angoisse en nostalgie, l'effroi en regret, la démence en résignation.

Par une nuit de tempête, tandis qu'il vomissait au-dessus du bastingage, ballotté par les vagues, il conçut une si grande honte qu'il faillit s'abandonner à la redoutable eau noire. Mais une pensée lui traversa soudain l'esprit, telle une main à laquelle s'agripper au milieu des ondes. Il se jura que s'il réchappait à ce cauchemar, il n'infligerait jamais un tourment aussi terrible à son fils. Son fils à lui aurait les pieds bien plantés sur terre, et personne ne l'obligerait à s'aventurer dans des endroits que les braves gens ne devraient même pas visiter en rêve. Il ne signerait pas d'une croix sa condamnation à mort.

Giuseppe survécut à ses cauchemars, mais il ne fut plus jamais le garçon à la veste trop large qui était parti du port de Naples, avait descendu la rue menant à la marina en dégustant un baba au rhum dont le goût mystérieux et sucré semblait renfermer les promesses de la *Mérique*, le pays de l'abondance où le fromage pleut sur les macaronis, où les chariots roulent sans mulets, ainsi que les courtiers l'avaient décrit à son père – lequel s'était brisé les reins pour économiser ce qui aurait permis de nourrir la famille pendant six mois afin de l'expédier là-bas tel un message dans une bouteille.

Le jour de son départ, le village entier était venu lui dire au revoir à la Via Nuova. Alors qu'il grimpait sur la carriole, certains lui avaient confié une lettre pour un parent, d'autres lui avaient offert une bénédiction, d'autres encore, le voyant déjà fortuné, l'avaient prié de ne pas les oublier. Au moment où le navire de la compagnie La Rapide avait largué les amarres avec sa tonne humaine, le fil de la pelote que tenait un paysan abruzzain, à côté de lui, s'était brisé, et tout avait soudain pris fin.

Trois semaines furent nécessaires pour atteindre New York. La *Mérique* ! entendit-il enfin crier un matin. Il quitta la cale et aperçut, entre le ciel et la mer de plomb, des mouettes qui voltigeaient avec mélancolie. Puis une vision inimaginable explosa devant ses yeux : les gratte-ciel de Manhattan.

Deux jours plus tard – le temps d'expédier les formalités – après quatorze heures d'attente, de froid et de jeûne sur le ferry-boat, on le débarqua avec mille autres personnes à Ellis Island, l'île de la chance selon certains, des larmes selon d'autres.

On leur ordonna de s'aligner sous une marquise et on les poussa dans un bâtiment de brique rouge, de verre et de fer, aussi grand que Grottole.

Dans le hall, il fut assailli par un vacarme de voix, par un tourbillon de têtes de toutes les couleurs, de barbes, de turbans et de couvre-chefs, d'ordres criés dans des langues incompréhensibles, de sanglots sonores. Une femme se débattait à côté de lui, comme si elle était possédée du démon, parce qu'un policier voulait la séparer de ses bagages, un panier en osier et deux balluchons qui laissaient entrevoir une cuiller en bois et une boucle de laine de brebis. Plus loin, une fillette à la robe de première communiante jetait des regards hébétés à la ronde.

On le déshabilla entièrement et le moindre centimètre de son corps fut exploré, on lui retourna les paupières au moyen d'un crochet à chaussures et on lui posa des questions qui lui semblèrent absurdes. Il apprendrait par la suite que la *Mérique* ne voulait pas de rebuts : pas d'épileptiques, d'imbéciles, d'escrocs, de tuberculeux, d'anarchistes, de polygames et de pauvres.

On dessina un X sur le dos de son voisin, un homme à la fine moustache et aux yeux luisants, qui se dégagea et s'élança vers l'eau glacée, dans laquelle il aurait sans doute plongé si quelqu'un ne l'avait retenu.

Soudain un policier cria son nom. Il fut effrayé : qui le lui avait appris ? C'était la première fois qu'ils se voyaient, il en était certain ! Il eut l'impression que l'homme le regardait de travers. Sans le savoir, il avait peut-être fait une bêtise. On viendrait le chercher pour le flanquer en prison, voire pire encore. Bien pire. Or on lui ouvrit les portes de la *Mérique* et il fut jeté dans le froid du mois de janvier.

Cet épisode et ceux qui s'ensuivirent ne cessèrent jamais de le hanter. Il y repenserait bien des années plus tard, quand, propriétaire d'un petit salon de coiffure à Mulberry Street, au sud de Manhattan dans New York, il enfilerait une chemise blanche et un costume à rayures pour aller à la messe le dimanche. Ce souvenir lui donnait toujours envie de pleurer, ce qui était impossible puisqu'il était un homme. Lorsqu'il eut trente ans, il décida de regagner son village afin de prendre femme.

Le voyage de retour en bateau lui parut moins effrayant qu'à l'aller. Non qu'il fût désormais plus courageux, ou qu'il se fût habitué. En vérité, quelque chose s'était à jamais brisé au fond de lui au moment où le fil de laine du paysan abruzzain s'était rompu.

Arrivé au village, il commença à parler de l'Amérique avec emphase et exagération. Selon ses dires là-bas tout était rose. Il arborait un complet à rayures et un chapeau qui portait le nom d'un homme, Borsalino : un accoutrement inimaginable pour la région. On aurait dit une de ces hirondelles qui se mettent à grossir quand les enfants leur ont coupé les ailes.

C'est alors qu'Angelica lui fut proposée en mariage. En vérité, la famille essayait maintenant de la placer auprès de ceux qui s'étaient absentés assez longtemps pour oublier son âge.

Il fit sa connaissance dans un petit salon obscur qui la protégeait du vacarme du monde et brouillait les contours de sa silhouette qui avaient perdu en fermeté, seule conséquence de son âge avancé.

Ils restèrent un certain temps assis sur le canapé : elle, l'air hautain, lui, ne sachant que dire. Intimidé, en dépit de son complet à rayures, Giuseppe marmonnait de temps à autre quelques mots dans une langue hybride qu'on parlait uniquement dans un certain quartier de New York ou, pour être plus précis, qu'il était le seul à parler.

Les membres du clan attendaient l'issue de l'entretien de l'autre côté de la porte fermée et, fait rarissime, étaient d'accord : Angelica n'aurait pu trouver mieux. Ils accepteraient n'importe quelles conditions.

Or le hasard voulut que, par maladresse et timidité, Giuseppe heurtât de son coude la bouteille de rossolis. Le cristal se brisa en mille morceaux et le liquide poisseux se renversa sur le tapis. Minimisant l'importance de l'incident, Angelica appela Lucrezia.

Depuis qu'elle avait appris à marcher, la fille de la Rage passait chez eux la majeure partie du temps que lui laissaient ses occupations. Elle était toujours en première ligne quand il s'agissait d'agir.

Cette fois encore, elle se précipita dans sa tâche à corps perdu. Elle frottait et *serpillait*, le nez par terre, le buste écrasé jusqu'à la taille, les bras étirés, le derrière se levant et se baissant comme celui d'une jument. Un fessier incommensurablement bien fait, franc et aussi rond que la pleine lune.

Tandis qu'Angelica poursuivait son fade bavardage de circonstance, l'attention de Giuseppe fut capturée par les mouvements ondulatoires de cet arrière-train, par ses proportions parfaites, par son exubérance et par son envie de vivre. Il lui fut bientôt impossible d'en détourner les yeux. Peu à peu, le sentiment d'oppression qui l'avait saisi à l'instant où il avait pénétré dans la pièce se dissipa, et les chagrins de son existence s'évaporèrent. Lorsque l'entretien prit fin et que la famille l'accompagna à la porte, Giuseppe déglutit deux ou trois fois, rassembla tout son courage et, sous ces multiples yeux pleins d'espoir, demanda la main de Lucrezia.

Les noces de Lucrezia, d'Angelica et de Candida furent fixées le même jour.

En effet, alors que les espoirs de Candida commençaient à sombrer, un aveugle s'était présenté. Garde forestier, il avait perdu la vue dans un banal accident du travail, alors qu'il nettoyait son fusil réglementaire. Il menait à présent une vie agréable à Pérouse grâce à sa pension d'invalidité. Une occasion à ne pas gâcher, songea Candida. L'homme ne refuserait pas Angelica, ainsi que le faisaient désormais les rares prétendants, les plus laids et les plus pauvres inclus. Il importait qu'Angelica ne le repousse pas.

Candida était la seule à connaître la vie intime de sa tante, ses rêves couleur de rose, ses fantasmes princiers. Forte de ces songes dénués de sens, elle s'employa à changer ses projets en réalité.

Elle parla à l'aveugle. En premier, elle lui vanta la beauté d'Angelica, utilisant ses souvenirs d'enfance et la photographie qui la montrait à l'âge de dix-huit ans. Sa peau immaculée, les reflets cuivrés de ses cheveux. L'or liquide de ses yeux. La noblesse de son port. Elle fit d'elle une héroïne de roman, l'héritière malheureuse d'une grande fortune, de barils pleins d'argent dont on ignorait la cachette, une princesse sans royaume que le sort adverse avait détrônée mais non vaincue, et les mots affluaient à ses lèvres comme si don Francesco en personne les lui soufflait depuis le daguerréotype qui le représentait.

Fasciné par la voix et le discours de Candida, l'aveugle se laissa convaincre. Il tomba peu à peu amoureux, mais de qui et comment ? Il ne le comprenait pas lui-même, l'héroïne se confondant avec la narratrice, et la réalité avec les rêves. Cependant la confusion était agréable car, dans l'immobilité forcée de sa condition, il avait appris à apprécier l'imagination. Candida en profita pour mener à bien son plan.

Il fallait maintenant qu'Angelica s'éprenne. Candida expliqua à l'aveugle le caractère de sa future épouse et la façon de la conquérir.

L'aveugle rapporta à Angelica, au cours des après-midi qu'ils passèrent en buvant du rossolis sur le canapé défoncé de la maison, les histoires que Candida avait inventées. Il lui parla de ses entreprises en Tripolitaine, des coutumes barbares des Maures, de la fertilité de ces terres qu'il était allé conquérir, lui relata dans le moindre détail son passé d'aviateur et les sentiments qu'on éprouvait, suspendu au milieu des nuages. Il lui dit que le vent vous soufflait sur le visage avec autant d'intensité que l'eau d'un ruisseau, et que la terre, vue d'en haut, évoquait une étoffe fantaisie, les champs dessinant d'innombrables carreaux et les maisonnettes des pois.

Enfin il raconta la bataille, le moment où son avion avait été abattu, les trois jours où il était passé pour mort et où il avait en fait perdu la vue. Séduite, Angelica fondit en larmes, ainsi qu'elle le faisait à la fin de ses romans préférés quand l'amour des héros était en danger, et, poussée par un élan subit, lui saisit la main. Incapables de distinguer la réalité de la fiction, de démêler leurs rêveries respectives, Angelica et l'aveugle se jurèrent un amour éternel.

C'est Oreste qui conduisit les trois mariées à l'autel. Il commença par Angelica. Sa moustache pommadée semblait vouloir transpercer les nuages, tandis que, aussi fier que don Francesco l'avait imaginé avant même sa conception, il accompagnait sa sœur parée de dentelles. L'assistance crut à une apparition de la Vierge de Pompéi.

Mais, arrivé sur le seuil de l'église, il s'aperçut qu'il n'y avait personne pour le remplacer au bras de la belle. Son visage s'empourpra, et l'espace d'un instant, les invités pensèrent qu'il allait réellement s'enflammer.

Le neveu de Cague-Draps courut avertir Candida. Elle attendait son tour à la maison. Pendant une seconde, elle se dit que sa grand-mère avait raison : il est impossible de redresser une situation qui va à vau-l'eau depuis longtemps. Saisie d'un vertige, elle faillit s'évanouir.

Les gens murmuraient sur le parvis de l'église. Les aveugles ont l'odorat fin, ils sentent la chair fraîche, disait le croque-mort, Luigino la Cheminée, en secouant la tête avec un air de connaisseur. À ces mots, Concetta se signa trois fois et murmura qu'elle avait toujours su comment cela se terminerait.

Mais, quelque part, une chose entendait exister. Elle se battait contre le froid et l'obscurité. Elle refusait d'être une éventualité comme tant d'autres. Ou ça, ou rien, s'entêta-t-elle, et elle finit par l'emporter. Cette chose était, ou plutôt serait, Gioia.

En réalité, l'aveugle ne s'était pas dérobé, il se trouvait simplement dans la boutique de *Ratonnet*. Vêtu d'un caleçon, il tentait en vain de glisser le pied dans la jambe de son pantalon. Serre, serre, que tu m'as dit ! lançait *Ratonnet*, imperturbable, en marquant en même temps avec une craie ronde l'endroit où reprendre la couture. L'artisan avait en effet l'habitude de laisser à l'intérieur plus de tissu qu'il n'y en avait à l'extérieur, dans la perspective des modernisations, des regrets, de la croissance ou de l'embonpoint. Et peu importaient les protubérances et les *montagnettes*.

Il priait ses clients de courber un peu les épaules, de rentrer le ventre, d'ôter le bras ou de le fléchir. Voilà, s'exclamait-il, satisfait ! Tu vois ? Cette veste tombe parfaitement. Il confectionnait des habits pour contorsionnistes, individus auxquels l'esprit d'adaptation ne fait jamais défaut, du *berce-marmot* jusqu'à la *caisse-à-mort*.

Une fois les problèmes de confection résolus et les noces célébrées, les invités festoyèrent dans la ferme de Serra Fulminante qui avait appartenu à don Francesco Falcone et où les brigands s'étaient installés de nombreuses années plus tôt. Un vieil olivier portait encore un dessin grossier sur lequel, à bien y regarder, il était possible de reconnaître les armoiries des Bourbons.

Une semaine plus tard, soit le temps nécessaire pour engrosser Lucrezia, Giuseppe regagna New York, bien décidé à liquider son salon de coiffure. Avec l'argent qu'il lui rapporterait, il achèterait une maison et un bout de terre à Grottole.

Angelica et l'aveugle partirent, quant à eux, pour Pérouse, où ils entamèrent une vie à moitié imaginaire ; chacun se berçant d'illusions sur le compte de l'autre, ils se donnèrent mutuellement beaucoup de bonheur. Les rares fois où ils revinrent, Angelica ne paraissait pas vieillie, mais de plus en plus irréelle, comme si, à force de vivre dans son monde sublimé, elle avait fini par en faire partie.

7.

Le 24 mai 1915 fut annoncée l'entrée en guerre de l'Italie. Le conflit avait commencé un an plus tôt dans le reste de l'Europe mais paraissait bien loin de Grottole. Au cercle, on continuait à parler du temps et des récoltes ; toujours les mêmes discours, année après année. Puis la nouvelle que les hommes en bonne santé devaient partir pour le front arriva. C'était un malheur pour ceux qui possédaient des biens. Et pour les autres une aubaine, car ils croyaient que les quelques sous de la solde leur permettraient d'entretenir leur famille. Il y eut des boiteux qui s'efforcèrent de marcher et des aveugles qui feignirent de voir parfaitement afin d'être enrôlés. Colino, en revanche, se serait coupé le bras pour pouvoir rester chez lui, ce que firent certains habitants du village. Au moment de l'annonce de l'entrée en guerre, Candida venait d'accoucher de son premier enfant, Domenico dit Mimmo, en l'honneur de Minguccio le *mercant* qui l'abrutissait par ses bavardages lors de ses visites.

Aussitôt après le mariage, Candida et Colino avaient été saisis d'une extase amoureuse qui perdurait encore, et qui perdura tant qu'ils vécurent ensemble.

Quand Colino se levait, le matin, pour aller à la boutique, Candida restait sous l'édredon. C'était lui qui préparait le café et l'apportait au lit, étrangeté qui suscitait dans le village des commentaires incrédules et bienveillants. Le temps qu'il lui fallait pour vider sa tasse était celui dont Candida disposait pour l'inciter à la rejoindre. Il lui arrivait de le surprendre par un baiser qui lui enflammait les joues. Espèce de *sans-honte*, lui disait-il, et Oronzio, qui l'attendait sur la grand-place, s'enivrait.

Personne, à Grottole, n'avait jamais été aussi heureux que ces deux-là. Tandis que le village glissait vers la guerre, Candida et Colino s'abandonnaient sans remords à leur amour conjugal. Albina grommelait en secouant la tête, car, dans la région, le bonheur était un état dont seules pouvaient s'approprier les personnes convenables : le malheur était plus stable, plus sûr et, en fin de compte, plus digne. Mais elle ne pouvait le dire ouvertement parce que Colino apportait à la maison du pain et parfois de la viande, qu'il cachait sous son manteau pour ne pas blesser les autres villageois.

Cependant les paradis sur terre ne sont pas faits pour durer, et Colino reçut lui aussi la carte postale qui l'appelait sous les drapeaux. Candida perdit son lait et Mimmo faillit en mourir.

C'est alors que Mammalina apparut dans la maison.

La malheureuse épouse d'Oronzio avait deux enfants, et surtout un maudit mari qui buvait l'argent qu'elle gagnait grâce à son labeur de servante et de nourrice. Colino l'engageait de temps à autre par pitié, mais l'homme semblait oublier le plus souvent de se présenter à la boutique. Chaque fois que Mammalina se révoltait, les coups pleuvaient ; cependant elle refusait de les subir sans broncher, réagissait comme une tigresse, et ses cris retentissaient jusque sur la grand-place.

Oronzio fut l'un des premiers à s'enrôler, alléché par les bruits racontant que l'État pourvoirait à la subsistance des familles des vétérans et des soldats tués, qu'il leur donnerait de la terre. Il avait du mal à croire que quiconque fût disposé à tant offrir à un ivrogne de son espèce. La terre… Même s'il devait la payer de son sang, il ne pourrait s'empêcher de penser qu'il l'avait obtenue à bas prix.

Apprenant qu'il s'était enrôlé, Mammalina commença à regarder son mari d'un autre œil. C'était la première fois depuis qu'il l'avait engrossée, à l'âge de quinze ans, qu'il semblait décidé à s'activer un peu pour sa famille.

La veille de son départ, elle alla trouver Candida. Mais elle ne se décidait pas à parler, s'exprimait par sous-entendus, tournait autour du pot, ne ménageant pas la patience de la jeune femme. Voisine, vous m'rendriez pas un p'tit service ?, finit-elle par glisser. Elle demanda à Candida de lui prêter deux sous afin qu'elle puisse acheter une *cabesse* d'agneau. Elle la cuisinerait à l'intention de son mari qui partait le lendemain pour la guerre. Elle arpenta ensuite le village, réclamant ici une pomme de terre, là un oignon, bref tout ce qui lui permit de préparer un dîner que n'avait jamais, au grand jamais, dégusté sa famille.

Le soir venu, elle enfila sa plus belle robe, passa leurs meilleurs vêtements à ses enfants et dressa la table. La *cabesse* d'agneau dégageait un fumet succulent, et Mammalina dut défendre le plat avec sauvagerie en attendant l'arrivée d'Oronzio. Mais la nuit était tombée et Oronzio ne rentrait pas. Les enfants avaient faim. Sous l'effet de la nervosité, elle les giflait et leur pinçait les bras. Elle espéra jusqu'au dernier moment, précisément jusqu'à ce que les *marmots* s'endorment, la tête sur la table. Elle les coucha, l'estomac vide, ce qui n'était pas nouveau.

Oronzio réapparut à l'aube, si soûl qu'il tenait à grand-peine sur ses jambes. Mammalina lui tendit son sac à dos contenant ses vêtements repassés, ainsi que la *cabesse* d'agneau bien emballée, et lui dit : J'espère que la première balle sera pour toi.

Un mois plus tard, Candida reçut une carte postale signée Oronzio et écrite par un camarade de régiment. Il y demandait pardon à son épouse pour les souffrances qu'il lui avait fait endurer et priait Candida de la persuader qu'il changerait, c'était sûr et certain. Sans le savoir, il disait la vérité : lorsque la carte postale arriva, il était en pleine transformation chimique dans un ravin au pied du mont Cosich. Il avait péri dans la bataille de l'Isonzo, la première de la guerre, et compta parmi les nombreux soldats inconnus que l'Italie célébra sur ses places publiques.

La terre dont il avait rêvé, pour laquelle il s'était enrôlé et avait versé son sang, n'était qu'une légende. Mais le subside qui revint à Mammalina, quoique misérable, lui permit d'élever ses enfants. Elle put leur payer des études dans un couvent pour orphelins de guerre. Sa fille devint maîtresse d'école, elle parlait le *nordique* à son retour. Son fils obtint le diplôme d'ingénieur agronome, mais trouverait la mort dans la campagne de Russie, pendant la Seconde Guerre.

Mammalina remerciait chaque jour son mari Oronzio, qui s'était enfin décidé à accomplir son devoir. Elle honora et aima son image, comme elle ne l'avait jamais fait de son vivant.

En 1971, tandis que Gioia jouait avec ses camarades dans la ferme abandonnée près de la mer, le président de la République, Giovanni Leone, octroierait le titre de chevalier de l'ordre de Vittorio Veneto aux vétérans de la Première Guerre mondiale. Les pensions ne commenceraient à être versées que vers 1980. Elles consistaient en quatre-vingt mille lires par an et n'étaient pas rétroactives, à l'exception des cent mille lires[1] censées couvrir la totalité des arriérés.

Colino, lui, ne partit pas. La veille du départ, il se rendit compte que Candida ne survivrait pas s'il lui arrivait malheur. Il alla à la boutique. Il s'affaira longuement autour du nitrate d'ammonium et du nitrate de calcium qui servaient à fumer le blé et qu'il convenait de manier avec la plus grande prudence pour éviter l'explosion. Quand il rentra à la maison, il était sourd. Il ne partit pas pour la guerre mais, dès lors, il fallut le regarder droit dans les yeux et crier pour lui parler. Ce handicap ne lui pesa pas. Il lui évita d'entendre les médisances, le vacarme et les propos tenus à tort et à travers. Seul ce qu'on tenait à lui dire lui parvenait, à savoir le meilleur du meilleur, et il n'eut pas besoin de mots pour saisir le reste.

À la fin de la guerre, le village comptait un chiffre

1. Cinquante euros.

effroyable d'estropiés et de veuves. De nombreux hommes encore en bonne santé émigrèrent. Les brigands avaient recommencé à battre les rues de Grottole et des bourgades voisines, la Via Nuova, l'Air Mar et le Cugno del Ricco où don Francesco avait péri. Mais ils ne comptaient pas dans leurs rangs le commandant Crocco, qui n'avait pas ressuscité contrairement à ce que prétendait une chanson, ni les héros légendaires dont on racontait les exploits ; ils ne se battaient pas pour un mystérieux royaume, situé peut-être là, peut-être à Tripoli, peut-être nulle part comme le jardin de l'Éden dont tout un chacun connaît l'existence mais non l'emplacement. Ils avaient faim et étaient prêts à tuer pour une poignée de farine.

Plus d'une fois, Colino dut se défendre contre leurs attaques. Car c'était lui qui faisait marcher l'économie du village exsangue.

Au cours de ses longues années de fiançailles, il avait ouvert une boutique, pas plus grande qu'un trou, qui était devenue en peu de temps plus importante qu'une banque aux yeux des villageois. Il vendait non seulement des tissus mais aussi des aliments pour animaux, de l'engrais, du soufre et du sulfate de cuivre pour les vignes. Il achetait le blé aux paysans et le revendait en gros aux moulins. On trouvait dans son magasin de la farine, des pois chiches, des fèves, des haricots en grain, des pâtes et du maïs. Des oignons de serpent, de la ricotta, des balais de branchettes et de la racine de saponaire. Des olives et des œufs. De l'orge et du son. Des boutons et du coton pour les dentelles. Et tout ce qu'on pouvait acheter ou vendre.

Il faisait crédit aux villageois, selon des échéances qui allaient du mois d'août au mois d'août suivant. Il prenait en charge les familles et leur fournissait ce dont elles avaient besoin, du tissu pour leurs vêtements jusqu'au désinfectant pour leurs vignes, il consignait leurs dépenses sur un cahier à petits carreaux avec des griffonnages mystérieux qu'il était le seul à comprendre. Au moment de la récolte, les gens lui livraient leur blé pour rembourser les dettes de l'année précédente et entamaient une nouvelle saison d'emprunts qui commençait par la semence destinée aux plantations, se poursuivait avec l'engrais, le soufre puis, au fil des mois, avec la farine, les olives achetées à crédit quand les réserves devenaient insuffisantes. Lorsque l'année était mauvaise et la récolte nulle, Colino ne refusait pas de renouveler ses prêts. On repartait de zéro jusqu'au mois d'août suivant. Il se gardait de harceler ses débiteurs, mais pour autant il n'oubliait pas. Il finissait toujours par toucher son argent.

Il ne demandait pas d'intérêts, pas même ceux qu'une banque aurait réclamés, ou le taux qu'il aurait empoché s'il avait déposé le capital. Peut-être se serait-il enrichi s'il l'eût fait, mais peut-être aurait-il aussi tout perdu en l'espace de quelques années ? Agit-il par honnêteté ou par calcul ? Mystère. Toujours est-il que c'était la seule façon de commercer dans cet endroit où les paysans survivaient par miracle. Peu à peu, il accumula une fortune et s'acquit une réputation. En l'espace de quelques années, il racheta pour Candida la maison de don Francesco Falcone, l'une des plus belles du village, et entreprit des travaux afin de la rendre de nouveau habitable, après avoir été occupée tant d'années par le cercle.

Il abattit l'escalier en vrille qui s'y tordait en vain

et transforma les pièces de l'étage supérieur en entrepôt. On y accédait par une simple échelle de bois, une de ces bonnes vieilles échelles qui n'avaient jamais joué de mauvais tours à leurs propriétaires. La demeure fut blanchie à la chaux pour effacer les ombres des fantômes que certains avaient vu rôder parmi les tables de jeu, soufflant à qui mieux-mieux des nombres toujours perdants.

Un matin, pendant les travaux, un maçon se mit à pousser des cris de possédé. Il affirmait qu'il avait trouvé un trésor. On pensa qu'il était soûl ; le fait qu'il levait le coude dès le matin n'était un secret pour personne. Or il disait la vérité. On vit apparaître, à moitié rongés par les ans, les barils de don Francesco Falcone, remplis de bijoux et de ducats rouillés qui ne valaient plus rien.

À leur vue, Albina pleura les misères de sa vie, son mari cordonnier, ses vêtements rapiécés, ses enfants morts, tandis qu'Oreste enflait comme un crapaud. Concetta se para des bijoux et ne s'en sépara plus.

Les ducats furent entreposés au grenier et conservés en souvenir. De nombreuses années plus tard, la petite Gioia et ses cousins se payeraient ainsi le luxe de jouer à la marchande et aux pirates avec de vrais ducats.

Giuseppe mourut, mais pas à la guerre. Au moment où le conflit éclata, il se trouvait encore à New York, où il s'efforçait de vendre son commerce à un prix avantageux, entreprise qui se révélait plus longue que prévu. L'appel aux armes l'atteignit à Spring Street, rue du Printemps, où il habitait durant cette période avec cinq compatriotes. Il avait reçu quelques jours plus tôt une lettre de Lucrezia dictée à un villageois. Elle lui annonçait qu'elle avait accouché d'un garçon qui était son portrait craché.

Il ne s'agissait pas de mots en l'air, la ressemblance était frappante – c'est tout au moins ce qui sembla à Giuseppe. Bien que son fils fût encore dans les langes, il reconnut sur la photo son expression sérieuse, son nez, son front, ainsi que sa ride entre les yeux, signe d'une volonté acharnée. Il se vit repartir de zéro. Ce nouveau-né lui offrait soudain la possibilité d'effacer les erreurs, les injustices qui avaient émaillé sa vie, y compris sa première traversée vers l'Amérique, pendant laquelle son âme avait ranci à force d'être secouée par les vagues de la mer.

Son fils avancerait sur une route droite. Il ne serait pas obligé d'apprendre des mots inconnus et blasphématoires, il ne fréquenterait pas des femmes blondes et dévergondées, il ne verrait pas d'abîme s'ouvrir au-dessus de sa tête entre les murs à pic des gratte-ciel. Il grandirait à Grottole, il s'y marierait et y aurait une vraie maison, posée sur la terre, où naîtraient ses enfants. Par amour pour son fils, Giuseppe devint l'un des quatre cent soixante-dix mille insoumis au recrutement de la Première Guerre.

Lucrezia l'attendit à Grottole et éleva seule l'enfant. Les mandats que son mari avait tenté de lui envoyer s'étant perdus dans les mains des intrigants et les adversités du conflit, il lui fallut travailler à la journée et emmener le petit dans les champs.

Rocco avait quatre ans quand il vit son père pour la première fois.

En 1919, Giuseppe s'embarqua sur le *Regina Giovanna*, un navire dans le moteur duquel se trouvaient huit mille chevaux dont on ne voyait pas le bout du nez, un vaisseau de vingt-deux mille cinq cents tonnes, mesurant deux cent dix mètres de long et vingt-cinq de large, capable de transporter deux mille voyageurs de New York à Naples et vice versa. La troisième classe, où il voyageait, était en fête. Nuit et jour, ce n'était sur le pont que chansons douces et mélancoliques, ou aussi rythmées que la tarentelle, accompagnées par l'harmonica et les claquements de doigts. Comme Giuseppe, les passagers étaient très souvent des émigrants qui s'étaient soustraits à l'appel aux armes ; maintenant que l'armistice avait été promulgué, ils retournaient embrasser leur famille.

Giuseppe ne se mêla pas à la liesse générale : il était absorbé dans ses pensées et souffrait de maux d'estomac insistants qui l'avaient assailli peu après l'embarquement. Il avait enfin réussi à vendre son salon de coiffure et il occupa le temps de la traversée à songer à cet argent. Il avait un projet : acheter le domaine de Mazzam'pet, qui avait appartenu à don Francesco Falcone. Son père et sa mère y avaient travaillé à la journée, et lui-même allait y glaner dans son enfance. C'était une terre fertile, et il envisageait d'y planter des arbres fruitiers ; il avait en effet entendu dire qu'il existe d'autres façons d'exploiter le sol que de cultiver du blé qui l'appauvrit. Il était impatient de connaître son fils.

L'enfant jouait avec un lézard mort devant la porte de la maison quand il le vit. Giuseppe le contempla tant et si bien que le petit fondit en larmes. Le lendemain, il se rendit à la poste et déposa l'argent qu'il avait rapporté d'Amérique sur un compte à son nom et à celui de l'enfant. Après quoi il se coucha.

Il avait contracté pendant le voyage une infection virale ; il n'y accorda pas au début beaucoup d'importance, mais il lui arrivait de se sentir faible, d'avoir le vertige et de souffrir de diarrhées : il était trop excité par son retour. Mais quand ses affaires furent réglées, la maladie eut le loisir de l'attaquer. Il s'alita, tout frissonnant. Lucrezia l'assista en attendant le médecin, qui ne se présenta jamais. Le troisième jour, Giuseppe la pria de s'approcher et lui demanda de jurer que leur fils ferait des études. Lucrezia en fit le serment puis, lorsqu'il se fut éteint, déclara la guerre au Père éternel.

La fourmiquette *dans un champ de lin*
Dit au grillon donne-m'en un p'tit peu
Et lalala lalalère, lalala lalalère.

8.

La gare de Salandra-Grottole se dresse à environ huit kilomètres de Grottole – de l'autre côté du pont qui enjambe le Basento et rattache le village au chemin de fer – et à quinze kilomètres de Salandra, dans une zone de calanques. Tombée en désuétude au début des années quatre-vingt-dix, elle accueillait dans les années trente le train qui venait de Potenza et allait vers Métaponte.

Le voyage en troisième classe avait été aussi interminable qu'une traversée océanique. Après sept changements entre Zagarolo et Grottole, Cicia, la sage-femme originaire de la Ciociara, avait l'estomac qui lui sortait par les yeux. Si elle n'avait pas vomi, c'était seulement parce qu'elle était habituée à supporter les épreuves avec stoïcisme, faute de quoi elle n'aurait jamais réussi à devenir sage-femme, ne se serait pas trouvée à bord de ce train et n'aurait probablement pas survécu aux maigres rations de nourriture servies par sa grand-mère dans son enfance.

Le torse fièrement bombé, elle quitta le wagon en bois et trébucha sur la dernière marche tandis qu'elle descendait la valise légère qui contenait l'essentiel de ses biens. Elle examina les lieux. La vallée pelée du Basento brillait sous le soleil. La gare était déserte. Seul le craquètement des cigales retentissait dans l'air. Cicia était là, de toute évidence, par erreur.

Elle regarda le train s'éloigner lentement en soufflant et lança à la ronde un regard éploré. Elle regrettait de ne pas être restée à Rome, ne fût-ce que pour tenir lieu de domestique à sa mère et à son compagnon, M. Lorenzetti. Au moins, elle aurait vécu parmi des gens civilisés. Maintenant, elle s'attendait à voir surgir les Peaux-Rouges qu'elle avait vus au cinéma la veille de son départ. Ils l'encercleraient en poussant des cris de guerre, la main sur la bouche, puis la ficelleraient comme un saucisson à un poteau. Ils l'écorcheraient et, peut-être, la dévoreraient. Dans le ciel haut et bleu, elle eut d'ailleurs la nette impression de distinguer un condor.

La géographie n'avait jamais été son fort. À dix ans, elle ne savait ni lire ni écrire. À quatorze ans, elle réussit à passer son brevet en candidat libre, grâce à son entêtement et à M. Lorenzetti, le dernier amant de sa mère qui s'était révélé, contre toute attente, une très gentille personne. Elle obtint le diplôme de sage-femme à dix-sept ans. Un an plus tard, le concours en poche, elle parcourut une liste de villages qui commençait par A et finissait par Z. Elle choisit Grottole, persuadée que le bourg était situé dans le Latium, du côté de Grottarossa où vivait sa seule amie, une certaine Rosina, couturière de métier.

Quand elle découvrit que Grottole se trouvait dans un mystérieux endroit dénommé Lucanie, ou encore Basilicate, loin, loin, dans le cœur de la botte, là où la circulation stagne et ou le sang peine à remonter, les dés étaient jetés. Elle eut à peine le temps de mettre à sa taille un vieux manteau de sa mère – d'après les informations recueillies, la région était chaude l'été, froide l'hiver et habitée par des loups – ainsi que de commander à Rosina une robe élégante. Elle lui serait utile lorsque le podestat l'inviterait à déjeuner. Quand sa valise fut prête, elle salua sa mère avec une froideur dissimulée et M. Lorenzetti avec une chaleur également dissimulée, ravala ses larmes selon une très vieille habitude, glissa dans son sac deux flacons de quinine contre la malaria et partit, à la grande satisfaction de sa génitrice, qui ne tenait pas à garder chez elle une femme qui fleurissait alors qu'elle-même se fanait.

Elle sursauta en entendant une voix derrière elle. C'était Ciola-Ciola, accompagné du podestat. Ils étaient venus la chercher avec une charrette tirée par un mulet qui s'était arc-bouté des quatre fers en chemin, c'était la raison de leur retard. Cicia accueillit leurs excuses avec la grâce d'une reine et monta à bord du véhicule, telle Marie-Antoinette le jour où elle fut conduite à l'échafaud, veillant à soulever sa robe pour éviter de la salir et rabattant sur son visage la voilette blanche fixée à son chapeau de paille afin de se protéger contre les moustiques assassins et autres insectes.

C'est ainsi que Cicia, Ciola-Ciola et le podestat pénétrèrent dans le village, et c'est ainsi que Candida les découvrit de la loggia de sa demeure, à l'instant où ils arrivèrent sur la place du réservoir. Ils étaient suivis par un cortège d'enfants aux pieds nus, aux oreilles décollées et aux yeux de travers que Cicia contemplait avec commisération et répugnance. Candida fut fascinée par le chapeau à voilette de la jeune femme, par son chignon bas et par sa robe de voyage bleu foncé. Il lui sembla qu'elle sortait d'un des petits romans que sa vie heureusement occupée ne lui laissait plus le temps de lire, et désira immédiatement devenir son amie.

L'occasion ne tarda pas à se présenter. Ce jour-là, tandis que la bataille quotidienne du repas faisait rage – tirs à la mie de pain, tours joués en cachette par les enfants à leur grand-oncle Oreste, menaces et taloches en riposte, pinçons, pleurs, cris et actes de vengeance –, on frappa à la porte. Ciola-Ciola invita Cicia à entrer, et le chambard cessa sur-le-champ.

Puisqu'il s'agissait de la première sage-femme nommée à Grottole, il convenait de l'installer dans une famille honorable et propre, déclara Ciola-Ciola.

Oreste, pour une fois soutenu par Albina et Concetta, s'opposa farouchement à l'idée d'héberger une étrangère. En vain. Candida considérait son oncle comme un mal nécessaire, mais il y avait longtemps qu'elle ne lui donnait plus gain de cause. Après avoir consulté son mari pour la forme, elle accepta avec un enthousiasme mal dissimulé de prendre en pension la nouvelle arrivée.

Les premiers temps, Cicia garda ses distances. Elle n'entendait pas se mêler à cette populace sale, primitive et malheureuse. Puis elle se sentit chez elle pour la première fois depuis sa naissance.

Candida avait six garçons, Mimmo, Vincenzo, Emilio, Michele dit Lillino, Cataldo dit Dino et Francesco dit Ciccio, qui vibrionnaient autour d'elle une bonne partie de la journée. Entre les fausses couches, les grossesses difficiles, l'allaitement et les maladies, elle n'avait plus quitté, depuis le jour de son mariage, le lit immense que Colino avait commandé à son intention à Bari. Anémique et épuisée, elle se consacrait cependant avec transport, la nuit, aux devoirs de la conception et entretenait joyeusement la conversation, le jour, dans sa chambre à coucher qui était devenue la pièce principale de la demeure. Albina et Concetta y stationnaient, assises devant les fenêtres en vêtements de deuil, l'une dotée d'un ventre aussi gros que la quille d'un bateau, l'autre racornie comme un quignon de pain sec, hébergées en qualité d'invitées dans leur maison. Il ne manquait que la bonne âme, soupiraient-elles discrètement, en pensant qu'il était en effet peu probable de voir don Francesco revenir de là où il se trouvait.

Concetta marmonnait du matin jusqu'au soir des prières à la gloire des défunts. Albina confectionnait des couvre-lits au crochet avec un fil qu'elle choisissait de plus en plus fin au fur et à mesure qu'elle vieillissait, sortes de toiles d'araignée dans lesquelles elle s'efforçait de retenir les heures de sa vie passée. De temps à autre, mère et fille interrompaient leurs conciliabules avec l'éternité pour un plongeon dans le présent, commentant d'un ton apparemment désinvolte une scène aperçue sur la grand-place et lançant des regards perçants de derrière les rideaux.

Elles n'étaient pas les seules à occuper la chambre de Candida. Des villageoises s'asseyaient en cercle devant les fenêtres et péroraient sur les mêmes événements, avec des variantes pour ne pas s'ennuyer et des suppositions qui avaient le poids d'une condamnation. Outre ces racontars, le bon ton du lieu exigeait que seuls soient évoqués les malheurs, les maladies, les accidents et les morts. Quand une étrangère se présentait, Albina se hâtait de dissimuler son ouvrage. Elle était persuadée que sa sœur Costanza envoyait des espionnes pour copier les dessins de ses passementeries : des motifs raffinés et complexes, des chefs-d'œuvre qui ne pouvaient être créés que par l'imagination d'une femme trahie par le destin.

Elle avait appris par les commères que Costanza fabriquait de merveilleux couvre-lits, et la nouvelle avait ravivé le souvenir cuisant des multiples dons que la misérable avait indûment reçus sans jamais remercier qui que ce soit. Il lui arrivait encore de s'interroger sur l'injustice dont le Seigneur faisait preuve, de se demander par quel mystère il favorisait une femme qui lui avait soustrait un serviteur. Elle en était venue à concevoir une certaine antipathie pour le Père éternel, qu'elle considérait comme une chiffe molle. Elle boudait et se taisait quand les villageoises louaient les couvre-lits de sa sœur. Elle choisissait un coton encore plus fin et entamait un ouvrage aux dessins fantasmagoriques qui racontait avec des mots cryptés des histoires de haine, d'amour gâché et de soif de vengeance, qu'elle comptait transmettre aux générations futures, telle une bouteille à la mer. Le problème, c'était qu'elle n'avait pas de nièces auxquelles léguer ces couvertures. Alors elles s'entassaient dans un coffre, aussi nombreuses et impalpables que des pensées.

Les garçons étaient de véritables diables. Ils grimpaient partout, se répandaient comme une tache d'huile dans le village, perdaient leurs chaussures et se perdaient eux-mêmes, si bien qu'il fallait les compter à l'heure du déjeuner : il y en avait toujours un ou deux d'absents. Les égarés rentraient le soir en racontant d'improbables mésaventures, des rencontres imaginaires, et se cachaient sous les meubles afin d'échapper aux taloches. Mammalina passait ses journées à les poursuivre, à réparer les pantalons déchirés, à panser les blessures, à soigner les bosses avec une pomme de terre ou une pièce de deux sous en bronze, à les séparer lorsqu'ils se bagarraient, à nettoyer les objets qu'ils salissaient, à ramasser les morceaux de ceux qu'ils cassaient. Ils ne se calmaient qu'en début d'après-midi, quand Candida racontait ses histoires, qui réduisaient le petit Ciccio à l'état d'une soupe aux larmes et que Vincenzo, le plus rusé d'entre eux, liquidait d'un haussement d'épaules.

Les garçons adoraient leur mère, et Candida leur rendait cet amour d'une manière plaisante, les ensuquant de bavardages, les autorisant à dormir dans son lit, où ils s'entassaient et chahutaient ; elle leur fredonnait des chansons dans un *chawabia* qu'elle qualifiait tantôt de français, tantôt d'américain.

Sur Mimmo, le plus déchaîné de tous, planait une promesse qu'elle avait faite dans son adolescence au Christ en marbre de l'église : Si j'épouse le fils de Minguccio le *mercant*, mon cher Christ, le premier garçon que nous aurons sera pour toi. Elle l'avait vêtu en petit moine jusqu'à l'âge de trois ans et s'était efforcée de lui insuffler une religiosité à laquelle il paraissait toutefois réfractaire. Enfant de chœur à cinq ans, il chantait faux les hymnes sacrés. À six ans, il but un jour le vin de messe et ne dessoûla pas de l'après-midi. À sept ans, il échangea avec ses camarades les hosties consacrées contre un coquillage qui renfermait le bruit de la mer.

Candida ne perdait pas espoir. Elle était persuadée que la vocation jaillirait au moment opportun, comme le rapportaient souvent les vies des saints, et qu'elle serait d'autant plus évidente que l'adolescence de son fils était turbulente. Elle se renseignait donc déjà sur le séminaire qui l'accueillerait.

Entre-temps, Cicia et elle étaient devenues inséparables. Il convient de préciser que Candida était attirée depuis l'enfance par la nouveauté, et qu'elle le resterait d'ailleurs jusqu'au bout, se montrant par exemple capable d'utiliser des appareils que sa fille refuserait ne serait-ce que de toucher. Cette étrangère, Cicia, était une source intarissable d'informations sur un monde dont l'existence effective demeurait incertaine. Voilà pourquoi elle ne cessait de la fasciner.

Dans la fraîcheur des soirs d'été, alors que ses fils épiaient à travers les fenêtres des sous-sols les paysans qui se déshabillaient, Candida interrogeait Cicia sur son expérience de figurante pour le cinématographe.

Alors, Cicia adoptait l'air distrait d'une star incognito, décrivait le remue-ménage des machinistes, les décors en bois et en contreplaqué plus vrais que nature et les vieux Romains drapés dans leurs toges. Elle omettait toutefois intentionnellement de mentionner les longues attentes, les vêtements d'hiver portés l'été ou d'été portés l'hiver, les injures, la vulgarité, les responsables des figurants qui dirigeaient la troupe à coups de bâton.

Un matin, tandis qu'ils buvaient une tasse de café,

Candida confia à Colino : Cette nuit, j'ai fait un rêve. Colino la regarda avec cette expression perplexe qu'il adoptait chaque fois qu'il y avait du nouveau. Une semaine plus tard, ils étaient à Rome.

Ils voulurent commencer leur visite par la basilique de Saint-Pierre. Candida considéra, bouche bée, l'espace immense de l'église, puis jeta un coup d'œil déconcerté à son mari. Des statues effrayantes les surplombaient, aussi grandes et menaçantes que les méchants géants des histoires. Elle songea soudain au dieu qui habitait en ces lieux. Il devait être encore plus autoritaire et grossier que les gens à qui ils avaient demandé leur chemin. Rome ressemblait peu aux descriptions de Cicia et à l'idée qu'elle s'en était faite en les écoutant. Voilà pourquoi la basilique fut la première et la dernière chose qu'ils virent de la capitale. Candida préféra retourner vénérer son Christ domestique, qui ne s'adonnait pas au gaspillage, et se représenter à sa guise les fastes de Rome.

Grâce à Candida, Cicia oublia rapidement son enfance malheureuse (on l'avait jetée des bras d'une grand-mère à ceux d'une tante et réduite à l'état de servante). À force de raconter à son amie sa vie revue et corrigée, d'y ajouter à chaque fois des détails qui acquéraient droit de cité parmi ses souvenirs, elle se bâtit un passé heureux qui la conduisit le plus logiquement du monde à un avenir prospère. Tout, en elle, devint étincelant, à commencer par ses cheveux et ses prunelles. Elle épousa bientôt un caporal aux solides convictions qui apporta à sa vie désordonnée la rigueur qui lui manquait. Elle l'accompagna à Vercelli où il fut muté, et s'adapta au brouillard comme au reste, après avoir quitté sans broncher Candida et le village qui l'avait accueillie aimablement.

Les deux femmes correspondirent tout au long de leur vie. Plus tard, quand la petite Celia viendrait se réfugier dans ses jupes, Candida lui ouvrirait les bras avec tendresse en souvenir des récits de sa mère, de son chignon bas et de la robe bleue qu'elle portait lors de leur première rencontre.

C'est Cicia qui mit au monde Alba, au septième mois de grossesse.

Tant que dura sa fertilité, Candida fut enceinte. Accouchements et fausses couches se succédaient sans trêve. Ce n'est pas possible, disait Colino chaque fois qu'elle attendait un enfant. Mais si, ça l'était.

Candida perdit les eaux un soir où Cicia lui racontait un film dont les passages dramatiques étaient soulignés par un grand orchestre : l'histoire aventureuse et tragique d'une jeune fille malchanceuse dénommée Cabiria. Elle fut prise de terribles douleurs et seule l'habileté de Cicia la sauva d'une mort certaine. La jeune sage-femme lui évita de se vider de son sang et lui permit d'arriver en vie à l'hôpital de Matera, où on lui fit l'ablation de l'utérus. C'est ainsi que sonna le glas de ses grossesses.

Alba était aussi minuscule qu'un chaton, mais parfaitement proportionnée. Elle refusa de téter quand, en rentrant de l'hôpital, sa mère tenta de l'allaiter. Candida n'insista pas : cette petite gamine l'avait déjà assez dévastée. Si Mammalina n'avait pas été là, le bébé n'aurait pas survécu.

Elle l'avait tout de suite réchauffée contre son grand corps pendant l'opération de sa mère. Ne pouvant lui donner le sein elle-même – ses enfants étaient grands – elle lui fit absorber une décoction d'avoine et s'employa à lui trouver une nourrice. Ce ne fut pas chose facile, mais elle dénicha exactement ce qu'elle cherchait : une jeune ânesse aux crins clairs, aux yeux étirés et doux, une véritable princesse éthiopienne. Alba fut ainsi nourrie au lait de l'ânesse Filomena, à laquelle elle finit par ressembler au fil des ans. Elle avait les mêmes yeux, le même port élégant et – uniquement pour les choses sans importance – le même entêtement.

La fillette fondait en larmes dès que sa mère la prenait dans ses bras. Seule Mammalina réussissait à l'apaiser. Elle puisait dans son répertoire d'astuces, de poupées en papier qui se tenaient par la main, et d'ombres chinoises qui lui serviraient aussi plus tard à distraire Gioia, perdue dans ses caprices.

Lucrezia travaillait sans relâche. Lorsqu'elle avait voulu retirer l'argent de son mari, l'employé des postes lui avait expliqué qu'elle ne pouvait pas y toucher avant la majorité de son fils. Encore dix-sept ans à attendre. Lucrezia n'arrivait pas à le croire. L'argent que lui avait laissé son mari, bloqué, qu'est-ce que cela signifiait ? Elle s'était révoltée. Elle avait pleuré, pesté. Crié. C'était son argent. Feu son mari s'était sacrifié pour l'amasser. Jusqu'à la *Mérique*, voilà où il avait dû aller ! Rien à faire. Impossible. Mais voyons, il ne savait pas lire ! C'est écrit en toutes lettres. Quelqu'un avait dû lui bourrer le crâne. Rocco doit faire des études ! Elle avait insulté l'employé : Puisses-tu te casser une guibole, être tué, être *dézingué* par la foudre ! Puisses-tu ne pas *renmaisonner* ce soir ! Puisse le Christ te faire cracher ton sang et ton venin autant que la fumée d'une cheminée ! À toi, à tes enfants et à ta femme ! Il fallut l'emmener de force : elle s'accrochait aux comptoirs et aux portes, tentait de griffer, crachait, se frappait le visage au point de le couvrir de bleus et s'arrachait les cheveux. Peine perdue.

Privée de l'argent qui lui revenait, Lucrezia fut obligée de se vendre à la journée. Elle confiait son fils à qui elle pouvait ou l'emmenait aux champs, comme du temps de sa petite enfance. Elle l'installait à l'ombre d'un arbre en priant le ciel pour qu'un renard ou une fouine ne le dévore pas.

Elle se levait à trois heures du matin et se rendait à pied à l'Ai Mar, Mazzam'pet, Sant'Làzzar', afin d'être prête à travailler aux premières lueurs du jour. Elle semait des pois chiches dans les sillons que traçait la charrue, arrachait l'ivraie quand le blé était haut et la *malherbe* qui s'accroche aux fèves. Rognait la vigne. Sarmentait. Pendant la moisson, elle suivait les hommes pour former les meules. Lors du battage, elle aidait à aérer. À l'automne, elle vendangeait, puis allait cueillir les olives. Lorsque le temps des vendanges, des moissons et des olives était passé, elle creusait dans les terrains incultes à la recherche d'oignons de serpent, ou ramassait de la chicorée sauvage, de l'origan, des fleurs de camomille.

On lui versait une demi-lire pour ces travaux du lever jusqu'au coucher du soleil. Elle faisait durer l'argent et en mettait même de côté. Elle ne dépensait que pour Rocco, pour qu'il ait un œuf frais chaque matin, une panade le soir, se contentant pour elle de manger ce qu'elle avait réussi à dénicher, de la chicorée sauvage, des escargots, de l'herbe à défaut d'autre chose. Son teint avait adopté la couleur de la terre, les rides entaillaient sa chair encore jeune, comme celles qui sillonnaient l'argile en période de sécheresse du côté de l'Ai Mar.

Lucrezia dissimulait dans un trou, près de la cheminée, ce qu'elle arrivait à économiser. Elle aurait préféré mourir plutôt que de le placer à la poste.

Mais elle continuait de s'y rendre pour s'enquérir de l'argent que son mari y avait déposé et inviter l'employé à le lui verser. Elle repartait en murmurant entre ses dents blasphèmes et malédictions, puisse la foudre lui tomber sur la tête, à lui qui avait son trésor et qui refusait de le lui donner ! Et pourtant il lui aurait permis d'acheter un domaine, de le cultiver et de payer des études à son fils. Mais elle se débrouillerait pour lui offrir des études, par respect pour son serment et par vengeance, elle l'entretiendrait jusqu'à ce qu'il apprenne à lire et à écrire, dût-elle cracher son sang.

Le soir, la pauvre femme fabriquait des *contient-moi* en chaume, réparait les besaces, rempaillait les chaises. Elle réussit à s'acheter une poule qu'elle plaça sous son lit. Chaque matin, elle donnait un œuf frais à son fils et, au printemps, la faisait couver. Elle tuait un poulet et le servait à Rocco le jour de sa fête. Les autres, elle les vendait. Grâce à l'argent mis de côté, elle acheta un porcelet à la foire, une femelle rondouillarde et bruyante à la queue en tire-bouchon.

Rocco vivait dans la solitude la plus totale. Les longues heures qu'il passa, embaumé dans ses langes au pied d'un arbre, à regarder la nature menaçante et les frondaisons agitées des arbres, à écouter le chant des oiseaux, abandonné à la chaleur du soleil et à la brûlure du vent, macérant dans ses excréments sans que sa mère pût accourir pour le changer ou le nourrir, le marquèrent à jamais. Il demeurerait seul sa vie durant, y compris parmi ses camarades de parti, les manifestants, les paysans auxquels il apprendrait à lire et à écrire et les nombreux membres de sa belle-famille.

L'amour féroce que sa mère lui portait ne le réchauffait pas ; pis, il le remplissait d'effroi. Mais comme il est plus facile de se protéger de la haine que de l'amour, il le subit stoïquement. Lucrezia s'employait à l'isoler du reste du monde. Ainsi, elle ne l'envoya pas aux champs, ce qui était la coutume alors pour les enfants, dès l'âge de quatre ou cinq ans, afin qu'ils se familiarisent avec le labeur. Elle en fit un bourgeois aux mains propres et au regard mélancolique, mal à l'aise en toute occasion, timide mais unanimement apprécié.

Dès l'enfance, il se montra taciturne et grave. Il était incapable de faire la différence entre une plaisanterie et une déclaration sérieuse, et les rares fois où il riait, c'était mal à propos. Il était gêné par la présence d'autrui et ignorait comment se conduire, car il n'était ni un bourgeois, ni un bouseux.

Dès qu'elle les voyait surgir, Lucrezia s'employait à chasser à coups de balai – de pierres en cas de récidive – les enfants des bouseux aux cheveux couverts de poux et aux aisselles hérissées de tiques. Elle s'acharnait en particulier sur les fils de la Rage, le sang de son sang ; elle les menaçait de mort s'ils osaient à nouveau approcher. Elle craignait qu'ils ne volent la nourriture de son rejeton ou le contaminent avec leur pauvreté. Elle le secouait et lui disait « n'écoute pas » quand ils l'appelaient. Elle lui répétait qu'il n'était pas leur semblable, lui remémorait l'argent qui l'attendait à la poste et l'obligeait à jurer de ne jamais se fier à personne. Rocco s'immola à l'amour de sa mère, qu'il lui rendit sous forme d'un sentiment auquel il ne parvint jamais à attribuer de nom. Il n'eut qu'un véritable amour au cours de son enfance : sa truie.

9.

À l'avènement du fascisme, tous les « don » de Grottole se hâtèrent de s'inscrire au Parti. Dès lors, don Gabriele, don Raffaele, don Valentino décidèrent de ne travailler qu'avec des journaliers en possession de la carte. Assis devant le cercle des riches, sur la grand-place, prêts à s'emporter au moindre soupçon de dissentiment, pour un bonjour négligent ou un coup d'œil peu déférent, ils exigeaient sans la moindre honte le respect de tous les passants, y compris des personnes très âgées, et recevaient le salut militaire des enfants qui rentraient du camp d'héliothérapie.

Les paysans, encore plus taciturnes qu'avant, inclinèrent eux aussi la tête – ils en avaient déjà l'habitude – mais ne s'enthousiasmèrent guère. Ils se résignèrent à se priver des bras de leurs enfants une fois par semaine pour les envoyer aux célébrations fascistes.

Les parades, le pantalon à la zouave, la chemise noire et le fez, les discours ronflants de Mussolini suscitaient chez eux la méfiance et l'ironie qu'ils réservaient généralement aux excentricités qui faisaient fi des coutumes ordinaires. Et si leurs rejetons chantaient « Duce, duce, apporte-nous la lumière », ils secouaient la tête : ils n'attendaient rien de bon de personne ; pis, ils étaient persuadés que ce qu'on leur offrait dissimulait une tromperie.

Ainsi, quand les autorités firent couper les buissons et les herbes sauvages qui longeaient la Via Nuova – sans doute pour donner une idée du sort qui attendait ceux qui oseraient sortir du rang –, créant des bordures parfaitement droites dont pas une feuille ne dépassait, ils jugèrent cette netteté prodigieuse, sans cesser toutefois de se demander à quoi elle pouvait bien servir.

Ceux qui avaient adhéré au Parti avec le plus d'enthousiasme étaient les fainéants – et en premier lieu Oreste Falcone, le fils tant attendu de don Francesco, qui n'avait réussi à imposer son autorité qu'aux enfants, en particulier aux fils de Candida, les tyrannisant chaque fois qu'il en avait l'occasion, c'est-à-dire assez rarement, car sa nièce ne le perdait jamais de vue.

À plus de soixante ans, Oreste s'enflamma pour les idées de Mussolini. Il fut particulièrement attiré par la promesse de transformer l'Italie en empire, de conquérir une nouvelle place au soleil. L'Éthiopie devint, à ses yeux, l'image du royaume dont le destin l'avait injustement privé.

Il se promenait dans le village, très ragaillardi, en sifflotant entre les dents des chansons estudiantines. Comme les dignitaires, qui appréciaient les individus pleins de bonne volonté, lui avaient attribué une petite charge, il passait une bonne partie de ses journées au siège du Parti. Il s'y enquérait des exploits de l'armée italienne en Éthiopie et les annonçait aux villageois avec la rhétorique belliciste qu'il avait aussitôt épousée.

Les gens, qui avaient toujours éprouvé pour lui un mélange de crainte, d'amusement et de commisération, le saluaient avec révérence et souriaient dans son dos. Mais Oreste n'était plus disposé à transiger : il devinait que son heure de gloire était enfin arrivée. S'il acceptait que ses camarades du Parti le traitent avec suffisance et le tournent en dérision dans son dos, c'était parce qu'il y était bien obligé. Cependant son mauvais caractère bouillonnait, et il cultivait en secret le rêve de la vengeance.

Il commença à expérimenter son pouvoir sur ses concitoyens. Il se fit l'oreille du village. Un individu se permettait de plaisanter au sujet de Mussolini ? Il était convoqué au siège du Parti le lendemain. La moindre critique parvenait sans tarder aux oreilles de qui de droit, et les sanctions pleuvaient : suppression des permis, passage à tabac, exil. Peu à peu, les villageois établirent un lien entre ces punitions et Oreste, qui alla jusqu'à inventer des accusations pour se venger de vieux affronts. Et les occasions étaient nombreuses, car il avait accumulé une dose massive de ressentiment tout au long de ces années.

Ses ennemis les plus acharnés résidaient toutefois à l'intérieur de sa propre maison, au sein de cette famille qui l'avait toujours toléré, rarement craint et jamais aimé. Colino constituait la cible principale de sa rancœur : doté d'un caractère placide, aussi fort et silencieux qu'un chêne, il n'avait pas besoin de distribuer des ordres pour imposer son autorité en famille.

Pour Oreste c'était un traître, parce qu'il n'avait pas voulu prendre la carte du Parti. Non que Colino eût l'étoffe d'un héros et entendît résister au régime : il suivait quelques principes simples, au premier rang desquels se trouvait la nécessité de se tenir à l'écart de la politique. Il les avait hérités de son père Minguccio le *mercant*, qui les tenait de son grand-père et d'une longue dynastie de négociants. En vain lui avait-on fait miroiter les avantages qu'il eût tirés d'une appartenance au Parti, Colino avait refusé de s'y inscrire, aussi méfiant que lorsque Candida l'invitait à goûter un nouveau potage. Mais quand on le chassa de la coopérative, il dut admettre que les temps avaient changé. Il lui était désormais impossible de suivre les règles de son père et de son grand-père. Bien que le fascisme ne lui plût pas – le communisme ne lui plairait pas non plus et ce pour les mêmes raisons –, il déboursa les cinq lires nécessaires à l'établissement de la carte.

Il ne cessa pas pour autant de pratiquer la contrebande. Il achetait en sous-main aux paysans à un prix non taxé le blé qu'ils parvenaient à soustraire à la réserve nationale et le revendait en cachette aux moulins environnants, censés se fournir auprès des coopératives en respectant des quotas toujours insuffisants. En général, les autorités fermaient un œil sur ces pratiques.

Mais pas toujours. Un soir où la famille dînait, Ida Miranda, l'épouse du brigadier, qui nourrissait pour Colino une passion platonique, surgit à l'improviste. C'était la fin des récoltes, et l'entrepôt regorgeait de blé dont il eût été bien incapable de justifier la provenance. Sans l'avertissement d'Ida, il aurait échoué en prison.

Aidé de ses fils aînés, il passa la nuit à cacher les sacs de blé derrière la camelote, tandis que Candida se rongeait les sangs à la maison en compagnie des plus petits.

Les inspecteurs se présentèrent à l'aube. Ils mirent l'entrepôt sens dessus dessous et finirent par s'en aller bredouilles non sans avoir conseillé à Colino de marcher droit.

On ne sut jamais qui l'avait dénoncé. Mais un matin, on découvrit sur la grand-place, à l'endroit où l'on avait l'habitude de placarder des affiches, des photos d'Oreste déguisé en femme, les paupières et les lèvres fardées. Les autres membres de la famille s'efforcèrent de cacher la nouvelle à Concetta, mais c'est elle qui aborda le sujet, à table, au cours d'un de ses rares moments de lucidité. À l'évidence, elle connaissait depuis toujours les penchants de son fils. Grâce à Dieu, conclut-elle placidement, la bonne âme – Don Francesco – a été tuée par les brigands. Albina jura qu'elle ne sortirait plus, tant sa honte était grande, mais cela faisait des années qu'elle ne mettait pas les pieds dehors. Candida garda le silence.

Les villageois, en revanche, rirent et commentèrent la nouvelle ce jour-là, puis les suivants et bien après qu'Oreste eut disparu. Ce matin-là, en effet, intrigué par les regards et les sourires que les passants lui adressaient, il était parvenu sur la grand-place et avait compris la raison de tant d'hilarité.

On le vit tourner au coin d'une rue, aussi droit que son âge le lui permettait, son pantalon de zouave bruissant comme des voiles, le fez fièrement planté sur la tête. Puis plus une trace de lui. La tombe que son père lui avait destinée demeura vide, avec sa photographie et sa date de naissance, ainsi qu'un point d'interrogation à la place de la date du décès.

Nic n'veut pas des macaronis car y en a pas assez

10.

Hé là, hé là, hé ! entendait-on dans le village, puis apparaissait Rocco suivi de la truie, ou la truie suivie de Rocco. Ils passaient leurs journées ensemble, allaient paître dans les champs, au milieu des ordures, creusant des trous dans le sol, se roulant sur les pentes, se cachant et contemplant le ciel. Ils étaient amis, frère et sœur, mère et fils, père et fille, bref étaient unis par tous les liens qui peuvent se nouer entre deux êtres vivants.

Au début, Rocco ne s'était pas soucié de la truie, car il n'éprouvait pas beaucoup d'intérêt pour la campagne ni pour les animaux. Un jour toutefois, il y eut un orage.

Il faisait encore nuit. Lucrezia était déjà partie travailler quand les premiers coups de tonnerre éclatèrent avec un bruit de ferraille. Rocco sommeillait dans son lit. Tout à coup un silence s'établit et le monde sembla se figer pendant quelques instants, puis un grand vacarme se déchaîna. La grêle se mit à battre contre les vitres, et les trombes d'eau qui tombaient du ciel furent sur le point d'inonder le village.

Rocco fut saisi d'une peur inconsidérée, monstrueuse, la peur des mers en tempête ou de la fin du monde, une peur plus vieille que lui et si grande qu'il commença à s'y noyer. Il fondit en sanglots, certain que personne ne viendrait le consoler.

Il sentit soudain une sorte d'humidité et de chaleur contre sa jambe. C'était le museau de la petite truie qui posait ses yeux bleus sur lui. Elle entreprit de le lécher. Rocco recula : les caresses l'intimidaient parce qu'il n'y était pas habitué. La bête continua. Hésitante. Rocco tendit la main et la toucha. Puis il l'étreignit. L'animal grogna de satisfaction. Ils attendirent ensemble, enlacés, que l'orage prenne fin. Dès lors, ils furent inséparables.

Rocco ne pouvait dormir que contre la truie. Elle le réchauffait, les nuits d'hiver, et l'empêcha plusieurs fois de mourir de froid. Il explora avec elle toute la gamme de la tendresse. Il la connut petite, bébé rondouillard et rose, la vit grandir, aussi vive qu'un enfant, atteindre et dépasser sa taille de garçonnet sous-alimenté, puis devenir énorme. Il s'abandonna à son étreinte consolatrice, s'enfonça dans sa chair et dans son odeur.

Lucrezia aimait elle aussi la truie à sa façon. De retour des champs, elle lui préparait sa pâtée en y mettant presque autant de soin que pour la confection du potage de son fils. Quant à elle, elle ne mangeait presque rien : elle contemplait la truie, la couvait du regard.

En février, est l'époque où l'on tue le cochon, Lucrezia rendit visite à Luigino la Cheminée, le croque-mort, et s'entendit avec lui pour le lendemain. Mais quand elle se réveilla à l'aube, elle ne trouva ni son fils dans son lit, ni la truie dessous. Elle les chercha en vain pendant de heures. Elle demanda de l'aide au village entier, y compris aux carabiniers, pleura et pesta, parcourut la campagne dénudée en appelant Rocco à tue-tête, marchant si vite que personne, pas même les chiens, ne parvenait à la suivre. La nuit s'écoula sans qu'on eût déniché l'enfant. Déjà, les villageois racontaient des histoires de brigands, de diables, de bohémiens. Mais Lucrezia ne se résignait pas. À l'aube, Giovanni Mastrandrea et Ciccillo Sarchiella, les deux hommes les plus disposés à lui donner un coup de main, abandonnèrent eux aussi les recherches.

Ce jour-là, le temps était sournois : des nuages gris et ouatés obscurcissaient le ciel. Il ne se décidait pas à pleuvoir. Lucrezia découvrit Rocco au pied d'un chêne, à l'orée du bois de Salandra, à moitié mort de froid et de peur, serré contre la truie. Elle le gifla si fort qu'elle faillit lui casser les dents, puis le couvrit de baisers.

La truie ne fut pas tuée. On la garda pour la reproduction.

L'année suivante, Rocco entra à l'école primaire, ce qui suscita un grand remue-ménage. Il fallait lui coudre un tablier, lui acheter un cartable et offrir un cadeau à l'instituteur pour s'attirer ses bonnes grâces. À Noël, le maître expliqua à Lucrezia les avantages qu'on obtenait en devenant Fils de la Louve puis Balilla[1] : cela permettait de profiter de la caisse d'assurance, des colonies, de l'enseignement de la gym-

1. Noms donnés aux enfants appartenant aux organisations de style militaire que créèrent les fascistes, les « Balilla » regroupant les plus âgés, de huit à quatorze ans.

nastique et du sanatorium. Mais l'uniforme était obligatoire. Or Lucrezia n'avait pas d'argent pour l'acheter.

Par un jour de février froid et venteux, elle demanda à Rocco d'aller chercher la truie. Elle avait fait un pari – prétendit-elle – avec son amie de Trivigno qui refusait de croire que l'animal était aussi gros que Lucrezia l'affirmait. Il convenait donc de le peser. Rocco la crut. La truie, elle, comprit.

Il fallut se mettre à quatre pour l'attacher à la balance du père Colino, et ce fut une véritable entreprise. Elle se débattait avec force, mue par un pressentiment, elle mordit même Rocco au bras. Il garderait toujours cette cicatrice, une petite tache pâle qui enflait légèrement par temps humide. La truie pèse un quintal et demi, annonça-t-il avec fierté.

Le lendemain, il dut la débusquer derrière le mur. Elle refusait de le suivre. Pour la convaincre, il recourut à leurs secrets. Il lui gratta longuement le cou, puis déposa dans son oreille un baiser qui lui donna des frissons de plaisir. Enfin apaisée, elle lui emboîta le pas.

Quand ils arrivèrent à la maison, Luigino la Cheminée aiguisait ses couteaux. Felice et Chinuccio se jetèrent sur l'animal. La truie se démena en poussant des cris qui retentirent jusqu'au milieu de la Via Nuova. On aurait dit un être humain appelant au secours. Rocco assista à la scène, les yeux écarquillés, sans oser se révolter. Les deux hommes empoignèrent la bête et l'allongèrent sur une table en bois aux bords surélevés, pareille à un cercueil. Il y avait à l'extrémité un trou, ils y poussèrent la tête. Ils lui attachèrent les pattes. L'enfant se tenait dans un coin, muet et pâle. La truie le regardait en implorant son aide, mais il ne pouvait pas intervenir. Luigino la Cheminée enfonça le couteau dans la gorge de la bête qui émit un hurlement lancinant. Il veilla à ne pas la tuer immédiatement. Il fallut une bonne demi-heure avant qu'elle ne se calme et que ne s'écoule la totalité de son sang. Lucrezia avait placé une bassine dessous. Que tu puisses pisser le sang ! Elle recueillait et remuait le liquide. Elle y ajouta du moût de raisin, des figues sèches, des amandes, du lait et du sucre. C'était la première fois que le mot « abondance » avait une signification chez eux. Elle mit le tout sur le feu et continua de remuer, tandis que le mélange se remplissait de grosses bulles flasques.

Pendant ce temps, Luigino la Cheminée, Felice et Chinuccio s'emparèrent du chaudron qui chauffait et jetèrent l'eau bouillante sur la truie. L'air se remplit de vapeur et d'une odeur nauséabonde de soies cuites. Les yeux voilés, la bête lança à Rocco un dernier regard, qu'il n'oublierait jamais. Luigino et Chinuccio s'employaient à racler les poils à l'aide de leurs couteaux. Amour de maman, va les aider ! Rocco ne bougeait pas. Les couteaux se déplaçaient très rapidement sur le corps de la truie, qui devint bientôt d'un rose aussi tendre que celui d'une femme. Les hommes l'avaient installée plus commodément dans son cercueil. Quand chaque centimètre eut viré au rose, ils la soulevèrent et la pendirent, la tête en bas, à la poutre de la porte. D'un coup de couteau, Luigino l'ouvrit de l'aine jusqu'à la gorge. Il manœuvra vite à l'intérieur. Il en tira le foie, les poumons, le cœur. Il dévida les entrailles avec l'agilité d'un jongleur. Lucrezia les vida, les lava et les mit à tremper dans de l'eau et des pelures d'orange.

Le *sanguinaccio* était déjà prêt, refroidi et solidifié. Lucrezia en déposa un peu dans une assiette. Elle le fit goûter à Luigino la Cheminée, Felice et Chinuccio. Et toi, mon fils, tu n'en veux pas ? – Rocco ne bougeait pas. – Mange. Amour de maman, le *sanguinaccio*. Tu ne dis rien ? Amour de maman. Le *sanguinaccio*. Lucrezia en prit une grosse cuillérée et la fourra dans la bouche de son fils. Il sentit sous son palais cette nourriture molle et granuleuse, ainsi que sa saveur douceâtre et l'arrière-goût du sang. La bouchée gluante se précipita dans ses entrailles. Les tordit. Les propulsa jusqu'à sa gorge. Un goût nauséabond l'envahit. Son estomac lui remonta jusqu'aux oreilles. Il vomit, vomit. Il vomit aussi son âme.

11.

Qui t'a *encharmé* ? Les yeux, la *cibouille* et la mauvaise volonté. Qui te *désencharmera* ? Le Pater, le *Fistou* et le Saint-Esprit. Qui t'a *encharmé* ? Les yeux, la *cibouille* et la mauvaise volonté. Qui te *désencharmera* ? Le Pater, le *Fistou* et le Saint-Esprit. Qui t'a *encharmé* ?

Je crois en Dieu le père tout-puissant, créateur du Ciel et de la Terre et en Jésus-Christ son fils…

Notre père qui es aux cieux, que ton nom soit sanctifié, que ton règne vienne, que ta volonté soit faite…

Salut, ô Reine, Mère de miséricorde, notre vie, notre consolation, notre espoir…

En bâillant et en pleurant, la *sorcelleuse* alla puiser neuf pincées de sel dans le garde-manger et trois tisons ardents dans le foyer. Elle versa le tout dans une cuvette d'eau, y plongea la main gauche et traça une croix sur le front de Rocco.

Quand ce fut terminé, Lucrezia lui tendit le *poulastre* caquetant qu'elle lui avait apporté en cadeau, prit Rocco par la main et l'emmena. Depuis deux ans, ils faisaient le tour des *sorcelleuses* de Salandra, de

Tricarico, de Valsinni et du village qu'on ne peut nommer. Sans résultat. Pas une n'avait réussi à libérer l'enfant du mauvais œil, même si elles avaient reconnu le *malartifice*. Un sortilège si puissant que rien n'était assez fort pour en venir à bout. Qui le lui avait lancé ? Certaines penchaient pour un homme, car le bâillement se produisait au Pater ; d'autres pour une femme, parce qu'il arrivait à l'Ave Maria. Comme il avait bâillé au Gloria, une *devinesse* de Genzano se hasarda à affirmer que le coupable était un prêtre. Qu'ils fussent hommes, femmes, prêtres ou bonnes sœurs, Lucrezia considérait de toute façon les villageois avec soupçon. Persuadée que chacun d'entre eux lui enviait son fils, elle les maudissait en son for intérieur.

Rocco ne parlait plus depuis deux ans. Lucrezia l'avait envoyé à l'école, où il avait appris à écrire sans articuler le moindre mot. Il comprenait très bien, traçait les bâtons, dessinait les lettres de l'alphabet puis les mots entiers, mettait les accents au bon endroit, les virgules là où il le fallait, mais pas une syllabe ne sortait de ses lèvres. Elle avait essayé de l'arracher brusquement au sommeil en pleine nuit. Bernique ! Rien n'y faisait. Et les *sorcelleuses* empochaient le peu qu'elle possédait. Son *poulastre* si jeune, sa corbeille de *limaçons*, ses alises ! Elles s'emparaient avidement de n'importe quoi. Elles frottaient le front de Rocco en prononçant des envoûtements et absorbaient le mauvais œil au point de s'effondrer, endormies, mais sans résultat. Le charme était si puissant qu'il refusait de s'en aller. Un piège de la malchance. Que tu puisses pisser le sang ! Je n'avais que mon fils, et voilà que lui aussi…

Il ne restait qu'un seul recours : *zí* Giuseppe, à Albano. Lucrezia ne l'avait pas encore consulté, car il habitait loin et le trajet était compliqué. Son fils et elle s'y rendirent un après-midi d'août. Ils profitèrent d'une carriole qui allait à Tricarico, puis effectuèrent le reste du chemin à pied. Ils descendirent dans la vallée du Basento, entre les nids des aigles et ceux des vautours. Ils franchirent le pont de la Vieillesse. Ils étaient maintenant blancs de poussière, les lèvres fendues par le soleil et les pieds réduits à l'état de plaies. Sur le surplomb se dressait une très vieille maison qui semblait sur le point de s'effondrer. À l'intérieur, l'obscurité était totale.

Lucrezia distingua à grand-peine un homme, dont les traits lui parurent de plus en plus monstrueux au fur et à mesure que ses yeux s'habituaient à l'absence de lumière. Il avait un gros nez bosselé qui n'en finissait pas de s'étaler dans toutes les directions. De petits yeux bleus, brillants et limpides. Des oreilles énormes, d'où jaillissaient des touffes de poils. Ses lèvres, en revanche, étaient charnues et aussi bien dessinées que celles d'une jolie fille. Il se tourna sans tarder vers Rocco. Il posa une main sur sa tête et interrogea sa mère du regard. Lucrezia tressaillit à la pensée qu'il avait deviné. Mais quoi ? On disait que *zí* Giuseppe était né avant Jésus-Christ, se rappela-t-elle soudain. Puis les battements de son cœur ralentirent peu à peu : elle s'était également souvenue qu'il était l'ami des pauvres gens et qu'il ne lui réclamerait pas d'argent. Chacun donnait selon ses moyens.

Giuseppe tira une carte à jouer d'un paquet, l'appuya un instant contre la poitrine de Lucrezia et l'observa longtemps. Pleine de crainte, la femme le laissa faire. Giuseppe remit la carte parmi les autres, les mêla et lui demanda de couper. Ces cartes étaient fort singulières, songea-t-elle. L'une d'elles montrait un chien, une autre une flambée, une autre encore trois cœurs. Ce n'est pas un sortilège. C'est un charme. Giuseppe traça le signe de la croix sur le front de Rocco puis sur sa langue, après l'avoir prié d'ouvrir la bouche. Il se fourra ensuite un doigt dans l'oreille et demeura longuement à l'écoute. Enfin, il dit à l'enfant de sortir et d'attendre à l'extérieur.

Le fils et la mère sont liés, annonça-t-il.

Il saisit un fil de laine qu'il enroula autour de ses index et ordonna à Lucrezia de le couper d'un coup de dents. Il lui tendit un miroir et l'invita à se regarder. Lucrezia mourait de honte, mais elle fit preuve de courage pour son fils. Rocco observait la scène par un trou dans la porte. Il vit sa mère dégrafer sa robe et réfléchir dans le miroir sa poitrine blanche, jeune et fraîche, alors que le reste paraissait décrépit. Il vit les mains de *zí* Giuseppe écarter le vêtement et dénuder ce corps jeune, blanc et ferme, les fesses rondes qui avaient jadis enchanté son père, le ventre au nombril bien dessiné, le visage et les mains de vieille femme. Rocco fut ébloui.

Il ouvrit brusquement la porte. Le contraste entre l'ombre et la lumière du jour l'aveugla. Il se rua sur Giuseppe et le bombarda de ses poings d'enfant.

Assez ! Assez ! cria-t-il. Puis il se tourna vers sa mère et lui dit « Allons-nous-en ! » dans un italien parfait. Lucrezia releva sa robe et s'agenouilla aux pieds de *zí* Giuseppe, qu'elle couvrit de baisers et de larmes comme Marie Madeleine avec le Christ. *Fistou* ! Elle se jeta sur Rocco, le pinça de ses mains calleuses, le dévora de baisers avides. Le garçonnet en rougit de confusion. Il échangea un regard plein de rivalité avec *zí* Giuseppe. Bien qu'il fût encore petit, il avait les yeux d'un homme mûr, las et graves, alors que ceux de *zí* Giuseppe brillaient d'une malice enfantine et d'une vigueur juvénile.

Lucrezia donna en remerciement à *zí* Giuseppe ce qu'elle possédait de plus précieux, la tresse de cheveux qu'elle s'était coupée à l'âge de seize ans, le jour de son mariage. Des cheveux noirs, épais comme des cordes, qui vous piquaient les doigts. *Zí* Giuseppe caressa la tresse. Dans la paume de sa main, elle ressemblait à une souris. Puis mère et fils repartirent.

Ils refirent le chemin à l'envers, cette fois sans le secours d'un véhicule. Ils cheminèrent deux jours et deux nuits. Ils burent dans les eaux du Basento, se reposèrent à l'ombre des chênes, se nourrirent de baies, de fleurs d'acacia, de chardons. Lucrezia tenait la main de Rocco dans son poing de fer. De temps à autre, elle baisait ses lèvres bénites. Oh, *fistou*… j'ai tant souffert, on t'avait *enjalousé*, on t'avait *encharmé*, que les coupables pissent le venin, *fistou*, fais-moi entendre comme tu parles bien. Oui, maman, maintenant je parle. « Oh Valentin vêtu de neuf comme les boucles de l'aubépine, tu as les pieds marqués par les ronces, tu as les chaussures que te fit ta maman. » Qu'est-ce que tu *discourises* là ? Je n'y comprends *gougoutte*. « Je t'aime, ô douce Italie, patrie glorieuse et chère ; saisie d'une nouvelle joie mon âme apprend à mieux t'aimer. » Comment que tu parles, *fistou*, qu'est-ce que tu me narres là ? Et ils continuaient ainsi, elle en dialecte, lui dans l'italien précieux que lui avait appris l'instituteur fasciste à force de lui taper sur les doigts. Qu'est-ce que tu *discourises*, *fistou* ? Qu'est-ce que tu *discourises* ?

II

Les restes de l'homme de Cro-Magnon n'étaient pas encore en putréfaction dans les tombes semi-circulaires de la Murgia – cette partie du Basilicate située dans l'arrière-pays à environ cent kilomètres des côtes de Pouilles – quand les premières implantations humaines se fixèrent dans les grottes qui surplombaient la Gravina. Quelques siècles plus tard, les Sassi de Matera constituaient la grande capitale troglodytique du monde paysan.

Ses maisons creusées dans le calcaire accueillaient des peuples italiques et des déshérités de tous pays, réfugiés albanais, stylites grecs, hérétiques, communautés judaïques en fuite. Une fois nichés dans ce lieu, « l'étrange dent cariée », ces hommes perdaient promptement le souvenir de leurs terres et des raisons qui les avaient conduits à les abandonner. Un dénominateur commun les réunissait : la faim. Matera administrait la faim venue des étendues voisines. Elle se trouvait au cœur d'un cercle vicieux de métayers épuisés qui faisaient le va-et-vient avec les campagnes, alimentant une économie d'entropie. Autour de la capitale troglodytique, les villages de Grassano, Miglionico, Ferrandina, Montescaglioso et Grottole, perchés sur des collines ébouleuses, étaient rongés par la faim et c'est tout.

12.

Albina avait quatre-vingt-neuf ans quand Costanza, qui en avait quatre-vingt-dix, demanda à la voir. Elles avaient beau vivre dans un village qui ne comptait que trois mille âmes, elles ne s'étaient plus parlé depuis le jour où Costanza s'était sauvée avec le prêtre. Chaque fois qu'Albina avait entraperçu sa sœur, elle s'était hâtée de changer de trottoir ou de se glisser dans l'entrée d'une maison. Mais elles ne couraient pas vraiment le risque de se retrouver nez à nez, car Costanza était si bien servie et révérée par ses fils et ses belles-filles qu'elle n'avait pas de réelle raison de sortir. Bien qu'elle fût l'aînée, c'est elle qui rendit visite à sa sœur.

Elle avait énormément grossi, mais se déplaçait avec la même désinvolture qu'autrefois. Son visage de pleine lune respirait la santé et son ventre était en forme de quille de bateau, comme celui d'Albina.

Elles s'entretinrent dans la chambre de Candida sans évoquer ce qui les avait brouillées pendant près d'un siècle. Avec un calme olympien, Costanza demanda et donna des nouvelles des enfants et petits-enfants, ainsi que des couvre-lits exécutés pour leur dot. Avant de repartir, elle dit à sa sœur qu'elle était heureuse de l'avoir vue en si bonne forme.

Elle n'avait pas encore atteint le bas de l'escalier qu'Albina commença à se plaindre. Un mal de tête féroce. Une douleur étrange. Une faiblesse. Un étourdissement. Elle allait mourir, c'était certain ! Sa sœur, sa sœur l'avait enviée ! Tu as entendu ce qu'elle m'a dit ? Comme t'es bien. Hummmm… Tu as vu le regard qu'elle m'a lancé ? Hummmm… Il fallut beaucoup d'obstination à Candida pour refuser de la conduire à l'hôpital de Matera où, sa mère en était convaincue, elle allait passer de vie à trépas.

Or ce fut Concetta qui mourut, quelques jours plus tard, par un matin de printemps.

Elle s'était levée particulièrement tôt, sans faire de bruit, craignant peut-être qu'on ne la retînt. Seuls quelques ronflements et gémissements, ainsi que le souffle lourd des dormeurs, brisaient le silence de la demeure. Elle s'était traînée jusqu'au coffre, placé au-dessous de la *survoûte*, et, en tremblant, avait ôté le jeté de lit en cretonne poussiéreux qui le recouvrait. Mue par une force mystérieuse – alors que le simple geste de porter la cuiller à ses lèvres la fatiguait –, elle avait réussi à soulever le couvercle. Enfin elle avait écarté la toile de lin immaculée et saisi la robe rangée là des années auparavant et qu'elle allait de temps en temps contempler. Une robe noire, de bonne qualité.

Elle l'avait enfilée avec autant d'émotion que si elle avait revêtu sa robe de mariée, enfermée, quant à elle, dans l'armoire depuis l'annulation de son mariage avec don Francesco.

Elle ne s'était pas sentie aussi bien depuis très longtemps.

Peu à peu, Concetta avait perdu tout intérêt, que ce soit pour l'argent, pour ses enfants, ses petits-enfants et ses arrière-petits-enfants. Elle confondait leurs prénoms et ne se souvenait plus du jour de leur fête. Trop de mots, trop d'événements à retenir. En vérité, ses pensées étaient entièrement tournées vers le compartiment en marbre rose et noir, dans la tombe de famille, dont personne ne profitait. Vers don Francesco, qui l'attendait dans l'au-delà et qui devait commencer à s'impatienter.

Habillée de cette robe noire, elle s'étendit et croisa sur son ventre ses mains ornées des bijoux qu'elle portait toujours depuis la découverte des barils. Elle fut enterrée ainsi, parée comme la statue de la Vierge immaculée le jour de la procession. C'était, en somme, un dernier pied de nez à la faim dont elle avait souffert dans sa petite enfance. On versa pour elle des larmes aussi douces que la pluie de mars qui arrosa la terre le jour de l'enterrement.

Mimmo, son petit-fils préféré, n'apprit son décès que huit jours après, lorsque sa mère lui rendit visite. Il avait quitté la maison quelques années plus tôt pour faire ses études à Matera. Il logeait avec Rocco chez la veuve Marietta, dans une maison à façade de tuf qui surplombait le quartier des Sassi.

De ses étroites fenêtres, on pouvait observer la vie en bas, les êtres et les animaux qui s'amalgamaient, les gens qui chiaient et parfois s'accouplaient derrière les carrioles.

Il n'était pas facile de s'orienter dans ce dédale. Ainsi, Rocco s'était perdu à son arrivée : il avait erré dans les escaliers, trop méfiant pour demander des renseignements, et n'avait retrouvé son chemin qu'à la vue du château. À présent, les deux garçons évitaient de s'y aventurer, ils détournaient même le regard quand ils le longeaient, persuadés qu'ainsi ils pourraient échapper à un foyer infectieux qui risquait de les contaminer. Ils mentaient lorsque quelqu'un leur demandait où ils habitaient, parce que les Sassi étaient une honte dont il convenait de s'éloigner.

La veuve Marietta avait huit enfants, qu'elle entassait avec les poules dans une pièce de la maison. Elle prenait en pension quatre ou cinq étudiants qui n'étaient pas très bien lotis car elle rognait sur leurs repas pour éviter que sa progéniture ne meure de faim.

Rocco et Mimmo avaient toutefois un sort plus enviable que les autres. Le second recevait de sa mère des colis, dont il partageait généreusement le contenu avec son ami. Et Rocco n'était pas davantage privé de provisions : chaque quinzaine, Lucrezia parcourait à pied la route de Matera pour lui apporter un œuf à gober, une marmite d'escargots à l'origan, des moineaux rôtis et des fruits restés sur les arbres après la cueillette.

Elle lui recommandait de cacher ces victuailles et de les manger discrètement. Elle soulignait le mot « discrètement » en regardant Mimmo.

Lucrezia racontait à Rocco ce qu'elle avait dû subir pour lui fournir ces vivres, la chaleur et la pluie sur la route des champs, les glissades au gué de la rivière et les voix qu'elle avait entendues dans la campagne la nuit, les hommes aux allures de revenants qui avaient tiré sur sa jupe… Puis elle décrivait la générosité de certains patrons qui la tenaient en grande considération parce qu'elle ne rechignait jamais à travailler pour la moitié de ce que les autres gagnaient. Elle avait rafraîchi l'art du mensonge qu'elle avait exercé du temps de son enfance, et elle le perfectionnait jour après jour, rapportant des épisodes et des propos qu'elle prétendait avoir vus et entendus. Avec le temps, elle éprouverait de plus en plus de difficultés à distinguer la réalité de ses inventions et finirait par vivre dans un état d'hallucination perpétuelle, en compagnie des fantômes de son existence.

Dès que Lucrezia repartait, le dilemme commençait. En général, Rocco partageait tout avec Mimmo, mais il lui coûtait de désobéir à sa mère. Quelle que fût sa décision, lui semblait-il, il trahirait un être cher. Enfin, après avoir pesé le pour et le contre, il offrait ses victuailles à Mimmo, qui les acceptait dans le seul but de ne pas le vexer et s'en débarrassait subrepticement, tandis que son ami s'abandonnait à ses remords.

Rocco et Mimmo s'étaient rencontrés au séminaire, après avoir passé leur enfance dans les mêmes ruelles. Ils étaient devenus inséparables.

Mimmo était arrivé à Matera à l'âge de onze ans pour réaliser le vœu que Candida avait fait avant sa naissance. Mais il était rongé par le repentir : il s'était dérobé à ses projets. Il y pensait la nuit, en proie aux sentiments de culpabilité qu'on avait eu le temps de lui inculquer, se prélassant dans le chagrin et dans l'indignité de sa trahison, implorant un dieu en qui il ne parvenait pas à croire.

Il savait à quoi il était destiné, mais ne s'en était pas beaucoup inquiété avant son départ de Grottole. Candida comptait sur lui : elle avait bâti pour ses enfants des plans extrêmement précis, qui prévoyaient un prêtre, un professeur et un médecin. L'idée que ses rejetons puissent la décevoir ne lui effleurait même pas l'esprit.

Au reste, elle se préoccupait peu de ce que son fils aîné fût ingouvernable. Depuis qu'il avait appris à marcher, il ne cessait de déchirer ses pantalons en grimpant aux arbres, de se faire voler ses chaussures, ôtées pour traverser les ruisseaux et pour le seul plaisir de marcher pieds nus. Il avait croisé Rocco à plusieurs reprises, tandis que tous deux poussaient une roue de vélo à l'aide d'un roseau. Et il s'était joint, comme lui, à la bande de gamins qui dévastaient les potagers, volaient les fruits sur les arbres et tressaient les queues des chevaux, méfait qu'on imputait au follet Monachicchio. Cependant, ce n'étaient pas des amis à proprement parler. Ne voyant pas venir le signe de la vocation chez Mimmo, Candida suppliait le Seigneur. Elle finit par s'en remettre à don Arcangelo, et son fils se retrouva au séminaire.

Mimmo ne s'était jamais demandé ce que signifiait ce mot, qu'il avait entendu répéter depuis qu'il avait appris à parler. Il le découvrit brutalement. Les joues cireuses des prêtres. Leurs yeux aqueux et éteints. Leurs mains et leurs voix tremblantes.

Les prêtres lui interdirent de partager son secret en le menaçant de châtiments atroces : les diables viendraient le chercher et l'emporteraient, ils le piqueraient, l'embrocheraient, le rôtiraient vivant – il ne pouvait même pas imaginer combien l'enfer était affreux. Mimmo obéissait, se taisait devant sa mère qui lui rendait visite une fois par mois. Mais ce péché infâme, le plus grave des péchés, était gravé dans son âme, et Dieu le voyait certainement : il n'avait pas la foi.

Mon père, je ne crois pas. Je ne crois pas en Dieu le père tout-puissant, créateur du ciel et de la terre. La volonté du Seigneur ressemble, à mes yeux, à un de ces tours que les enfants jouent aux paysans crédules. Dix Pater, cinquante Ave Maria, et tu répéteras cent fois l'acte de contrition jusqu'à ce qu'il te rentre dans la tête et dans le cœur. Seigneur Dieu, pardonne-moi, je ne crois pas en toi, je doute, mon âme n'est qu'interrogations. Punis-moi, foudroie-moi, mais ne me perds pas.

À la fin de la troisième année, il avait pris en horreur les diacres postés derrière les rideaux, l'interdiction de rire pendant le Carême et les maçons qui se grattaient les couilles par superstition quand ils les voyaient passer, eux, les enfants vêtus de noir.

Un dimanche matin, alors qu'il servait la messe, il commença à blasphémer contre la Madone et tous les saints, d'abord très bas, entre ses dents, puis fort, et bientôt d'une voix aussi claire et sonore que celle d'Egidio le *crie-annonces*, puisant dans le répertoire fourni que son grand-père Vincenzo enseignait à sa mère quand elle était petite. Il soulignait chaque épithète par une oscillation de l'encensoir : chien de Dieu, cochon de Dieu, putain de Madone, salope dévergondée. Un garçon assis au premier rang défaillit, et l'on ne sut jamais si ce fut sous l'effet des blasphèmes ou des effluves asphyxiants de l'encens respirés de bon matin, à jeun.

Candida fut convoquée au séminaire. Elle affronta, apparemment saisie de parésie faciale, les regards courroucés du père Virgilio et du père Mario, lesquels prirent son silence pour de la contrition et s'apprêtèrent à pardonner le sacrilège au prix d'une pénitence opportune. C'est alors qu'un gémissement lui échappa, un bruit de ballon qui se dégonfle. Sous les yeux horrifiés des deux prêtres qui ne connaissaient ni son histoire, ni ses habitudes, ni les dures épreuves auxquelles l'existence l'avait soumise dans son enfance, elle éclata bientôt d'un rire irrépressible.

Mimmo n'eut jamais vent de l'entrevue. Il fut renvoyé et vécut avec ce poids sur la conscience une bonne partie de sa vie.

Rocco était entré au séminaire car il n'existait pas, pour lui, d'autre moyen de s'instruire. Les religieux payaient des études aux garçons pauvres qui se sentaient appelés à la prêtrise. Alors sa mère lui avait ordonné de feindre. Or il avait vraiment la vocation !

Elle lui était venue par erreur.

En vérité, Lucrezia ne s'était jamais souciée de religion. À l'exception de la procession du vendredi saint, à laquelle elle participait tête et pieds nus pour expier les péchés qu'elle commettait pendant le reste de l'année, elle s'adressait le plus souvent à Dieu par l'intermédiaire des blasphèmes, en souvenir des vieux comptes qu'elle avait en suspens avec lui.

Le dimanche, elle allait travailler aux champs, et elle n'avait jamais assez d'argent pour les aumônes. Voilà pourquoi Rocco n'avait pas fréquenté le catéchisme ni récité de prières avant de se coucher. Mais quand il dut préparer l'examen d'admission, après la quatrième, sa mère l'envoya auprès du père Giuseppe, à Grassano.

Le père Giuseppe lui donna des cours de latin trois fois par semaine. En échange, Rocco lui lavait les pieds et lui faisait ses commissions. Lucrezia le dédommageait elle aussi du mieux qu'elle pouvait.

Entre deux règles de grammaire, une torsion d'oreilles et une caresse, le père Giuseppe présenta Dieu à Rocco. Dieu le père tout-puissant. Un père qui refrène la mère, la mère toute-puissante. Rocco s'attacha vite à cette mystérieuse figure et s'y intéressa davantage qu'au latin. Mais Dieu lui-même ne réussirait pas à l'emporter sur Lucrezia.

Lucrezia ressemblait d'une certaine façon à Candida, elle avait des idées très précises sur l'avenir de son fils, mais diamétralement différentes. Il fallait que Rocco obtienne son diplôme et devienne maître d'école. Qu'il se marie. Quand il serait majeur, il achèterait avec l'argent du cher disparu un terrain sur lequel elle bâtirait une maison pour lui et ses enfants, qu'elle souhaitait nombreux et de sexe masculin.

Rocco, qui cultivait sa vocation impossible, prit l'habitude de s'isoler dans un coin secret de son esprit, où rien ne l'atteignait, ni les événements inexplicables du monde, ni l'amour vorace de sa mère, ni les mensonges qu'il était obligé de dire, ni ce qu'on attendait de lui. Il ne parlait à personne. Il ne se lia d'amitié qu'avec Mimmo. Unis par la nécessité de se trahir eux-mêmes ou de trahir les êtres qu'ils chérissaient le plus, titulaires d'un destin qu'ils auraient voulu échanger, ils se réconfortaient mutuellement.

Un jour où ils étaient de sortie, ils entrèrent par hasard dans une librairie qui vendait des livres d'occasion. Jusqu'alors, la littérature ne les avait pas intéressés outre mesure, mais un petit ouvrage à la couverture usée attira leur attention. À en juger par son titre, il devait s'agir d'une captivante histoire de meurtres. Quand ils le tendirent au libraire au moment de payer, celui-ci leur lança un petit sourire dont ils ne comprirent pas tout de suite la signification. L'auteur s'appelait Dostoïevski. Le livre s'intitulait *Crime et châtiment*.

Ils retournèrent à la librairie chaque semaine. Ils revendaient un livre et en achetaient un autre. Pour s'acquitter de la différence, Rocco vendait les œufs que lui apportait sa mère.

Ils firent ainsi connaissance d'un monde dont ils n'avaient jamais soupçonné l'existence, un monde qui regorgeait des mêmes souffrances que le leur, mais où il y avait toujours un espoir, un sens, une possibilité de changement. C'était, pour eux, un concept nouveau, qui leur ouvrait des perspectives infinies mais les privait aussi d'assurance. Ils avançaient dans l'adolescence comme des trains qui déraillent, instaurant autour d'eux une distance qui les séparerait à jamais des autres, ou tout au moins de leur univers.

Ils se familiarisèrent avec l'Angleterre des enfants voleurs et abandonnés, avec l'Amérique des titanesques luttes contre la nature, avec Paris, destination recherchée des nobles russes tourmentés et patrie de petits romans osés qui les initièrent aux mystères de la sexualité. Ils se jurèrent qu'ils s'y rendraient un jour.

Un matin où le ciel sera blême, à sept heures, Gioia arrivera à la gare de Lyon. Elle découvrira Paris. Le mouvement sur les quais, la Seine, le Pont-Neuf, les boulevards avec leur lumière grise et leurs bruits étouffés, l'odeur de beurre des croissants et les enseignes en bois des magasins la captiveront. Elle entrera enfin dans le décor d'un rêve qui l'attendait depuis toujours.

Rocco resta au séminaire plus longtemps que Mimmo car il était recalé chaque année. En effet, si don Giuseppe lui avait insufflé l'amour du Père éternel, il ne lui avait pas appris les bases de la grammaire. Et puis, à cause de son caractère taciturne, il lui était pénible de répondre aux interrogations. Il n'avait, pour lui, que son obstination. La dernière année, quand sa mère lui ordonna de rentrer, il s'y opposa avec ténacité et attrapa la tuberculose. Il passa plusieurs mois au sanatorium. Lorsqu'il fut guéri, il ne pouvait plus retourner entre les murs glacés du séminaire. Il salua les prêtres et Jésus-Christ puis, avant de tenter le tout pour le tout, l'examen final, rejoignit Mimmo qui vivait dans une pension.

Après tant de batailles perdues, Rocco finit par gagner la guerre, comme Napoléon, dont il avait la stature et le mordant. Mimmo et lui obtinrent leur baccalauréat le même jour.

Candida les emmena déjeuner dans une trattoria, où elle s'abstint de parler à son fils de son vœu insatisfait. Au moins, sa famille ne compterait pas un second prêtre défroqué, se disait-elle pour se consoler. Mais Mimmo l'ignorait. Il se tourmentait en secret, certain que tôt ou tard le Père éternel demanderait raison de sa trahison à l'un de ses êtres chers ou à lui-même. Une pensée dont seul le matérialisme historique parviendrait à le sauver.

Une fois son diplôme en poche, Rocco passa le concours d'instituteurs de Reggio Emilia, car on lui avait dit qu'il y avait là plus de postes qu'ailleurs. De fait, il en décrocha un, prit la carte, jura fidélité au parti national fasciste et partit.

13.

De la propreté. Voilà ce qu'Alba désirait plus que tout au monde. Les excréments des animaux dans la rue l'écœuraient, tout comme les ongles jaunâtres et épais des bouseux, éternellement en deuil, la puanteur de fumier qui émanait des femmes, les enfants au cul nu et au nez plein de morve, les chiens galeux, la chair placide des cochons qui ballottait au rythme de leurs pas tandis qu'ils parcouraient le village, les poules couvant sous les lits, les troupeaux de chèvres qui revenaient le soir de la campagne imprégnant l'air de leur odeur acide, les grappes de mouches bourdonnant sur les figues qui séchaient. Alba était dégoûtée par l'haleine lourde que les commères du village lui soufflaient au visage, par l'idée que la nourriture se putréfiait dans l'estomac et se transformait en merde.

Depuis son enfance, elle reculait avec horreur chaque fois qu'on tentait de la toucher, de la caresser, pis encore, de l'embrasser. Elle se réfugiait dans les recoins, tel un petit animal traqué, et mordait quand elle était acculée. Ses dents aiguës emperlées de sang laissaient sur les bras des marques circulaires en forme de montre. Le contact physique la répugnait tant qu'on n'avait jamais réussi à lui couper les cheveux ni à les natter comme aux autres fillettes. Ils lui arrivaient aux chevilles, pareils à une longue cape ondulée sous laquelle elle se dissimulait. Là, au milieu, brillaient deux yeux noirs qui dévoraient son visage minuscule. Elle était très maigre parce que, non seulement elle refusait le contact physique, mais aussi la nourriture.

En vérité, elle ne s'alimentait que pour survivre, c'est-à-dire très peu. Trois grains de raisin, un quartier d'orange, deux pois chiches. Elle mangeait avec désenchantement et élégance, après avoir longuement observé ce qu'elle avait dans son assiette. Une fois cet examen achevé, elle tournait et retournait ces corps étrangers dans sa bouche, l'air indifférent. Elle avait adopté la technique du crocodile qui, après avoir englouti une proie, attend que les sucs gastriques fassent leur œuvre ; elle avalait dignement son grain de raisin comme s'il s'agissait d'un bœuf avec ses cornes. Enfin, elle se décidait à croquer. Un premier coup net des incisives, qui partageait la bouchée en deux. Puis un second. Elle détestait utiliser les molaires : la nourriture réduite à l'état de bouillie lui donnait la nausée.

Ces manières suscitaient dans son entourage une réelle admiration et, de ce fait, elle vivait sous une cloche en verre. Protégée de l'extérieur par ses petites robes impeccables et son teint de neige, Alba macérait dans la solitude, ne daignant qu'à regret poser la semelle de ses chaussures par terre, évitant soigneusement l'amour et l'amitié.

Elle comptait. Les marches qui menaient à la porte. Les pas qui séparaient la grand-place de la Via Nuova, les étoiles qui éclairaient les nuits de printemps. Elle comptait les jours de son existence et de celle des membres de sa famille ; combien d'heures, de minutes et de secondes dans la vie de son père, sa mère et de tous ses frères. Elle se sentait à l'aise dans le monde régulier des chiffres où les relations étaient exemptes de déchets et d'imperfections. En un mot, « propres ».

Chaque fois qu'elle se rendait à la boutique de Colino, elle suscitait la stupeur générale. Alors que ses frères jouaient avec les cristaux bleus du sulfate de cuivre et attrapaient la grattouille à force de se vautrer sur les tas de fèves, elle effectuait des calculs très compliqués. C'est ainsi qu'elle devint aux yeux de tous un être supérieur aux attributs magiques.

Elle n'avait pas d'amies et ne souhaitait pas en avoir. Elle ne jouait pas aux *sifflotins* avec les noyaux d'abricot qu'on crachait et frottait sur la pierre jusqu'à ce qu'ils se percent. Elle ne fouillait pas la terre à la recherche de pierres brillantes. Elle n'écoutait pas les histoires que racontait sa mère et qui envoûtaient ses frères. Elle n'avait qu'un seul amour : l'ânesse Filomena. Elle lui rendait visite quotidiennement, s'attardait une demi-heure en sa compagnie et repartait, sereine et satisfaite. Quand elle relatait un événement qu'elle était incapable d'expliquer, elle répondait immanquablement qu'elle le tenait de l'ânesse Filomena.

Occupée par ses hommes, son époux adoré et son dernier garçon, un enfant délicieux, tout en sourires et fossettes, qu'elle avait habillé en fille jusqu'à l'âge de trois ans, Candida n'avait pas prêté beaucoup d'attention à ces drôles de manies. Il lui arrivait toutefois de songer qu'Alba lui était étrangère. Il lui semblait qu'elle s'était contentée de lui prêter son corps pour venir au monde. Certaines paysannes acceptent d'enfanter ainsi pour les dames stériles. Plus tard, elle penserait qu'aucun de ses enfants ne lui appartenait vraiment, qu'elle avait élevé une petite colonie d'individus qui se bornaient à lui ressembler un peu.

Certains jours de brouillard, Candida s'extirpait de ses migraines pour se remémorer les malheurs de sa famille – sa grand-tante, le prêtre, le vœu brisé – et, ne sachant que faire d'autre, multipliait par deux ses offrandes à la Vierge des sept douleurs, dont la statue allait de maison en maison, le cœur transpercé d'un couteau.

Puis le soleil réapparaissait. Alors, en étendant son linge dans la loggia, elle répondait aux saluts des passants, et le rêve de don Francesco recommençait à briller tel un paysage après l'orage. Une vision détaillée et magnifique de l'avenir s'offrait à son esprit, dont les acteurs étaient bon gré mal gré ses enfants, ses petits-enfants et ses arrière-petits-enfants.

Car elle était l'héritière de ce rêve, à l'insu des autres membres de la famille, outre un grain de beauté sur l'épaule, les barils de ducats rouillés et les trois fruits en cire qui reposaient sur son buffet. Elle se consacrait à sa réalisation avec l'entêtement et la légèreté qu'elle mettait en toutes choses. Ses efforts ne passaient pas inaperçus : don Falcone lui-même les encourageait depuis le daguerréotype qui le représentait – c'était ce qu'elle croyait – et terrorisait de ses regards en biais les enfants qui osaient s'aventurer dans la salle à manger.

Un jour, à la fin de son adolescence, tandis qu'elle parcourait les rêves de ses parents à la recherche d'une issue, Gioia comprendrait qu'ils se nichaient dans un univers onirique encore plus grand et plus ancien. Elle aurait alors l'impression de voguer vers une Amérique improbable, au milieu d'une mer sans fin.

Candida avait décidé que Mimmo continuerait ses études, maintenant qu'il était libéré de ses devoirs religieux. S'il ne voulait pas être prêtre, il serait au moins titulaire d'une maîtrise. Rien ne la détourna de ce choix, pas même le vol dont la famille fut victime la veille de la foire, alors que les entrepôts regorgeaient de marchandises qu'il fallait encore payer aux fournisseurs.

Il arriva ainsi ce que Colino et Candida redoutaient le plus, avec la politique : ils se couvrirent de dettes. Cependant, Colino ne le sut pas.

En réalité, ce n'était pas la seule chose qu'il ignorait.

Peu après son mariage, Candida était parvenue à plusieurs conclusions et en particulier à celle que l'amour est fait de mensonges. Elle mentait à Colino sur de nombreux détails de leur vie quotidienne, à elle-même sur certains sentiments, à ses rejetons sur tout, car il importe de montrer aux enfants la vie telle qu'elle devrait être, et non telle qu'elle est. Ils découvriront bien assez tôt la vérité, ils ont plus de temps qu'il ne faut pour cela.

Candida déclara qu'elle avait mis de l'argent de côté pour l'instruction de Mimmo et qu'elle ne voulait pas y toucher. Colino se rangea à cette décision après que sa femme lui eut crié plusieurs fois : l'Université…

Ils avaient toujours eu des idées différentes en

matière d'éducation. Sans trop y réfléchir, Candida avait exclu des attentes qu'elle formulait au sujet de ses enfants un détail qui lui avait paru négligeable parce qu'il avait constitué pour elle un incident de parcours : le bonheur. Il y avait des choses plus importantes. S'améliorer et se distinguer, par exemple, en toutes circonstances.

Colino pensait exactement le contraire. Mieux valait, à ses yeux, se fondre dans la masse, puisque ce sont les cimes les plus hautes qui tombent les premières. Il se demandait qui avait inspiré ces idées à sa femme et pourquoi ses enfants ne pouvaient faire ce qui eût semblé logique : l'aider à la boutique. Il y avait du travail pour chacun. Charger et décharger l'engrais, les fèves, le blé. Aller chercher les désinfectants, collecter les œufs au village. Il les astreignit à ces tâches jusqu'à ce que Mimmo attrape la grattouille au contact des fèves, ce qui l'obligea à passer son premier examen à l'Université couvert de boutons.

As-tu un peu de sens commun ? s'écria Candida, furibonde. Ton fils est presque professeur ! Je t'en donnerai, des fèves ! Ce fut leur seule dispute. Par la suite, Colino donna toujours gain de cause à sa femme en matière d'éducation. Il se contenta de recevoir, chaque soir, le baiser de ses enfants, du plus grand au plus jeune, de les peser une fois par mois sur la bascule pour mesurer leur croissance, d'aligner leurs chaussures le dimanche et de les astiquer.

Loin de s'affaiblir, leurs liens se nourrirent de ces différences, ainsi que des efforts et des astuces qu'ils déployaient pour les surmonter.

En vérité, Candida n'avait pas un centime de côté pour les études de Mimmo.

Et comment aurait-elle pu économiser ? Colino ne se rendait pas compte de l'argent qu'il fallait pour entretenir la famille. À l'entendre, on n'avait jamais besoin de rien.

Sa femme avait toujours dû user d'intelligence.

Ils venaient de se marier quand Colino acheta en gros un coupon de zéphyr qui coûtait un peu plus cher que les autres et qui ne se vendit pas. Candida s'en servit pour lui faire confectionner une chemise, puis une seconde lorsque la première fut usée. Il ne s'en aperçut pas. Ni cette année-là, ni les suivantes. Il avait une cinquantaine d'années lorsqu'il déclara, un beau matin, avant de gagner sa boutique : « Bon sang de bonsoir, ce tissu coûtait cher, mais il était vraiment de bonne qualité ! Regarde donc cette chemise, cela fait une éternité que je la mets, et elle est comme neuve ! »

Pour payer les études de Mimmo, Candida reprit la broderie, art auquel elle avait voué une véritable passion dans son enfance, quand sa mère l'avait retirée de l'école. Elle avait cessé de la pratiquer au moment de son mariage.

Nombreux étaient les plaisirs dont elle s'était privée à l'époque et ne se rappelait même plus. Ils lui revenaient de temps à autre à l'esprit, parce que l'enfant pour lequel elle y avait renoncé lui apparaissait, les cheveux ébouriffés, les genoux égratignés et sans la moindre reconnaissance. Elle se disait alors que ses vieux désirs s'étaient dotés de pieds et qu'ils allaient là où ils le souhaitaient.

Mammalina apprit qu'une dame de Grassano voulait du linge fin pour le trousseau de ses filles. Elle accepta la commande sans révéler le nom de la brodeuse. Candida consacra ses nuits à orner des draps et des serviettes de dessins raffinés, ton sur ton, brodant au point de croix des animaux imaginaires, des cerfs à huit pattes ou des papillons de mer. Pendant ce temps-là Colino s'impatientait dans la chambre à coucher. L'idée que sa femme brodait pour de l'argent ne lui effleura jamais l'esprit. L'amour et le mensonge régnaient dans la maison.

Mammalina volait chez les gens au service desquels elle travaillait les articles en excédent qui lui tombaient sous la main : du linge, de la farine, des patrons de dentelles, des boutures de plantes. Ils surgissaient ensuite miraculeusement dans les bahuts de Candida, qui ne posait pas de questions. Elle n'en posa pas non plus quand, une fois les problèmes résolus, les affaires recommencèrent à prospérer, et que Mammalina se mit à voler chez elle ces mêmes denrées qu'elle avait auparavant apportées – du linge, de la farine, des boutures de plantes –, à l'intention de deux ou trois familles pauvres qu'elle avait prises sous son aile.

Candida broda en cachette jusqu'à ce qu'elle réussisse à rembourser les dettes. À cause des nuits blanches et de son anémie, elle s'évanouissait de temps à autre, en plein jour, au grand dam de Colino qui n'avait qu'une seule peur : que sa femme meure avant lui. Elle se consolait pour sa part en songeant qu'elle mourrait ainsi la première, car l'idée de vivre sans Colino la terrifiait. Mais personne ne mourut et Mimmo obtint sa maîtrise de lettres à l'université de Bari.

Relevez votre chemise donna Calandra
Afin que j'applique mon instrument...

14.

Le départ de Rocco pour Reggio Emilia fut aussi déchirant qu'un enterrement. Ah, si j'avais fait de lui un savetier... regrettait Lucrezia devant ses voisines en s'arrachant les cheveux et en se frappant la poitrine sous l'effet du chagrin. Elle l'avait poussé dans la voie des études pour qu'il ne soit pas obligé de quitter le village. Elle le pleura comme on pleure un mort.

Rocco lui avait pourtant dit que les chances d'être reçu au concours étaient plus nombreuses dans le nord de l'Italie. Il avait tenté de lui expliquer ce qu'était un concours. Et mille autres choses encore. Ils ne se comprenaient pas. Ils ne comprenaient pas les mots qu'ils employaient et ce qu'ils évoquaient. Rocco parlait à présent à sa mère d'un monde qui lui était totalement étranger. Et Lucrezia n'entendait dans le charabia de son fils que son chagrin. Elle avait perdu son enfant. Si elle ne l'avait pas obligé à étudier, ils auraient parlé la même langue. Les rares fois où elle se rendait au cimetière, elle s'en prenait au disparu et le maudissait, à genoux sur sa tombe.

Le soleil brillait quand Rocco prit le train pour Reggio Emilia. Au fil des kilomètres, le ciel se mit à virer au gris. La chape de plomb qui l'attendait à destination l'obligea à enfiler son manteau. Il en fut heureux. Il n'avait pas desserré les dents pendant le voyage. Il fut reconnaissant à cette ville de l'envelopper dans sa pesanteur et aux campagnes de sentir la merde de cochon.

Pendant un mois, il s'exprima par gestes et par signes de tête pour expédier les affaires pratiques, trouver une pension, se nourrir, faire laver et repasser son linge. Il n'ouvrait la bouche qu'en classe et choisissait alors les mots les plus appropriés à chaque sujet, les puisant dans un dictionnaire qu'il avait acheté le jour de son arrivée. Les élèves se moquaient de son accent. Ils avaient du mal à se comprendre : Rocco ne parlait pas leur dialecte et eux ne parlaient pas l'italien.

Ah, c'qu'il était *bizar* ce *stituteur* du sud de l'Italie ! Il semblait éprouver de l'intérêt non pour les premiers de la classe, les fils du maire, du médecin ou du pharmacien, mais pour les ânes, les redoublants, ceux que les maîtres généralement instruisaient à coups de baguette et repoussaient aux derniers rangs pour ne pas se gâcher le paysage. Il n'avait d'yeux que pour ces pouilleux aux mains calleuses, incapables de tenir une plume sans en briser la pointe.

Contrairement à ses collègues, il ne s'approchait pas à pas de loup des élèves qui dormaient, la tête sur leur pupitre, et ne leur tirait pas l'oreille jusqu'à ce qu'ils poussent des hurlements. Il les contemplait en branlant du chef puis s'éloignait doucement pour ne pas les réveiller.

De même, lorsqu'un élève faisait l'école buissonnière un jour sur deux ou s'absentait pendant des mois, il ne le suspendait pas, ne le menaçait pas d'un renvoi. Dès que possible, il se présentait chez ses parents et marchandait : si leur fils fréquentait l'école, leur disait-il, il serait capable de répondre aux patrons qui calculaient tout à leur façon et qui, curieusement, avaient toujours quelque chose à vous prendre, jamais rien à vous donner.

Les parents l'écoutaient avec une politesse amusée, lui répondaient dans un dialecte souvent hermétique et lui offraient un verre de vin, quelle que fût l'heure de la journée. L'est du Sangiovese, l'est bon, l'ravive le sang. On suivait ses conseils pendant une semaine, parfois deux, et on les oubliait dès qu'il fallait des bras aux champs. Rocco repartait alors à l'attaque, et ce jeu-là durait jusqu'à la fin de l'année.

Sauver de l'analphabétisme les cinquante élèves de sa classe constituait sa propre guerre de colonisation, qu'il ne menait pas au nom de l'esprit fasciste, ainsi que les programmes le prescrivaient, mais en souvenir de certains épisodes enfouis dans sa mémoire.

Superstition, superstition, superstition… Rocco s'insurgeait contre les décoctions, les cancans, les histoires et les êtres innombrables qui peuplaient l'espace intermédiaire entre les vivants et les morts. Il détestait l'obscurantisme de la culture paysanne. Les souris à peine nées qu'on faisait manger aux enfants qui mouillaient leur lit, les cœurs arrachés aux poitrines des hirondelles et avalés sept jours d'affilée pour attirer la chance sur soi. Parfois, il se détestait lui-même.

Le soir, il se réfugiait dans ses livres, et, le jour,

essayait désespérément de transmettre à ses élèves son amour pour la littérature. Mais les miracles étaient rares. Pour un gamin qui manifestait de l'attention, il y en avait dix, vingt ou trente qui continuaient de se bourrer de coups de poing sous leurs pupitres, fabriquant de leurs propres mains le piège dans lequel ils se prendraient en arrivant à l'âge adulte.

Certains jours, Rocco sentait une chaleur l'envahir. Pourtant, le poêle censé réchauffer la classe ne fonctionnait que par à-coups. Cette chaleur, c'était de la rage.

Un matin, alors qu'il s'efforçait sans grand succès d'intéresser les enfants à un poème de Pascoli, il vit Ceccagli, un des élèves les plus âgés, un garçon aux joues noires de barbe déjà recalé trois fois, éclater de rire et se balancer stupidement. Il songea que, à peine une semaine plus tôt, il avait dû se battre pour sauver le garçon de l'expulsion parce qu'il avait cassé un carreau dans le couloir. Il eut l'impression de le voir pour la première fois tel qu'il était vraiment : sans avenir.

Alors qu'il n'avait jamais levé les mains sur qui que ce soit, il se rua sur l'adolescent et le frappa à l'aveuglette avec une force qu'il ne se connaissait pas. Ceccagli, pourtant avantagé par sa taille, tentait en vain de résister. Cramoisi, le cou enflé, les veines palpitantes, Rocco le saisit par les cheveux et lui tapa la tête contre le mur une, deux, trois, quatre fois, de plus en plus fort. Si le surveillant ne s'était pas interposé, il l'aurait peut-être tué.

Le lendemain, Rocco avait quarante de fièvre. Tremblant dans le petit lit de la pension, il s'empara d'un bout de miroir aux bords coupants qui se trouvait sur la table de chevet et dont il se servait pour se raser. Il observa son visage moite parmi les éclaboussures de savon sec, scruta ses yeux châtains et veloutés, luisants de fièvre. Puis il s'endormit, épuisé. Quelques années plus tard, alors qu'il en décousait avec sa fille, il se rappellerait cet inconnu tapi au fond de lui, toujours prêt à surgir.

Un jour, une collègue, une blonde aux cheveux lisses, l'arrêta dans le couloir. Elle s'appelait Mara. Pas Maria, Mara, tu as bien compris ? C'était le diminutif d'Amara, mais Rocco ne voyait en elle rien d'amer, bien au contraire : la courbe de ses seins était douce, aussi douce que sa façon de prononcer les « S » qui semblaient fondre entre ses lèvres. Elle lui proposa de sortir avec elle. Il accepta, perplexe : jamais il n'aurait imaginé qu'une femme pût prendre pareille initiative. Elle l'emmena dans un bar enfumé où beaucoup de gens vinrent la saluer. Rocco la suivit, l'air taciturne, hasardant de temps à autre des blagues qui ne la firent pas rire. Mara avait la tête nue, elle soutenait le regard des hommes et disait ce qu'elle pensait sans détour.

Intimidé, Rocco la laissa glisser son bras sous le sien avec désinvolture. Elle lui tint d'étranges discours. Elle lui dit par exemple qu'elle l'avait à l'œil depuis plusieurs mois. Rocco ne comprit pas ce que cela signifiait ni où elle voulait en venir. Il s'en fit une idée quelque temps après, quand ils retournèrent dans ce bar.

Ce soir-là, il y avait de l'électricité dans l'air. Les clients qui étaient au comptoir s'éclipsaient peu à peu. Rocco s'aperçut qu'ils passaient dans l'arrière-salle. Au bout d'un moment, Mara l'invita à les suivre.

Assis sur les quelques chaises qu'il y avait dans la pièce, ou debout, des jeunes gens écoutaient une radio dont les fréquences ne cessaient de se brouiller. Un moustachu assena un coup de poing à l'appareil et la voix se stabilisa. C'était Radio-Milan, qui donnait des nouvelles de la situation en Espagne, de plus en plus grave. Rocco eut un coup au cœur.

Il savait du communisme ce que les prêtres et la propagande fasciste en disaient : qu'il était pire que le choléra et qu'on commettait un péché mortel par le seul fait de le nommer. Cette sortie risquait de lui coûter son poste. Au minimum. Il pensa à sa mère. Il lança un regard à Mara, qui le lui rendit avec sérénité. Il observa les occupants de la pièce, des garçons de son âge, se demanda quelles fautes ils avaient bien pu commettre. Mais il ne trouva aucune réponse.

Alors qu'il songeait à sortir discrètement, Mara lui sourit. Quand elle souriait, ses yeux s'éclairaient, il l'avait aussitôt remarqué. Mais ce n'est pas son sourire qui l'amena à rester.

D'autres avaient cru en une terre promise – Éden, Amérique, Tripolitaine ou Abyssinie –, Rocco crut en l'utopie. Ce fut sa troisième et dernière conversion. Ce fut aussi la dernière fois qu'il crut en quelque chose avec autant de fougue.

Il abandonna les romans chéris de son adolescence dans des cartons, où sa fille les dénicherait bien des années plus tard. Il se jeta sur les pages obscures de Trotski et du *Capital*. Au début, il n'y comprit rien, mais il continua sa lecture avec son entêtement habituel et finit par s'approprier ces concepts abscons qui lui ouvraient de nouvelles perspectives. La révolution réparerait les injustices, donnerait la parole à la rage et de la dignité au chagrin.

Lorsque Mara lui demanda s'il était prêt à agir pour la cause, Rocco garda le silence. Mais pas longtemps, le temps nécessaire pour reléguer une pensée lancinante dans un coin secret de son esprit. Il acquiesça ensuite.

Rocco et Mara devinrent inséparables. Ils passaient leur temps libre à bâtir des projets et à discuter. En réalité, c'était surtout Mara qui parlait : elle enchaînait les monologues de son accent doux, sans se soucier du fait qu'il répondait par monosyllabes. Elle semblait deviner ses pensées et lui épargnait l'effort de les formuler. Il lui en était reconnaissant. Un sentiment inconnu s'empara bientôt de lui.

Un matin d'hiver, après la dissipation du brouillard, les habitants de Reggio Emilia distinguèrent des inscriptions rouges sous un portique, dans des latrines et sur le rideau de fer d'un entrepôt : DU PAIN AUX ENFANTS OU LA TÊTE DE MUSSOLINI. À BAS LE *DUCE* QUI NOUS AFFAME. MORT AUX FASCISTES. VIVE LA RUSSIE DES SOVIETS. Le mur d'enceinte des Usines de Reggio portait une autre inscription : les ouvriers la virent à leur arrivée et se retournèrent plusieurs fois pour la regarder. JE SUIS HEUREUX, était-il écrit en grosses lettres.

Rocco pensait que tout avait une fin, mais pour le moment il allait de l'avant comme un mulet aux yeux bandés, espérant sans trop y croire que le danger disparaîtrait par inertie.

Par un après-midi de désœuvrement, Gioia dénicherait, au milieu des objets et des papiers abandonnés dans un tiroir du secrétaire, les photos de Rocco à Reggio Emilia, enveloppées dans du papier de soie. Elle observerait longuement ce garçon joufflu en noir et blanc en se demandant vers où il pointait ce regard qu'elle ne lui connaissait pas.

Mara mettait dans la politique autant d'énergie qu'elle en déployait pour biner le potager, pétrir le pain et pédaler. Elle transmettait à Rocco une sensation de risque, mais pas le risque d'être arrêté ni même de tomber au sol dans sa vaine tentative de combler la distance qui séparait leurs bicyclettes, voire de la dépasser.

Peu à peu, il commença à changer. Il s'en aperçut un soir où ils dansaient dans l'arrière-salle du bar sur les notes du trio Lescano. Mara lui apprenait la valse afin qu'il puisse participer aux bals qui leur servaient de couverture, et il déployait la même application que lorsqu'il déchiffrait les opuscules de la direction. Un deux trois, un deux trois. Raide, empoté. Tremblant contre le corps doux de la jeune femme. Cramoisi, mais pas sous l'effet de la chaleur. Un deux trois. Soudain, il trébucha et tomba, entraînant Mara dans sa chute. Elle le regarda droit dans les yeux. Il la regarda à son tour, presque terrorisé, tandis que son corps prenait des initiatives embarrassantes. Soudain, il éclata de rire. Un rire timide et coupable, par à-coups, qui acquit bientôt du courage et du volume. Mara le dévisageait avec incrédulité. C'est la première fois que tu vois un homme danser si mal ? C'est la première fois que je t'entends rire.

La solitude collait à la peau de Rocco. Il avait beau s'efforcer de la chasser, elle demeurait ancrée en lui comme l'odeur d'étable des paysans qui se répandait dans l'église, pendant la messe, à travers la trame de leurs vêtements du dimanche, malgré les coups d'étrille matinaux au savon de soude.

Il avait rencontré la famille de Mara, moitié paysanne, moitié ouvrière, ses très nombreux frères et sœurs dont les prénoms ne correspondaient à aucun saint de l'Église catholique. Mara était la seule à avoir fait des études. Ils vivaient dans une ferme sur la terre qu'ils cultivaient et n'avaient pas besoin de parcourir des kilomètres pour aller travailler, ainsi que la mère de Rocco y avait toujours été obligée, se levant avant l'aube. Le plus extraordinaire, à ses yeux, c'était qu'ils étaient organisés en coopératives. Ils partageaient leurs outils et se réunissaient en consortium pour vendre leurs produits. Chez lui, pareille chose eût été impossible car les paysans estimaient qu'un simple coup d'œil pouvait réduire en cendres les objets et craignaient la jalousie plus que la sécheresse.

S'arrachant à son mutisme habituel, Rocco bombardait de questions le père de Mara, Libero, qui lui répondait bien volontiers, mais s'interrompait soudain au milieu d'une phrase pour fixer sur lui ses yeux cobalt et lui assener une bourrade : Ça s'voit que tu viens du talon ! lui disait-il avant d'éclater de rire. Il n'avait jamais perdu sa bonne humeur, pas même lorsque les fascistes avaient détruit sa récolte, obligeant sa famille à s'en remettre au Secours rouge pour ne pas mourir de faim.

Pendant les déjeuners et les dîners, alors que les convives criaient et se taquinaient, Rocco gardait le silence, s'isolait dans un univers secret. Il ne reprenait contact avec la réalité que pour parler de politique et manifestait alors une éloquence insoupçonnée, qui entraînait les convives, les stimulait, les enflammait.

Un instant, Mara voyait dans le jeune et maussade instituteur méridional le meneur de foules qu'il deviendrait un jour, elle en était certaine.

Ils se fréquentaient depuis plusieurs mois quand ils firent l'amour pour la première fois. Rocco ne se serait jamais permis de manquer à Mara de respect, mais il plongeait la nuit dans certains rêves qu'il tentait d'oublier le lendemain.

Il n'avait touché qu'une seule femme, une prostituée. Et ce, le jour de ses vingt et un ans.

Sa mère, qui attendait cet anniversaire depuis dix-sept ans, lui avait dit dans la matinée d'enfiler, comme elle, sa tenue du dimanche. Ils étaient ensuite allés à la poste – lui, devant, elle, derrière – retirer l'argent du cher disparu. Rocco avait signé les papiers. Il avait écrit son prénom et son nom à côté des croix que son père avait tracées dix-sept ans plus tôt. Puis l'employé avait compté les billets et les lui avait remis.

À l'époque où son père l'avait déposée, à son retour d'Amérique, cette somme permettait d'acquérir un terrain de trois ou quatre hectares d'une terre assez bonne pour être cultivée. Mais il y avait eu le krach boursier de 1929, une dévaluation de quarante et un pour cent et les conséquences de la crise économique. À présent, on pouvait se torcher le cul avec.

Rocco raccompagna Lucrezia et demeura avec elle sans rien dire jusqu'à ce qu'elle s'endorme. Ce soir-là, il perdit sa virginité dans les bras d'une prostituée de Grassano. Il la paya vingt lires et lui laissa un pourboire qu'elle n'oublierait jamais. Avec le reste, il offrit une tournée à la grand-place.

Mara, qui avait sept ans quand sa mère était morte, avait pris l'habitude dès l'enfance de ne jamais renvoyer ce qu'il y avait à faire à plus tard. Constatant que Rocco ne se décidait pas, elle mit ce principe en pratique.

Elle l'attendit un jour, à la sortie de l'école, et lui dit de la suivre, que c'était important.

Elle le conduisit chez elle. Alors qu'il se dirigeait vers la maison, elle s'immobilisa et l'invita à l'accompagner au fenil. Rocco pensa qu'elle y avait caché des opuscules à distribuer dans les usines. Or il n'y avait là que de la luzerne. Il regarda le bout de ses chaussures. Puis il regarda Mara. Une grande quantité de moucherons tourbillonnaient dans l'air. Ils s'agitaient dans le rayon de lumière qui filtrait à travers une petite fenêtre en hauteur – il les reverrait encore des années après. La luzerne dégageait une odeur pénétrante, qui chatouillait les narines, mais Rocco n'y prêta guère attention sur le moment, ses jambes étaient trop molles et son corps saisi d'un vertige. Il s'en souviendrait plus tard, comme si elle s'était gravée à son insu dans son cerveau ; de fait, il ne pourrait jamais plus humer la luzerne sans éprouver une brûlante nostalgie. Quand ils eurent terminé, Mara caressa sa cicatrice, la petite cicatrice ronde et claire qu'il avait sur le bras.

Qu'est-ce que c'est ? Rien, répondit-il.

Chaque fois que Rocco rendait visite à sa mère, à Grottole, un trou dans le temps l'engloutissait, une sorte d'absence qui l'aspirait, brisait sa volonté. Quand les événements qui se produisaient ailleurs parvenaient au village ce n'étaient plus que de pâles échos, si éphémères que Rocco finissait par douter de leur réalité. Il lui semblait que sa vie à Reggio Emilia était un rêve, que la révolution était elle aussi un rêve auquel il avait apporté foi naïvement ; seuls existaient et existeraient toujours les rites qui scandaient les journées depuis sa naissance – les cloches de l'église, les discussions sur les conditions atmosphériques, les commentaires concernant le sermon du prêtre à la messe, les racontars des femmes, la procession des paysans qui rentraient à dos de mulet au crépuscule, identiques à eux-mêmes, telle une rangée de fantômes apportant la garantie que jamais rien ne changerait. Il était pris d'un découragement dans lequel il s'enfonçait jusqu'au moment de son départ.

Il passait ses journées assis près de sa mère, sans piper. Les yeux tournés vers la porte vitrée, ils se tenaient immobiles dans un temps suspendu ; tout laissait à croire que quelque part, quelqu'un ne se décidait pas à annoncer le début de l'hiver ou de l'été, le jour ou la nuit. De temps à autre, Lucrezia brisait le silence pour lui parler d'un de ses amis qui s'était marié. Il lui jurait alors qu'il demanderait sa mutation et qu'il reviendrait avant la fin de l'année. Il repartait, sûr de cette promesse. Mais une fois qu'il avait regagné le Nord, il se sentait renaître dans les bras de Mara.

Quand la guerre d'Espagne éclata, Mara affirma qu'elle voulait partir volontaire avec les brigades Garibaldi. Rocco, qui s'employait à changer de sujet de conversation chaque fois qu'elle lui en parlait, en était bouleversé. Mais, à son grand soulagement, le Parti décida qu'ils étaient trop précieux là où ils se trouvaient. Ils restèrent donc à Reggio Emilia. À l'époque, ils pensaient souvent à l'avenir. Ils avaient déjà choisi le prénom qu'ils donneraient à leur première fille : Pravda, le titre du journal du parti communiste soviétique.

La guerre fut déclarée le 10 juin 1940.

Grâce à la tuberculose dont il avait été victime au séminaire, Rocco échappa au front, mais fut appelé au district militaire de Pescara en qualité de réserviste. Le personnel alphabétisé étant rare, il fut affecté dans un bureau. Mara et lui s'écrivaient tous les jours. Des lettres d'amour, qui renfermaient, entre les lignes, des allusions à la situation et aux décisions à prendre.

Le 12 septembre 1943[1], Mara se présenta à la caserne. Elle n'avait pas annoncé sa visite. Pendant la nuit, Rocco avait fait de drôles de rêves qui l'avaient plongé dans un état de confusion, aggravé par le réveil. Au milieu de l'égarement général, on l'appela dans le hall. Il se trouva nez à nez avec la jeune femme. Elle avait parcouru en train, en autocar et à pied la route de Reggio à Pescara, malgré l'interruption des voies de communication.

Maintenant qu'elle se tenait devant lui, Rocco mesura combien elle lui avait manqué au cours des trois dernières années. Elle avait un peu maigri, mais affichait son air résolu et ses yeux brillaient davantage. Elle avait effectué ce voyage pour lui parler à l'abri des oreilles indiscrètes. Elle lui apprit d'un ton

1. Date à laquelle Mussolini fut libéré par un commando allemand et conduit en Allemagne.

agité que le roi s'était sauvé. Qu'il s'était vraisemblablement caché là, à Pescara. Ses frères et elle, ainsi que les membres de leur groupe, s'organisaient déjà, ils quitteraient la ferme le soir même et passeraient au maquis non loin de Civago. De nombreux garçons appelés sous le drapeau se joignaient à eux. Elle avait bataillé pour venir le lui annoncer : les camarades s'opposaient à ce qu'elle parte, prétendant que c'était dangereux et que le temps pressait. La veille, Lupo, son frère aîné, avait pris la route de la Vénétie afin de s'unir à un autre groupe. Et toi ? Qu'est-ce que tu attends ? Elle continua d'énumérer détails, horaires, prénoms et surnoms, s'exprimant sans laisser la parole à Rocco, certaine de sa réponse. Mais elle s'interrompit soudain. Elle le dévisagea. Son regard déçu rappela au jeune homme un lointain chagrin enseveli dans son enfance.

Tu viendras, n'est-ce pas ? lui demanda-t-elle d'une voix qui mourait dans sa bouche. Rocco la contempla comme s'il voulait imprimer son image dans son esprit. Il l'étreignit et la serra très fort contre lui. Elle s'abandonna à ses bras, puis se libéra de leur étau et se sauva. Ils ne devaient plus se revoir.

15.

Alba avait dix ans quand elle abandonna la bruyante maison familiale, les taquineries de ses frères et les longues histoires que sa vieille grand-mère racontait pendant les après-midi de canicule.

Émus par ses qualités complexes, ses parents, c'est-à-dire Candida, avaient décidé de lui donner une instruction, bien qu'elle fût de sexe féminin. Comme il n'y avait pas de lycée à Grottole, il fallait l'envoyer dans un pensionnat. Le choix de Candida tomba sur l'institut des sœurs du Sacré-Cœur de Monopoli, qu'elle avait aperçu au cours d'une visite à ses beaux-parents. C'était un vaste édifice de pierre grise coiffé d'une coupole mauresque et entouré d'un jardin protégé par de hauts murs. On y pénétrait par une grille ornée d'arabesques en fer forgé. Aux yeux de Candida, il ne pouvait y avoir de cadre plus prestigieux pour les études de sa fille.

Alba ne versa pas une seule larme. Tandis qu'elle la regardait s'éloigner à bord de la voiture de Ciola-Ciola, Candida fut saisie un instant d'un soupçon, ce genre de doute qui s'insinue en traître et gâche tout, à l'image d'une maille sautée lorsqu'on tricote un bas. Mais elle le rattrapa à temps et l'ensevelit dans les nombreuses tâches de sa journée.

Alba s'adapta de bon gré à l'uniforme bleu des étrangères et accepta de tirer ses cheveux en deux nattes serrées qui lui descendaient jusqu'aux fesses. Elle supporta stoïquement le froid des dortoirs, la dureté des matelas en crin, les réveils pour les prières. Elle puisait sa récompense dans les effluves d'ammoniaque et d'eau de Javel qui flottaient le samedi matin entre les murs du pensionnat, dans le parfum de chaux et de lavande qui embaumait les chambrées. Les odeurs consistantes et parfois obscènes des rues de Grottole avaient enfin cessé de la poursuivre. Elle apprit à dresser la table, à peler pêches et oranges d'un seul tour de couteau, à faire la révérence, à s'asseoir le dos droit et les coudes collés au corps. Elle se lia aussi d'amitié avec une autre fille.

Plus qu'une amitié, ce fut en réalité une symbiose.

Il régnait parmi les pensionnaires une rigoureuse hiérarchie, dont témoignait leur répartition dans la cour pendant la récréation. L'institut était l'un des rares pensionnats féminins des environs, et les jeunes filles affluaient des Pouilles, du Basilicate et des Abruzzes.

Ces élèves n'appartenaient pas aux mêmes classes sociales.

En haut trônait l'élite, *la crème de la crème* * [1], les demoiselles de la noblesse, les filles de propriétaires terriens ou de propriétaires d'entreprises locales, pres-

1. Les mots et expressions en italique suivis d'un astérisque sont en français dans le texte.

soirs, moulins et fournaises. Toutes des cas particuliers, car les familles les plus prestigieuses préféraient en général les préceptrices au pensionnat. Il y avait ensuite les filles de paysans riches ou de petits commerçants qui aspiraient à voir leur progéniture s'élever dans l'échelle sociale ; c'étaient de grandes travailleuses : elles apprenaient par cœur le dictionnaire et appliquaient à la lettre les règles de la grammaire et de l'étiquette mais pour autant aucune ne possédait d'aisance. Enfin, les orphelines de guerre, qui avaient perdu leurs pères au front lors des premières phases du conflit et que l'État récompensait en leur payant des études. Représentant le dernier échelon de la hiérarchie, elles étaient sans cesse punies, exclues et souvent employées au ménage afin d'arrondir, disaient les religieuses, leur pension insuffisante.

Maria en faisait partie. Elle venait de Letto Manoppello, un village de montagne abruzzain. Le privilège d'étudier lui coûtait cher.

C'était une grande fille robuste aux manières simples et aux joues rouges de montagnarde. Les bouillons que préparaient les sœurs ne parvenaient qu'à lui rincer l'estomac. Elle était en permanence tourmentée par la faim, et cette faim l'aveuglait au point de compromettre ses résultats. Toujours réprimandée, elle était rapidement devenue le souffre-douleur du pensionnat. Pas une semaine ne s'écoulait sans qu'elle ne soit privée d'au moins deux dîners et enfermée un après-midi entier au cabinet noir. Elle risquait à tout instant de basculer vers la mort – ce qui était arrivé, murmurait-on, à une élève abandonnée une nuit entière dans le cabinet noir, les vêtements trempés.

Quelques mois après son arrivée, Maria affichait déjà un teint verdâtre et l'air hésitant de ceux qui marchent sur le fil du rasoir. Elle était candidate à la tuberculose quand elle remarqua un drôle de manège, non loin d'elle.

Les religieuses du Sacré-Cœur servaient Dieu et renflouaient les caisses du Trésor public en enseignant à leurs élèves la modération dans leurs appétits, qu'ils fussent physiques ou moraux. Un tel apprentissage était superflu avec Alba : la jeune fille avait conservé sa grande méfiance, et seules les mathématiques la passionnaient. Elle n'éprouvait en particulier aucun intérêt pour ce que certains appelaient les joies du corps. Voilà pourquoi la nourriture rare et fade des religieuses ne constitua jamais un problème pour elle, si ce n'est dans les termes de sa préoccupation habituelle, à savoir comment s'en débarrasser discrètement.

Une série de systèmes ingénieux lui permettaient de dissimuler son manque d'appétit. Elle introduisait dans sa bouche un peu de nourriture et, à force de la mâcher, la réduisait à l'état de boule. Elle attendait que sœur Germana, qui surveillait les repas, se laisse distraire par le contenu de son assiette pour simuler un bâillement ou un toussotement et porter poliment la main à ses lèvres. Elle recueillait ainsi sa ration alimentaire et, d'un mouvement rapide du bras, la glissait sous la table, derrière le dossier de sa chaise, pour l'abandonner enfin dans la terre d'une plante en pot, un hortensia d'un bleu changeant qui se transforma une fois par mois en plante carnivore, se contentant les autres jours de pommes de terre et de semoule, comme les jeunes filles en fleurs qui confiaient à ces maigres pitances le développement de leurs formes.

L'attention de Maria fut peu à peu attirée par les mouvements élégants d'Alba, par ses tours de prestidigitatrice. Bientôt, elle se rendit compte qu'à la différence des autres filles qui auraient tué pour une portion supplémentaire de sardines ou de purée de pommes de terre, Alba ne songeait qu'à s'en débarrasser. En la regardant, hypnotisée, sectionner la nourriture de manière chirurgicale et manier les couverts ainsi que le leur avaient appris les bonnes sœurs, Maria commença à comprendre que cet étrange phénomène pourrait lui sauver la vie. Mais elle était trop intimidée par cette fillette hautaine pour trouver le courage de lui adresser la parole. Alba exerçait sur son esprit l'attirance qu'exercent les bestioles inconnues, ces bestioles que les camelots exhibent dans les foires.

L'instinct de survie finit toutefois par l'emporter, il balaya la maladresse de Maria et la réticence d'Alba, ainsi que la vigilance des religieuses qui s'opposaient catégoriquement aux échanges entre élèves. Elles scellèrent leur pacte pendant la récréation et nouèrent entre elles un lien symbiotique qui leur permit de surmonter les années difficiles du premier cycle de l'enseignement secondaire. Elles ne se parlaient pas beaucoup ; Alba offrait son repas à Maria et, quand les nuits étaient glaciales, les deux filles défiaient la surveillance des bonnes sœurs pour se fourrer dans le même lit. Durant la récréation, elles s'abstenaient de se mêler aux autres, de prendre part à l'éternelle compétition qui tourmentait les pensionnaires, de calomnier leurs camarades et de craindre la médisance, se suffisant à elles-mêmes et se satisfaisant de leur vie simple. Si quelqu'une tentait de les importuner, de les contraindre à un chantage ou de les séparer, Maria défendait leur duo en se fondant sur son évaluation personnelle et sur la confiance que lui procurait son alliance avec Alba, seuls arguments qu'elle possédait.

Mais en classe de seconde, tout changea.

Un après-midi de novembre, après les festivités des morts, les notes d'un piano se répandirent dans les couloirs silencieux du Sacré-Cœur, accompagnées d'une voix qui faisait des roulades. Alba n'avait jamais rien entendu d'aussi beau. En proie à une étrange sensation de bonheur, elle se dirigea vers la source de ces sons merveilleux. Elle entrebâilla la porte et s'immobilisa sur le seuil. Gioia était penchée sur le clavier.

Bien qu'elle n'eût que quatorze ans, l'adolescente était déjà fort belle. Elle venait de Lecce et tenait des femmes de cette ville une beauté magique qui se perdait dans l'Antiquité grecque. Grande, elle arborait des proportions harmonieuses, des cheveux blond cuivré qui encadraient son profil digne d'un camée, ainsi que de grands yeux bleus. Son teint était blanc, éclatant, ses mains fuselées, ses chevilles minces. Son corps semblait repousser la saleté.

Alba s'attarda longtemps sur le seuil, subjuguée, mais au bout d'un moment, alors que la pianiste jetait un coup d'œil vers la porte en tournant une page, elle se sauva d'un bond d'écureuil. Ce fut l'impression que garda Gioia.

On voyait souvent Gioia courir avec frénésie dans les couloirs du pensionnat et répandre à l'envi son parfum de jasmin. Si elle se trouvait là, c'était parce que sa mère l'avait éloignée de la maison familiale : elle faisait de l'ombre à sa sœur aînée, en âge de se marier. Cette décision l'avait rendue méchante. Boudeuse comme une déesse de l'Olympe, elle passait ses journées à tyranniser ses camarades, en particulier celles qui lui étaient soumises, quatre filles de bonne famille qui la suivaient partout, obéissant à ses ordres et obligeant les autres à les respecter, telle la milice d'une princesse de sang royal.

Gioia régentait la vie des pensionnaires durant les heures qui n'étaient pas réglementées. À l'église, elle s'asseyait à la troisième place du deuxième rang, place qui constituait depuis plusieurs générations un motif de convoitise, de querelles et de vengeances pour une raison que tout le monde avait oubliée. Pendant la récréation, c'est elle qui décidait du jeu auquel on s'amuserait dans la cour et elle qui choisissait les participantes. Il lui arrivait également de décréter qu'on ne jouerait pas ce jour-là.

Ses fidèles amies transmettaient ses ordres. Un simple billet pouvait annoncer disgrâce ou réhabilitation, exclusion ou promotion. Gioia se réservait aussi le privilège d'ordonner à une camarade de lui faire ses devoirs. En effet, les études constituaient à ses yeux une affaire de filles pauvres en quête de rachat social.

Les religieuses fermaient un œil sur son comportement, laissant les pensionnaires se débrouiller, car il y avait toujours eu et il y aurait toujours une Gioia pour tyranniser les autres. Toutes les filles souhaitaient appartenir à ce groupe, mais rares étaient les élues.

C'était à table qu'on entrevoyait la première différence entre nobles et plébéiennes. Une façon sûre de reconnaître l'extraction de ces filles, que l'uniforme rendait semblables, consistait à les regarder manger. En effet, lorsque les bonnes manières sont acquises de fraîche date, elles ne parviennent jamais à dissimuler totalement la voracité. Ainsi quand, au bout de plusieurs mois, Gioia daigna enfin prêter attention à Alba, elle fut frappée par l'élégance avec laquelle la jeune fille maniait ses couverts. Elle la surveilla pendant une semaine, puis lui adressa un billet.

Tandis qu'elle le lisait, Alba sentit son cœur s'emballer sous ses côtes fragiles comme celui d'un chat effrayé. Il ne cessa de battre la chamade qu'au moment de leur rendez-vous, qui eut lieu au cours de la récréation.

Les deux filles se dévisagèrent longuement sans mot dire. Aussi profonds qu'une mine de charbon, les yeux d'Alba étincelaient de crainte. Ceux de Gioia étaient d'un vert translucide. Je la tuerai, je la grifferai, je la mordrai. Pour qui te prends-tu ? Je voudrais être ton amie, déclara Gioia.

L'impossible se produisit. Sans jamais l'avoir souhaité, Alba fut introduite aux rites complexes de l'élite. Objet de nombreuses attentions, elle se mit à recevoir des fruits confits dont elle appréciait surtout la forme et la couleur. Elle les conserva dans un cornet, à l'intérieur de son tiroir, jusqu'au jour où elle y découvrit des vers. On lui confia aussi d'innombrables petits secrets. Elle joua aux belles statues [1]. Elle feuilleta des numéros de *Vogue* en provenance de

1. Jeu qui consiste à se figer dans une certaine attitude après avoir dansé ou fait la ronde.

Paris. Elle passa des heures à écouter Gioia jouer du piano, reconnaissant dans les symétries des notes les rapports parfaits qu'elle aimait dans les mathématiques.

Maria fut abandonnée. Alba continuait à lui réserver sa nourriture en excédent, elle lui accordait l'aumône, mais plus un seul regard. Gioia et elle étaient devenues inséparables, elles vivaient dans un monde impénétrable. Maria se tourmentait en secret.

Avec le printemps, la situation empira.

Bougainvillées et belles-de-nuit fleurissaient derrière le mur d'enceinte du collège. Leurs premières fragrances entêtantes se répandaient dans l'air au crépuscule. Une étrange agitation se saisissait alors des pensionnaires et persistait bien après que la nuit eut enveloppé leurs corps dans une douceur pécheresse, contre laquelle les religieuses ne pouvaient rien. Au loin, on ne savait où, se produisaient des choses sordides et sublimes, de tendres et cruelles épiphanies hormonales. Plus loin encore se trouvait la mer. Alba l'apercevait une fois par semaine, au cours de la promenade dominicale. Ses écailles translucides jaillissaient dans la perspective d'une rue et illuminaient l'horizon. Sa présence se ressentait aussi à l'intérieur des murs sous forme d'une brise saumâtre à l'odeur fortifiante. Elle imprégnait l'air des couleurs de l'arc-en-ciel, qui y demeuraient suspendues un moment, tremblaient puis disparaissaient telles des bulles de savon. Parfois, il était possible d'entendre, portés par le vent, le cri d'un poissonnier, le miaulement d'un chat, les échos d'une querelle et des hurlements d'enfants. Le plus souvent, c'étaient les tristes chants des religieuses qui accompagnaient les heures de la journée. Or la jeunesse fleurissait où elle le pouvait, aussi indisciplinée et résistante que les herbes sauvages que sœur Giovanna s'efforçait en vain d'arracher à la cour.

Gioia parlait à Alba non pas d'amour, mais de ses pressentiments. Des mots absurdes et doux, qui ne demandaient qu'à être déchiffrés, lui venaient à l'esprit, et le printemps avait pour cette nature impétueuse des allures d'invitation. En cette saison, l'amour ne vivait que pour être raconté. L'amour, c'étaient les désirs et les suppositions de deux adolescentes qui se frôlaient les mains et se caressaient du regard, chacune distinguant sa propre beauté dans celle de son amie, la finesse de sa peau dans le grain de peau de l'autre, l'une reflétant la rondeur de ses formes dans la maigreur de l'autre et vice versa. C'était un jeu de miroirs.

Ta joie est ma joie. La vie, celle que nous pouvons imaginer ensemble. Notre pacte : indestructible.

Gioia chapeautait Alba, l'instruisait. Elle lui inculquait les bonnes manières, et leurs journées se dotaient d'immenses galeries communicantes. Elles se consacraient à la répétition générale de ce qui devait arriver et qui n'arriva pas.

Les yeux veloutés du garçon laitier, la moustache de l'étudiant et l'uniforme du lieutenant les faisaient rêver, mais guère plus de deux dimanches d'affilée. L'objet de leurs soupirs se transformait toujours en source de rires. Alba avait, en effet, développé la vertu des âmes victimes d'inappétence, seul héritage certain de sa famille, un humour cinglant et paradoxal qui savait adoucir les chagrins. Elles riaient. Des rires irrépressibles, qu'un seul regard, ou une pensée commune qu'il n'était point besoin de formuler, suffisait à déclencher. Ils se manifestaient par une contraction du ventre, un gémissement, l'explosion de forces accumulées. Épuisants, ils se régénéraient au bout de quelques jours, quand la même pensée, chargée comme le ciel avant l'orage, ressurgissait dans l'esprit des deux filles. La vie montrait sa face sacrée et sa face profane, ainsi que leurs correspondances. Si tu meurs, je mourrai moi aussi. La mort est injuste. La vie est injuste. Silvia, te souvient-il[1]...

La promenade du dimanche attirait une foule de garçons, qui s'agglutinaient sur le parcours dans le seul but de voir passer les pensionnaires. Gioia concentrait sur elle la plupart des regards. Quelques semaines après son entrée au pensionnat, elle faisait déjà l'objet de demandes en mariage à transmettre à ses parents, qui les rejetaient sans même les prendre en considération.

Mais le temps de l'amour n'était pas encore arrivé. Car si la jeune fille vivait dans un monde composé de détails, d'inventions et de suppositions sur la couleur d'une cravate ou sur l'angle d'un regard qui se ranimait chaque dimanche, l'image de l'amour romantique disparaissait derrière la barbe de sœur Giovanna ou les larmes provoquées par des rires excessifs.

Quand elle regagna le pensionnat à la fin de l'été qui avait suivi la seconde, Gioia était devenue une femme. Elle arborait des seins ronds qui tenaient dans

1. Giacomo Leopardi, Chants, XXI, « À Silvia », traduction de Michel Orcel, Aubier, 1995.

la paume de la main. Sa taille avait minci et ses hanches s'étaient élargies. Ses lèvres étaient charnues et plus rouges, ses cheveux brillants, ses yeux étincelaient comme lorsqu'on a de la fièvre. Effectivement, elle aimait d'un amour partagé le fiancé de sa sœur.

L'éloignement qu'avait voulu sa mère n'avait fait que décupler les sentiments.

Face à cette adolescente en pleine floraison qui ignorait les effets dévastateurs de son charme naissant exercé sans discrimination, Eugenio Capece, baron de Nardò, n'avait pu mettre en pratique les défenses que le calcul et le raisonnement lui avaient fournies. Il s'était abandonné à un délire de concupiscence qui lui brouillait les idées. Au début, Gioia s'en était amusée, puis elle avait reconnu le pressentiment d'amour qu'elle avait soigneusement cultivé au cours de ces années, ce chagrin absolu, cet exil et cette patrie qui n'attendaient qu'une occasion pour exister. Elle était allée au-devant du tourment auquel elle se sentait destinée.

Ils n'avaient pas échangé un mot pendant l'été : juste une myriade de regards. Gioia avait grandi, atteignant sa taille définitive, qui était à peine tolérable pour une jeune fille de cette époque. Chaque fois qu'elle passait devant lui, le baron en avait le souffle coupé.

Il attendit la fin février, un février pluvieux et froid, particulièrement maussade, pour parcourir la route de Lecce à Monopoli et provoquer un de ces tournants miraculeux que l'amour produit chaque fois qu'il touche au désespoir, apparaître sur le Corso Vittorio un dimanche à dix heures, parmi les clients du Gran Caffè, le cœur battant, les yeux brillants et le front moite. À sa vue, Gioia sentit qu'un gouffre s'ouvrait sous ses pieds et, après un instant d'hésitation, elle s'y jeta la tête la première.

Alba avait encore le buste aussi plat que celui des oiseaux, elle aimait les histoires et riait. Elle passa des soirées entières avec sa camarade à contempler les photos du jeune homme aux cheveux noirs et aux yeux clairs, à bâtir des hypothèses à son sujet, à écouter le récit des mêmes épisodes à l'infini. Les lettres – niaises et passionnées – n'arrivèrent que les années suivantes, avec la complicité du garçon laitier.

L'amour que Gioia éprouvait pour le baron connut des oasis, des trêves, des crises de désespoir. Alba n'eut pas besoin de tomber amoureuse, puisque son amie l'était. Elle se blottit dans cette passion infinie et savoura ses reflets. Elle conserva sa froideur et établit des équations sublimes, qui bouleversèrent Mlle Invernusi, le professeur de mathématiques.

Gioia était en classe de terminale quand elle se querella avec son amoureux. Pendant plusieurs mois, il n'y eut plus de contacts entre eux. Elle confia à Alba qu'elle se sentait libérée et l'invita à passer l'été à Santa Cesarea. Elle lui montra une photo de sa villa de style mauresque et lui décrivit les jardins de pins maritimes qui descendaient vers la mer, les mûriers, les câpriers et surtout les jasmins que les femmes glissaient par poignées sous leurs vêtements. Elle lui parla des bals, des gâteaux aux amandes et de ses cousins débauchés – l'un d'entre eux lui plairait sûrement –, exhiba une photo où la famille était réunie. Il y avait là une trentaine d'individus qu'on distinguait à grand-peine, dont ce fameux cousin aux yeux d'un vert marin, alors âgé de treize ans et maintenant très beau, qui ne s'était pas présenté à un seul examen à l'Université, se contentant de jouer des tours hilarants, au grand désespoir de son père.

Gioia profitait de leurs moments de liberté pour instruire Alba. Elle lui apprit à danser la valse, art dans lequel la jeune fille finit par exceller grâce à sa légèreté et à son élégance. Elle lui conseilla certaines manières et attitudes, l'avertit qu'il conviendrait de se méfier de ses cousines, particulièrement envieuses et cancanières. Elle lui parla des amis de la famille, qu'elle jugeait ridicules, de ses parents et de leurs manies, de l'amour fanatique que sa mère portait aux vêtements, des chevaux, de sa monture préférée depuis l'enfance. Elle lui dit qu'elles s'amuseraient follement.

À Pâques, Alba obtint de ses parents l'autorisation de passer les vacances d'été chez son amie. Elle commanda à la couturière une robe copiée dans *Vogue*, lui fournissant un reste d'étoffe trouvé dans la boutique de son père, un taffetas bruissant couleur prune. La couturière fit de son mieux pour réaliser ce modèle compliqué et y parvint, mais la robe était si étroite qu'Alba devait retenir son souffle pour l'enfiler, en dépit de sa maigreur.

Sa fille l'exhumerait bien des années plus tard et, après avoir élargi la taille, l'arborerait à la fête de son seizième anniversaire, durant laquelle elle s'enivrerait de Fundador et donnerait son premier baiser à un garçon qu'elle n'avait jamais vu avant.

De retour au collège, après les vacances de Pâques, Alba et Gioia se mirent à compter les jours qui les séparaient de la fin de l'année scolaire. Mais un événement changea leur projet : l'amoureux de Gioia réapparut et la jeune fille renia sur-le-champ, sans la moindre honte, toutes ses bonnes intentions.

Grâce à la complicité d'Alba, elle réussit à s'éloigner pendant deux heures. Elle revint les joues rouges, les yeux limpides, affichant une expression extatique digne de sainte Thérèse, et relata longuement à son amie la perte de sa virginité. Si Alba jugea cette histoire répugnante, elle se garda bien de le dire. Mais par un fait mystérieux, l'histoire arriva aux oreilles des religieuses qui, avant le soir, en connaissaient à leur tour les multiples détails. Gioia fut enfermée au cabinet noir et on entendit cette nuit-là un grand remue-ménage. Le matin, la jeune fille n'était plus là. Ses affaires disparurent du dortoir sans aucune explication. Il fut interdit d'en parler, de mentionner son nom. Le bruit selon lequel elle était morte, comme l'adolescente dont certaines pensionnaires juraient avoir vu le fantôme transi errer dans les couloirs du Sacré-Cœur, commença à circuler.

Maria pleura longuement, en secret, sur les conséquences de sa délation, qu'elle n'aurait pas voulu aussi tragiques. Elle avait seulement désiré se réapproprier l'amie qui lui avait été soustraite. Mais elle n'y parvint pas : Alba continua de lui donner sa nourriture sans lui adresser la parole.

Quand Alba regagna Grottole, à la fin de sa scolarité, elle était une parfaite demoiselle. Elle se tenait à table le dos droit et les coudes collés au buste. Elle pelait pommes, pêches et oranges d'un seul tour de couteau, même si elle ne les mangeait pas. Elle buvait son bouillon sans bruit. Elle connaissait une quinzaine de mots français et nourrissait une nostalgie solennelle pour le parfum de jasmin de Gioia, sa voix mélodieuse et ses fades rêveries. L'ombre du pensionnat l'avait protégée contre la saleté de la vie. Elle emporta le souvenir de son amie, les numéros de *Vogue* qu'elle lui avait offerts et le regret de cet été qu'elles ne vécurent jamais ensemble. Elle retrouva la canicule et la puanteur de Grottole, ses maisons à la chaux écaillée, ses pavés glissants, sa boue et ses mouches. Et elle s'y adapta avec dégoût.

Sœur, ma sœur,
les tranche-tout *s'aiguisent,*
les tranche-tout *sont aiguisés*
et mon heure est arrivée.

16.

Une fenêtre claquait sur la grand-place de Montescaglioso. Un coup de bâton sur un autre bâton, et encore un, toum toum toum. Un sabot de cheval qui s'abat sur la terre. Et tac sur la terre, et tac sur la terre que nous avons ensemencée. Allez-vous-en ! Ils passent au galop sur le blé à peine levé et sur la tête de mon Francuzzo. J'avais bien dit que je ne devais pas y aller. Écarte-toi, amour de ta mère, ils te tueront, ils s'en moquent pas mal, ils te tueront. Les chevaux piétinent la terre de leurs sabots, je vois gicler le sang, comme celui de mon frère autrefois, écarte-toi, amour de ta mère, écarte-toi, amour de ta mère.

Cenzina se réveilla en nage et le cœur battant. Il faisait pourtant froid dans sa chambre. Près d'elle, Peppino, son mari, ronflait doucement. Le petit était calme dans son *berce-marmot*, mais ses deux frères, l'un à la tête du lit et l'autre au pied, ne cessaient de se tourner et de se retourner. Le rideau se mit à bouger – une chatte ou une poule sans doute.

Dehors, le jour ne s'était pas encore levé.

Il s'écoula un peu de temps avant que le cœur de Cenzina commence à s'apaiser. Quelle crétine tu fais, se dit-elle, te laisser aller à de mauvaises pensées au lieu de remercier le Père éternel…

Quelques jours plus tôt, en effet, la police s'était présentée aux Tre Confini alors qu'ils occupaient les terres des barons Lacava. Ils avaient eu l'audace de les labourer et de les ensemencer. Non seulement là, mais aussi à la Dogana del Conte Galante, à l'Imperatore, dans le domaine municipal, partout où il y avait de la terre inculte. Assez de blé pour nourrir la population de Montescaglioso, disait son mari. Il s'était inscrit au parti communiste, initiative que Cenzina avait d'abord accueillie avec des pleurs et des cris, avant de prendre sa carte, elle aussi.

Voilà pourquoi, le jour de la procession, elle se tenait au premier rang, avec Nunzia Suglia et Anna Avena. Une étrange procession sans prêtres ni saints. Un drapeau rouge fixé à une pioche. Et sur une bêche, une affichette qui, lui avait-on expliqué, parlait de la propriété privée. La police était repartie. Oui, elle avait reculé devant eux, les enfants, les femmes, les bouseux – c'était à ne pas y croire ! Cenzina se retourna sous l'édredon, sur les draps glacés, et se colla contre son mari en quête de chaleur. Et peut-être d'amour.

Ils le faisaient presque toujours à cette heure-là, un peu avant l'aube, quand les enfants dormaient d'un sommeil lourd, mais ils n'avaient plus le temps depuis l'occupation des terres. En cet instant précis, à cause de son cauchemar, ou peut-être de la satisfaction d'avoir échappé au pire, Cenzina avait envie de sentir sur son corps les mains de son mari. Or Peppino dormait profondément, épuisé par le travail de la journée précédente. Elle replongea donc dans le sommeil et dans les rêves. À présent, elle battait les matelas dans la maison de sa mère, toum, toum, toum, toum, toum. Soudain un coup de feu retentissait, puis un autre : son mari avait été fusillé sur la grand-place.

Cezina se réveilla en sursaut. Quelqu'un frappait à la porte. Peppino s'arracha lui aussi au sommeil et s'assit sur le lit en se demandant ce qui pouvait bien se passer : il entendait du bruit dehors.

Quand il ouvrit, un air glacial pénétra dans la maison avec une chatte, qui se glissa sous le lit ; dans son *berce-marmot*, le petit fondit en pleurs. La rue était noire de monde. Tonino Andriulli lui annonça que les membres du syndicat avaient été arrêtés. Peppino s'habilla en toute hâte. Tandis qu'il franchissait le seuil, Cenzina se lança à ses trousses en chemise de nuit, ébouriffée, non sans avoir saisi une pèlerine à jeter sur ses épaules.

Il lui enjoignit de rentrer en prétextant que le bébé s'égosillait, mais comment envisager cette hypothèse, après les mauvais rêves qu'elle avait faits ?

Le village était plongé dans l'obscurité, privé d'électricité, ainsi qu'on l'apprendrait plus tard, et, par surcroît, de lune. Cenzina mit donc un certain temps pour distinguer les camionnettes de la police. La foule, qui augmentait, la sépara soudain de son mari. Les gens criaient qu'il fallait libérer les prisonniers. Elle, elle jouait des coudes pour rejoindre Peppino.

Puis, brusquement, elle entendit des coups de feu. Elle comprit aussitôt. Giuseppe Novello, Peppino, son mari, avait été tué par une rafale de mitraillette. Il était âgé de trente-deux ans. Un accident. Un policier à bicyclette avait tiré sur la foule pour se frayer un chemin.

Rocco rentra avec le jour. Il se jeta habillé sur son lit et ne s'endormit pas avant midi. Sa mère le réveilla un peu plus tard : le déjeuner était prêt.

La nouvelle de la mort de Novello circulait déjà dans les villages, et Lucrezia déclara que pareil sort aurait pu lui échoir. Chaque fois qu'il sortait, ajouta-t-elle, elle mourait de peur.

Rocco était secrétaire de la section communiste de Grottole, dont le siège était situé à San Nicola, dans un sous-sol qui abritait aussi la Chambre du Travail. Le secrétaire de la Chambre du Travail – et au début son unique membre – n'était autre que Mimmo.

Ils s'étaient retrouvés au retour de Rocco, après la guerre. Mimmo enseignait l'italien au lycée de Matera ; Rocco avait demandé à être muté à l'école primaire de Grottole. Et si Mimmo était le seul à être allé au front, ils avaient tous deux l'impression d'être des vétérans.

Ils s'efforcèrent de se réhabituer au village, qui les accueillit laborieusement, se montrant tantôt trop étranger, tantôt trop familier. Comme autrefois, leur incertitude les réunissait, mais les années du séminaire semblaient très lointaines. Mimmo distingua dans les yeux de son ami une nuance de regret qu'il ne lui connaissait pas. Rocco ne mentionna pas Mara. Cependant, chaque fois qu'ils arpentaient la grand-place, il parlait à Mimmo avec ferveur des coopératives de Reggio Emilia, de la manière dont les paysans s'étaient organisés, de la conscience de classe et du parti communiste. Un reste de bonheur s'attardait dans ses yeux.

Mimmo et Rocco créèrent la section du Parti et mirent toute leur énergie à la développer. Ainsi, ils y demeuraient tard, le soir, aidaient les paysans dans les démarches qu'ils n'étaient pas capables d'entreprendre. Une demande de pension, une subvention de la coopérative, un subside de pauvreté.

Rocco les haranguait aussi sur les places des villages, leur donnait des cours du soir, prônait l'occupation des terres. À force de se démener, il balaya leur méfiance et attira de nombreux adhérents, pour la plupart des ouvriers agricoles. Parmi eux, on comptait aussi les frères de Mimmo.

La maison de Candida et de Colino se remplit donc de communistes. On ne parlait plus que de manifestations et de directives du Parti pendant les repas. Le *Manifeste* de Marx et Engels se nichait au milieu des pelotes de coton, sur la machine à coudre, et Candida le recouvrait furtivement chaque fois qu'elle passait à côté. À Pâques, don Arcangelo avait refusé de bénir la demeure. Derrière l'autel il condamnait, au point de s'empourprer, les méfaits du communisme, prononçait des noms et des prénoms, évoquait des visions apocalyptiques de chevaux bolcheviques qui s'abreuvaient à la fontaine du Vatican.

La situation n'enchantait guère Candida, qui reprochait à Rocco d'avoir entraîné ses fils sur le mauvais chemin, à commencer par Mimmo qui avait toujours été un naïf. Mais ses six garçons éclataient de rire, l'étreignaient et lui redisaient leur amour.

Colino se réfugiait dans sa surdité ouatée. Peu à peu, il déserta l'église pour la simple raison qu'il n'aimait pas qu'on dise du mal des membres de sa famille. Candida se résigna aussi, elle accepta le communisme de ses fils de même qu'elle avait accepté, quand ils étaient enfants, qu'ils s'égratignent les genoux et déchirent leurs pantalons.

L'hiver 1949 fut froid et plein d'espoir. La victoire de la démocratie chrétienne aux élections de 1948 avait accru la rage des militants, et l'occupation des terres se poursuivait en Basilicate. Au siège du Parti, les ouvriers agricoles murmuraient, un sourire rusé sur les lèvres : l'Moustachu va venir, Staline... Cette année-là, Mimmo organisa un bal chez ses parents à l'occasion du carnaval.

Officiellement, il s'agissait de fêter la réussite de l'occupation des terres. Mis au pied du mur, le gouvernement De Gasperi avait décidé d'attribuer les champs incultes aux ouvriers agricoles, ce qui serait officiel l'année suivante.

En réalité, c'était pour Mimmo l'occasion de mener à bien deux projets secrets. Mais un seul fut couronné de succès.

La famille au grand complet participa à la fête, y compris Alba, qui était rentrée du pensionnat l'été précédent. Ce fut sa première apparition en public. Pendant des mois, elle était restée cloîtrée, refusant d'aller se promener derrière le mur avec les filles de son âge. Elle passait ses journées dans la chambre située sous la *survoûte* qu'elle partageait avec sa grand-mère Albina, devenue une vieille dame bienveillante et souriante, et semblait se plaire dans la compagnie des portraits des défunts ornés de lumignons. Elle feuilletait les numéros de *Vogue* qu'elle avait rapportés du pensionnat et qu'elle connaissait désormais par cœur. Elle consacrait le reste du temps à la trigonométrie.

Un jour, elle rejoignit à la cuisine sa mère qui, agenouillée sur le foyer, agitait les marmites pour retourner les pois chiches, et lui dit à brûle-pourpoint qu'elle n'entendait pas se marier. Elle voulait s'inscrire à l'Université. Faculté de mathématiques.

Candida fut abasourdie. Une fille à l'Université... Tu as perdu la boule, ou quoi ? Cependant, tandis qu'elle disait ce qu'il convenait de dire – à savoir de ne répéter ces propos à personne, pas même pour plaisanter, parce qu'ils n'avaient ni queue ni tête et qu'on la prendrait pour une folle ou pour une putain –, l'idée la séduisit à son insu, réveillant son vieil amour pour l'innovation. Leur famille serait la première du village à payer des études supérieures à une fille ! Alba lui montra la lettre signée du professeur Rosa Invernusi. L'enseignante y avait écrit que Fortunato Alba excellait dans les mathématiques et recommandait qu'elle poursuive ses études.

Excellait, un bien beau mot...

Candida en parla à son mari. L'Université ! s'écria-t-elle pour qu'il entende, mais pas trop fort quand même. Colino songea que c'était encore une bizarrerie de sa femme et préféra ne pas se poser de questions. Il accepta donc sans réserve.

La famille commentait cette décision. Mimmo avait lu quelques années plus tôt dans *Avanguardia Proletaria* le discours de Togliatti sur le retard traditionnel des masses féminines, surtout dans le sud de l'Italie, et sur la nécessité de les émanciper, et ce discours lui avait plu, mais que sa sœur allât à l'Université, voilà qui était trop fort. Il pensa que, en qualité de frère aîné, il avait le devoir de la décourager, pour son bien. Il s'efforça de lui illustrer le ridicule dont elle se couvrirait par un choix aussi hasardeux. Telle était la situation au moment de la fête.

Alba participa au bal dans la robe de taffetas couleur prune qu'elle s'était fait confectionner l'année précédente en prévision des vacances dans la villa de Gioia. Cette robe la serrait plus que jamais et lui coupait le souffle, mais elle mettait en valeur sa poitrine opulente et sa taille de guêpe, la plus fine qu'on eût jamais vue à Grottole.

Elle s'était assise dans un coin de la pièce, d'où elle regardait d'un air hargneux les couples danser la tarentelle. Elle avait dansé une fois, pour la forme, avec son frère Mimmo, qui n'avait cessé de lui écraser les pieds, puis elle avait refusé les invitations. Elle craignait que les jeunes villageois ne lui soufflent sur le visage leur haleine imprégnée d'ail et d'oignon en sautillant dans cette danse de sauvages.

À peine commencée, la fête battait déjà son plein, ravissant certains et en tourmentant d'autres, décevant des attentes et administrant des surprises, insufflant plus de rapidité aux regards qu'aux pieds, et aux pensées qu'au reste. Il y avait, parmi les jeunes filles, une maîtresse d'école que Candida hébergeait.

Depuis qu'elle s'était vue obligée de payer les études de ses enfants, Candida avait repris l'habitude, inaugurée avec Cicia, d'accueillir des pensionnaires originaires du nord de l'Italie. Ces jeunes institutrices à l'air penaud et hautain de reines détrônées remplissaient les pièces de leur accent étranger et parfois du parfum à bon marché dont elles s'inondaient. Elles s'épilaient les jambes et les aisselles, ce qui poussait les villageoises à bâtir d'étranges conjonctures et à conclure avec une jalousie mal dissimulée qu'il s'agissait d'une coutume de prostituées.

Les premiers temps, les étrangères restaient enfermées dans leurs chambres, même à l'heure des repas, s'efforçant d'éviter la population locale. Quand elles se décidaient enfin à s'asseoir à la table commune, elles découvraient la rude gaieté des six fils de la famille, leurs yeux de velours noir, leurs épaules robustes et le parfum de propreté de leurs chemises repassées au fer à charbon de bois. Aussitôt, elles retrouvaient le sourire.

En l'espace d'une semaine, Mimmo s'en éprenait éperdument. Peu importait qu'elles fussent laides ou belles, petites ou grandes, jeunes ou d'un certain âge. Il devinait en chacune d'elles – quand elles ne possédaient pas de grands attraits physiques – une âme sensible et un cœur délicat, qu'il décrivait à Rocco avec transport pendant qu'ils arpentaient la grand-place, dans les moments de liberté que leur laissait leur activité politique.

C'était également le laps de temps qu'il fallait aux pensionnaires pour s'enticher de Vincenzo. Certes, le jeune homme ne composait pas de poèmes en leur honneur contrairement à Mimmo, il n'était pas beau comme Cataldo, pas aussi affectueux et serviable que Francesco, et pourtant, du fait de ces lacunes peut-être, elles le trouvaient irrésistible. Il lui suffisait d'un regard en coin pour les séduire, et quand Mimmo se décidait enfin, au terme de mille hésitations, à déclarer sa flamme, Vincenzo avait déjà couché avec elles et les avait abandonnées.

Alors, Mimmo se transformait en confident,

accueillant les peines d'amour. Candida était exaspérée par ces histoires, elle prenait bientôt en grippe non seulement la pensionnaire échaudée, mais aussi Vincenzo et plus encore Mimmo. Elle poussait la première au départ et préparait l'arrivée de sa remplaçante. Ce jour-là, elle hébergeait une fille de Pesaro dénommée Guglielmina aux cheveux ondulés et aux chevilles de carabinier, à qui Mimmo consacrait des vers d'une tendresse enflammée. Était également présente Clelia, la fille de Cicia, la première pensionnaire de Candida qui n'avait jamais cessé d'entretenir avec elle des liens de grande amitié, lui écrivant une fois par semaine.

Les deux femmes ne s'étaient plus revues, mais Clelia passait depuis l'enfance chaque été chez Candida, libérant provisoirement sa mère de son fardeau. C'était une blondinette à l'air insignifiant et aux yeux céruléens dont la présence n'avait rien de marquant. Elle rasait les murs, ne parlait qu'une fois interrogée et se contentait de répéter les opinions des autres. Elle arborait les robes austères à manches trois-quarts que lui imposait son père militaire, ainsi qu'une coiffure depuis longtemps démodée, deux tresses fixées autour de la tête. Malgré ses seize ans, elle avait le buste plat et un air de fillette qui ne grandirait jamais.

Sans doute mue par l'amitié qu'elle avait partagée avec Cicia, par le souvenir de ses yeux scintillants et des rires qui éclataient entre leurs dents serrées, Candida nourrissait pour Clelia un amour immodéré. Elle reversait sur la fille de son amie la tendresse qu'elle n'avait pas été capable de manifester à la sienne. Elle était toujours prête à justifier ses actes et chantait ses louanges pour rien. Elle la couvrait de cajoleries qui irritaient Alba, de plus en plus habitée par des désirs de vengeance. De fait, la jeune fille profitait de toutes les occasions pour vexer sa rivale et l'humilier, s'exposant à la fureur de Candida qui se hâtait de consoler la chattemite par des baisers et des minauderies qui avaient le don d'exaspérer davantage sa fille.

Clelia adorait Vincenzo depuis l'époque où – elle, enfant, et lui, adolescent – ils se caressaient dans les recoins sombres pendant les parties de cache-cache. Et Vincenzo partageait volontiers, entre chaque aventure, cet amour sans exigence qui l'accompagnait au fil du temps.

Mais ce soir-là, Vincenzo n'avait d'yeux que pour Guglielmina. Les deux jeunes gens dansèrent ensemble une polka et une mazurka, puis s'éclipsèrent. Tandis que Mimmo les regardait partir, la mort dans l'âme, Clelia se résigna à faire tapisserie sans laisser transparaître sa déception, d'autant plus que personne ne s'en souciait.

Elle n'était pas la seule à ne pas danser. Dans un coin de la pièce, Rocco discutait gravement de politique, malgré le vacarme ambiant, sans prêter attention aux couples qui virevoltaient devant lui et, parfois, lui écrasaient les pieds. Il évoquait la nécessité de créer des coopératives pour travailler les terres qu'on obtiendrait. Le Parti devait adopter dans ce domaine un rôle de guide et ne pas se limiter aux batailles de la conquête. À Reggio Emilia, bon sang, les coopératives fonctionnaient ! Il fallait battre en brèche l'étroitesse d'esprit, l'individualisme, qui caractérisaient le sud de l'Italie. Rénover l'agriculture, cultiver la terre selon un système de rotation, et pas seulement en y plantant du blé qui appauvrit le sol.

Et puis, dans le Nord, en Émilie, on vivait à la campagne…

Les jeunes gens l'écoutaient respectueusement à tour de rôle : c'était le maître, il tenait des propos importants qu'ils avaient parfois du mal à comprendre, bannissait de ses discours le dialecte et les jurons. Enflammé par ses idées, Rocco ne s'apercevait pas que ses interlocuteurs se succédaient. Il observait une pause puis reprenait son discours là où il l'avait interrompu.

Quand Bruno Arpaia se fut lassé de jouer de l'orgue de Barbarie, Mimmo actionna le vieux gramophone. Pour épancher sa déception, il tourna la manivelle avec zèle et choisit une valse. Seuls les garçons qui avaient fait leur service militaire connaissaient cette danse. La plupart des invités échauffés en profitèrent donc pour aller boire un verre ou manger un *tarallo*.

Au bout de quelques instants, les notes de la valse s'insinuèrent dans les analyses politiques de Rocco. Comme elles lui apportaient une vague de souvenirs à la fois agréables et douloureux, il abandonna ses discours sur l'instruction obligatoire et chercha une issue du regard.

Il aperçut Alba, assise contre le mur. Soudain, il se rendit compte que la sœur de Mimmo avait grandi. Il ne l'avait pas vue depuis le jour où, gamine, elle avait dessiné de ses dents pointues une montre emperlée de sang sur son bras. Il lui proposa de danser.

Il formula son invitation dans un italien parfait, raison pour laquelle, peut-être, Alba accepta. En réalité, elle l'avait remarqué depuis le début de la soirée et l'avait jugé plutôt distingué. Il passa le bras autour de sa taille, qu'elle avait très fine, et posa sa main ouverte au bas de son dos. Ils commencèrent à tournoyer, glissant légèrement parmi les couples empotés.

Tandis qu'ils dansaient, Rocco raconta à Alba le voyage qu'il avait effectué à Paris quelque temps plus tôt avec son frère Mimmo afin de tenir la promesse qu'ils s'étaient faite dans leur adolescence. Trois jours de route à bord d'un car et trois jours de *grandeur** dans la capitale. Ils avaient vu la tour Eiffel. « *Coupée, coupée** », avait dit un monsieur avec un geste du tranchant de la main, quand ils avaient demandé dans un mauvais français où se trouvait la Bastille. Paris. La ville de *Vogue*...

Alba était plus silencieuse. Elle déclara d'une voix timide qu'elle avait fréquenté un pensionnat et qu'elle aimait les mathématiques. Rocco n'y accorda pas d'importance : sa légèreté le bouleversait.

Pendant ce temps, Mimmo tournait la manivelle, satisfait. Les autres couples cessèrent peu à peu de danser et s'immobilisèrent pour les regarder.

Un deux trois...

Comme elle était féminine...

Un deux trois...

Il avait l'impression de tenir un objet fragile et précieux entre les mains.

Un deux trois...

Était-ce là ce dont elles avaient tant parlé ? Était-ce donc l'amour ?

Un deux trois...

L'étrangeté parfaite de son monde le captiva.

Un deux trois...

Il était allé à Paris. La ville de *Vogue*.

Sur les murs, les pots de fleurs se mettent à tourner. En 1950, la loi provisoire n° 845/50 distribue des terres dans les communes de Montescaglioso, Irsina et Grottole.

Les pieds se croisent, le rêve de Rocco se réalise : l'État bâtit des fermes sur les domaines attribués, mais les paysans refusent de quitter les villages et continuent de planter du blé.

De la poussière s'élève. Une âme inquiète parcourt le sud de l'Italie en éveillant des soupçons de toutes parts : Adriano Olivetti[1]. Il fait chaud. Olivetti finance une communauté modèle à Corleto Perticara. Il achète des outils, salarie des travailleurs, construit des routes.

L'air est tiède, humide, irrespirable, et sa robe la serre. Olivetti a suspendu ses financements, la coopérative peut désormais devenir autonome. « Travailler sans être payé ? J'suis tout d'même pas crétin ! » Les ouvriers agricoles font la sourde oreille. En 1956, Rocco quitte le parti communiste et entreprend d'administrer le centre Communauté de Grottole, qui prête des livres aux paysans. Pendant les premières années de son mariage, il consacre son temps libre à cette activité.

Un deux trois…

Mais pourquoi n'est-ce jamais propre ?

Le temps presse. Olivetti entre en politique, contrarié par le parti communiste. La Communauté est déserte. Les mauvaises herbes poussent à Corleto Perticara.

Un deux trois…

1. Directeur de l'entreprise du même nom, ingénieur et homme politique (1901-1960), il élabora une conception de l'État fondée sur les communautés, unités territoriales culturellement homogènes et autonomes sur le plan économique.

Les terres que la réforme foncière a attribuées sont presque toutes abandonnées : les paysans ont choisi d'être désormais ouvriers dans les usines de Turin et en Suisse, ou mineurs en Belgique et en France. Adriano Olivetti meurt seul dans le train qui le conduit en Suisse.

Temps et contretemps. Deux et trois. Deux et trois. Un deux. Mara s'éloigne, enveloppée dans son manteau. Un nouveau transport surgit, une passion affligée, mélange d'incompréhension et de tromperie. Une différence irréductible : les hanches d'Alba sont anguleuses, ses os pointus, sa poitrine opulente, elle a une taille de guêpe et un long cou, des yeux aussi brillants que du charbon.

Tu te lances dans des amours faciles et alléchants qui ne te laissent aucun souvenir parce qu'elles ne t'appartiennent pas. Au bout du compte, cet amour lancinant se révèle le plus fort. Comment parviens-tu à aimer ce qui te fait souffrir ? Sans doute le peux-tu, si cette chose t'appartient et si tu lui appartiens, mais tu essaies d'abord de te dérober de toutes les manières possibles. Comment ne pas aimer ce qui t'a mis au monde ?

La valse tourbillonnait. Rocco pressait Alba contre sa poitrine et virevoltait, tandis que son cœur lourd s'apaisait dans la danse. Alba suivait le rythme, le souffle coupé. Tel était peut-être l'amour dont parlaient ses camarades et Gioia pendant la récréation, l'amour qui finirait par arriver à chacune d'elles, le grand rendez-vous, celui qu'on reconnaît au premier coup d'œil sans risquer de se tromper, qui vous prend, vous soulève, oui, c'était peut-être ça, l'amour qui vous coupe le souffle. Sa robe la serrait, sa tête lui tournait, et la pièce autour avec ; les pots de fleurs que son arrière-grand-père avait fait peindre sur les murs giclaient, dessinant des traînées de couleur pistache et cyclamen, puis soudain ce fut le noir.

Alba abandonnée et aussi légère qu'une poupée de chiffon dans ses bras, Rocco décida qu'il demanderait sa main.

Au milieu de cette place,
Se trouve un lièvre fou…

17.

La grossesse d'Alba se déroula dans un demi-sommeil peuplé de rêves et d'hallucinations. Dès le deuxième mois, le médecin lui ordonna de s'aliter si elle voulait, cette fois, avoir une chance de garder son enfant ; il fallut bien obtempérer. Elle passait ses journées allongée dans la pénombre, savourant la fraîcheur des draps fins que sa mère lui changeait chaque jour, sentant sa peau se tendre sur ses os fragiles. Sous les coups de ce séisme intérieur, ses quelques forces s'épuisaient, et il arrivait à sa conscience de battre en retraite. Les membres de son entourage prenaient ces absences pour un signe de docilité dû à son état et s'efforçaient de lui éviter la moindre secousse.

La maison était plongée dans un silence irréel. Rocco lui-même en était banni. Lorsqu'il venait saluer son épouse ou chercher des vêtements propres, il devait se déplacer sur la pointe des pieds et subir, à chaque faux pas, les réprimandes des femmes qui occupaient les lieux. Sa mère Lucrezia, sa belle-mère Candida, ses belles-sœurs Ninetta et Clelia traversaient les pièces en chuchotant avec le même air pénétré que les *sorcelleuses*. Elles empêchaient le soleil de s'infiltrer entre ces murs et préparaient des bouillons concentrés, de véritables potions magiques : des jus de pigeonneau, de dinde, d'oisillons à peine arrachés au nid.

Le soir, Rocco allait dîner chez sa mère, qui avait enfin l'opportunité de se le rapproprier. Ils gardaient le silence pendant le repas ; seule Lucrezia déclarait de temps à autre que, si, avec un peu de chance, elle menait sa grossesse à terme, Alba ne serait jamais en mesure d'allaiter le nouveau-né. Il importait de chercher une nourrice… Rocco l'écoutait distraitement et lui répondait par monosyllabes.

Alba rêvait. De lumières colorées dont elle ignorait l'existence. Son corps enflait, se transformait en montgolfière et s'élevait au-dessus des collines de Grottole, tandis que les habitants accouraient pour l'observer et la saluaient d'un geste de la main. Elle rêvait qu'elle rapetissait et atteignait la taille d'un pois chiche, qu'elle s'embarquait sur une coquille de noix, comme les petits personnages des fables, connaissait des aventures et des mésaventures. Elle rêvait de l'être qui se trouvait en elle, le voyant chaque fois apparaître sous une forme différente : un poisson, un dinosaure ou l'un de ces animaux préhistoriques qui illustraient ses livres de classe. Mais aussi un singe ou une magnifique fillette. Alba s'efforçait de parler à cet être, en vain. Rien au monde ne lui était plus étranger que ce qui poussait en elle.

L'être rêvait, lui aussi. De déserts et de sécheresse. De la mer qui s'ouvrait pour le laisser passer. De montagnes qui s'effondraient sous ses pas. De marais qui essayaient de l'engloutir. De passages de la lumière à l'ombre et de l'ombre à la lumière. De tout, parce qu'il désirait exister.

Il rêvait d'une faim qui dévorait le monde entier. D'un voyage à la recherche de nourriture. D'une terre nouvelle. La peur de ne pas avoir assez à manger, de s'affaiblir et de mourir l'envahissait. Son rêve se concluait ainsi, en cauchemar. Il suçait le sang de sa mère.

Parfois, il se sentait si las qu'il aurait aimé se rétracter et s'enfoncer dans les cloisons de chair douce qui l'enveloppaient. Il aurait souhaité former de nouveau une entité indestructible avec elles. Mais c'était impossible, il fallait qu'ils se séparent. Alors, à son insu, il en voulait à ce milieu qui le nourrissait et le repoussait, il en voulait à sa mère. Une légère rancœur grandissait en lui.

Il y avait, dans ces longs sommeils peuplés de songes qui l'occupaient au point de l'épuiser, une femme pleine de rage et d'impuissance qui l'inquiétait. Il y avait un homme effrayé qui dissimulait sa peur derrière le silence et ne savait plus qui il était. Il y avait un rire qui éclatait en sourdine, semblable aux orages de l'été, puis qui explosait, puissant et riche. Il y avait le vent. Une brise légère, printanière, qui pouvait se faire brusquement sèche, cinglante, et défeuiller les arbres. Il y avait une jalousie teigneuse, si grande qu'elle exigeait une occasion pour se ranimer. Il y avait une mansuétude bovine, une mélancolie poignante, des yeux d'hommes et de femmes, des phrases incompréhensibles. C'était une musique qui se cherchait et se décomposait, une mélodie à peine ébauchée, que Gioia irradierait sur son passage, attirant vers elle les têtes des maçons perchés sur les échafaudages, un air qui reviendrait à l'esprit de ceux qui la revoyaient après l'avoir oubliée.

Certaines images s'imposaient avec évidence. Des scènes de la vie d'hommes et de femmes. Une fille qui en embrasse une autre, plus jeune, en cachette. La porte s'ouvre. Une fillette gourmande se rend à la cuisine pendant la nuit et mange jusqu'à s'en faire éclater des *manteche*, des saucisses, des têtes roulées. Puis, pour ne pas se trahir, elle remplace les aliments volés par d'autres, puisés dans le garde-manger.

Un homme doit traverser la mer. L'être ignore ce qu'est la mer, mais il sait ce qu'est la peur. C'est le sentiment qu'il éprouve face à l'inconnu qui l'attend.

Il sent un goût de citron. Il ignore ce qu'est le citron, mais ce qui est amer ne lui est pas inconnu. Il est habitué au renoncement et à l'abandon, au désir et à la volonté.

Il pourrait être d'innombrables objets ou personnages, mais tous sont des leurres. Ses cellules se dédoublent et se reproduisent, les rêves de sa mère l'envahissent.

Il est soudain un singe qu'un Hollandais capture dans la brousse. Un Anglais l'importe ensuite d'Afrique pour l'exhiber dans les théâtres londoniens dans l'uniforme de la reine Victoria. Puis un professeur d'université l'achète dans l'intention de l'étudier, s'éprend de lui, et le singe prisonnier expérimente l'amour et la tendresse.

Un rêve farfelu, inutile, puisque ce n'est pas le destin de l'être humain. Et pourtant, il conserve en lui ces impressions, ne serait-ce que le sentiment d'une possibilité perdue.

La route menant à son identité est un labyrinthe

regorgeant de chemins qui ne mènent nulle part. Autant d'incarnations possibles, d'approximations plus ou moins précises. Mais ce qu'il n'est pas, lui appartient aussi. Il apprend à se connaître par défaut. L'identité d'une personne, c'est ce que les autres ne sont pas. Parfois, en revanche, il lui semble qu'il n'y a pas de différence criante. Des formes de la même matière. En fin de compte les dissemblances sont négligeables.

Soudain il rêve d'horreurs sans lesquelles il ne peut exister, il voit des exterminations, des destructions. Ces exactions monstrueuses se reproduisent à travers les lieux et les époques. Il en est tout à la fois la victime et le bourreau.

Patiemment, il donne forme aux questions qui se présenteront à lui au cours des années à venir. Des questions auxquelles il ne trouvera pas toujours de réponse.

Il sait beaucoup de choses qu'il oubliera à sa naissance. Une immense terreur, une tourmente, une lutte extrême pour la survie, à laquelle seule la vie peut opposer une résistance.

Parfois, un grand froid le saisit. Un sentiment de vide, de nullité, d'inexistence. Il ressemble à un escargot qui rentre dans sa coquille, veut cesser d'être là, ou exister ailleurs. Mais exister ailleurs signifie ne pas exister. Il doit accepter ce qu'il est.

Alba se retourne dans son lit, le front emperlé de sueur, effrayée. Une autre menace de fausse couche. Déjouée.

Les heures passent, lentes et vides, dans la chambre.

Alba germe.

L'être germe. Il vit comme les plantes.

Il entreprend le voyage avant l'heure.

L'endroit qu'il habite lui est devenu insupportable, l'amour qui le nourrit l'étouffe. Il est trop grand ou trop petit, c'est un amour pernicieux, empoisonné, auquel il entend se soustraire.

La terre se dérobe sous ses pieds. Un gouffre épouvantable, un affaissement qu'il n'oubliera jamais.

Le 15 août, Alba ressentit les premières douleurs. Elle perdit les eaux deux semaines avant le terme, au moment où la procession de l'Assomption défilait sur la Via Nuova. Et vive Mariiie, vive Mariiie. Vive Mariiie et celui qui la créaaaa. La litanie des femmes s'élevait dans la lumière éblouissante.

Chez sa mère, on dressait la table pour le déjeuner. Des œufs durs et de la saucisse en entrée.

Ce fut Clelia qui l'assista. Elle avait récemment passé le concours d'obstétricienne et exerçait à Grottole. Se précipiter à l'hôpital de Matera, ce jour-là, eût été inutile.

Clelia, Clelia, chattemite.

La fillette était recroquevillée dans une position étrange. On aurait dit un petit animal qui ne veut pas être débusqué.

Cleliacrétineincapable. Écarte tes mains, tes mains de salamandre. Laisse-moi, ne me touche pas.

Clelia mit la fillette au monde. C'était la première fois qu'elle le faisait. Ses mains tremblaient et elle transpirait plus que la parturiente. C'est ainsi que Gioia se retrouva avec une luxation à la hanche qui l'accompagnera pendant ses premières années. Alba eut enfin une bonne raison de haïr sa belle-sœur.

18.

Prends ça. Engloutis. Avale. Une autre, la dernière. Cette cuillerée et c'est tout… Deux jours qu'elle ne mange pas, quelle damnation ! Elle mâche, mâche puis recrache. Cela fait peine à voir. Armée d'une cuiller, Alba se penchait, désespérée, sur sa fille qui la regardait, une boule de nourriture dans la bouche ; avec ses joues gonflées, elle ressemblait à un hamster. Bois un peu d'eau, et avale. Moi aussi, je passais des journées entières le ventre vide, quand j'étais petite. Moins je mangeais, moins j'avais d'appétit… Elle mourra de faim. Alba maigrissait à vue d'œil, desséchée par le tourment de son entreprise impossible, dans la fumée du bouillon aux *anellini* et des biftecks sur la plaque, mixant soles, extrayant le nectar du bœuf maigre, introduisant en traître des bananes râpées dans le jus d'orange. Quand on voit leurs jumeaux… ils sont si affamés qu'ils seraient capables de me manger, avec leurs visages blanc et rose… que Dieu les bénisse… Ils dévorent jusqu'au pain sec, ils voient des manteche dans leur sommeil et se jettent sur la viande, on dirait des loups ! Quelle chance ils ont ! Oh Seigneur ! Moi la viande me fait horreur, et à ma fille encore plus, elle ne veut rien entendre ; j'étais pareille quand j'étais petite, j'ai l'impression que c'était hier, moins je mangeais, moins j'avais d'appétit. Elle mourra de faim, la petite. Elle est trop maigre comme sa mère, qu'est-ce que je t'avais dit ? Qu'est-ce que tu pouvais attendre d'une épouse pareille ? Elle a le ver solitaire et la petite, m'a-t-on dit, ne mange rien. Ce n'est pas vrai ; je lui ai apporté des œufs frais, elle n'en a pas voulu, mais elle a sa bouillie à elle, sa nourriture homogénéisée, sa semoule, sa crème de lait, moi, je n'y comprends rien. Ce qui est évident c'est qu'elle est trop maigre. Lucrezia se plaignait à son fils.

Malgré son manque d'appétit, Gioia grandissait, vive et polissonne. Perchée sur son trône – sa chaise haute –, elle regardait la famille, la grand-mère, les tantes et les cousins défiler devant elle en arborant des déguisements, en faisant de drôles de grimaces, ou en effectuant des tours de prestidigitation infaillibles : le mouchoir de Mammalina en forme de souris qui s'animait soudain et filait le long de l'avant-bras, le nez coupé pour rire qui se contorsionnait entre majeur et index, la pièce de monnaie qui disparaissait et réapparaissait dans le poing fermé, le lièvre fou sur une grand-place qui n'était autre que la paume d'une main.

Sa mère l'avait appelée Gioia contre la volonté de tous, en souvenir de son ancienne amie et en signe de suprême distinction, car elle ne voulait pas que sa fille se mêle aux gamines du village. La fillette avait également hérité de son amie, lui semblait-il, le roux qui enflammait ses cheveux sous le soleil, au mépris des reflets de sa grand-tante Angelica, invisibles sur les photos, et de sa ressemblance indéniable avec sa grand-mère Lucrezia, dont elle aurait dû porter le prénom.

Photographie de Gioia à l'école maternelle : tablier propre et parfaitement repassé, col amidonné et une bouille de coquine, cheveux rassemblés en deux couettes et tellement tirés qu'ils semblent lui arracher le cuir chevelu. Autour d'elle, des fillettes aux tignasses parsemées de lentes de poux, aux yeux de travers et aux oreilles décollées.

Quand Gioia eut un peu grandi, sa grand-mère Lucrezia lui rapporta de la campagne des hirondelles auxquelles elle avait coupé ailes et bec. Elle les attachait à la balustrade du balcon afin que l'enfant ait plaisir à les voir se déplacer, dépaysées et maladroites, s'efforçant en vain de s'envoler. Au mois d'août, elle lui offrait des cigales, qu'il fallait coiffer d'un verre. Elles chantaient puis mouraient, asphyxiées. Et les lucioles, sur sa table de nuit, répandaient dans la pénombre une fragile lumière verdâtre.

À l'âge de quatre ans, Gioia tua une hirondelle à coups d'ongles. Sa mère la surprit en train de la déchiqueter. Elle poussa des cris d'horreur : Je viens juste de te mettre une robe propre !

Les après-midi de printemps, lorsque le soleil était chaud et l'air encore mordant, Alba passait à Gioia des petites robes blanches brodées et amidonnées, et l'emmenait se promener derrière le mur. Elle retrouvait là son amie Ginetta, elle aussi desséchée par les efforts de la maternité. Dans la rue, les passants s'arrêtaient pour saluer Gioia. La petite demoiselle, la princesse… Les grosses dames lui collaient sur les joues des baisers poisseux qu'elle nettoyait furtivement d'un geste de la main. Mais les baisers qu'elle détestait le plus étaient ceux de sa grand-mère Lucrezia. Des baisers voraces, répétitifs, qui lui donnaient l'horrible impression que son aïeule voulait la manger toute crue.

Quand Luigino la Cheminée l'attrapait, il l'emmenait dans sa boucherie. Sur le sol, des flaques de sang. Pendus à des crochets, des animaux ouverts. Des *cabesses* d'agneau aux yeux devenus vitreux de peur. Il lui offrait un bonbon emballé dans du papier d'argent qui éclatait quand on le jetait par terre. Elle le mangeait avec un peu de dégoût. Donne-lui un baiser. Sa peau sombre sentait le sang.

Gioia dans le métro. Elle est assise alors que les passagers accrochés aux poignées se balancent dangereusement, risquant à chaque secousse de s'effondrer sur elle. Il y a là une dame de couleur à la robe voyante et un bébé joufflu dans un sac-kangourou. Deux jeunes Arabes. Trois Chinois. Gioia n'y prête pas attention. Elle fixe un point au loin, à des années-lumière de cette foule. Un mendiant entre. Sérieuse, Gioia regarde un point inexistant placé devant ses yeux, ainsi qu'elle l'a appris. Elle habite la capitale depuis longtemps. Elle n'a pas d'histoire. Personne, autour d'elle, n'a d'histoire.

Gioia courait dans la boutique de son grand-père. Elle se pesait sur la bascule et mesurait sa croissance, comme l'avaient fait avant ses oncles et ses tantes. Elle jouait avec les cristaux du sulfate de cuivre, les agitant avec une pelle, faisait couler entre ses mains des torrents de blé ou de lentilles, caressait les étoffes et fourrait le nez dans les trousseaux, qui n'étaient plus cousus main.

Les années soixante furent, à Grottole, l'âge d'or du trousseau.

En 1959, une bombe éclata dans la vallée du Basento : on avait découvert du méthane !

Pendant les forages, un jeune ingénieur turinois trouva un objet complètement noirci au Cugno del Ricco. Il ôta la terre qui le recouvrait. C'était une montre de gousset au boîtier en argent, orné de deux F gravés. À qui appartenait-elle et comment avait-elle échoué là ? Elle indiquait cinq heures et demie.

L'année suivante, cinquante-trois puits furent ouverts à Ferrandina, Salandra, Pomarico et Grottole. La dernière inauguration, à Grottole justement, donna lieu à une fête qui dura pendant une nuit entière. On y vit un orchestre, des saltimbanques et un cracheur de feu, mais la véritable attraction fut une flamme immense, qui jaillit dans le noir devant les yeux émerveillés des paysans. Dans sa lumière hésitante, nombre d'entre eux jurèrent qu'ils avaient vu la misère fuir enfin leurs terres, ainsi que le rapporta un reporter de la télévision venu commenter l'événement.

Les compagnies Pozzi, Agip et Anic s'installèrent sur place et engagèrent de la main-d'œuvre venant de la vallée du Basento. Par voie de conséquence, les terres obtenues avec la réforme agraire furent vite abandonnées… Pour la première fois dans le village, l'argent circula et les paysans promus au rang d'ouvriers l'investissaient promptement dans ce qui, à leurs yeux, symbolisait le mieux la continuité avec la descendance et le rêve d'un avenir meilleur : le trousseau, justement. Il y eut un engouement pour la confection, et la boutique de Colino se remplit de boîtes, qu'il rangeait sur les étagères. Il n'était plus nécessaire de coudre trois pièces de toile pour obtenir un grand drap : il était possible d'en acheter un tout fait aux dessins psychédéliques, coupé dans de nouveaux tissus lisses et tentateurs qui produisaient, en les frottant, un joyeux crépitement digne d'un feu d'artifice suivi d'étincelles. Ce fut aussi l'apparition au cours de ces années-là – tentatives avortées sur la voie de l'évolution – d'étoffes qui ne vécurent que le temps d'une saison ; des genres de satin ou de soie, dont les noms alléchants possédaient au moins un « y » et quelques effets collatéraux qui les éliminèrent à jamais du marché. Entre tous triompha le térylène. Il ne se froissait pas, était indestructible, inaltérable, du pétrole pur !

Le jour où la construction du méthanoduc commença, un cri s'éleva de la vallée du Basento : « Le méthane est à nous, vous ne pouvez pas nous l'enlever ! » Rocco se plaça à la tête de l'insurrection. On décida de séquestrer un technicien de la société nationale des méthanoducs, qu'on emmena manger à la trattoria de Sept-Caboches, dont il apprécia la cuisine, et qu'on libéra dans la soirée. Rocco paya l'addition de sa poche et insista pour que l'homme prenne aussi de la tarte, tandis qu'Alba, chez eux, frottait les carreaux de la salle de bains et cirait le parquet de la salle à manger. Cette fois, les insurgés obtinrent gain de cause.

Le défaut qu'elle avait à la hanche n'empêcha pas Gioia de participer aux jeux des autres enfants. Elle grattait la terre à la recherche de pierres étincelantes, se cachait, grimpait, allumait des feux. Elle s'aventurait partout, se montrant très téméraire, et, chaque fois qu'elle tombait, chantonnait pour s'empêcher de pleurer. Candida la consolait en branlant du chef : Quand donc te mettras-tu du plomb dans la tête, amour de ta grand-mère ?

Gioia mangeait des bananes. Qu'est-ce que c'est ? Une banane. Gioia mange la banane et jette la peau par terre. La fillette la ramasse. Et ça, tu ne le manges pas ? C'est bon. Des dents, elle racle l'intérieur.

Gioia était malade. Elle était enfermée à la maison comme dans une serre, à l'abri des courants d'air. Pour quelle raison tombe-t-elle toujours malade ? Un médecin blond à la barbe de Christ se présenta. Du lait et du miel. C'est tout ? Du lait et du miel, c'est bon pour la santé. Très bien. Miraculeux. Du lait et du miel contre la toux. Du lait et du miel contre le mal de ventre. Du lait et du miel contre le mal de dos. Étrange ! Il fut arrêté à Grassano parce qu'il n'était pas diplômé. Il était pourtant bien gentil et ses consultations ne coûtaient pas cher.

Au cours de cette période, des charrettes vinrent remplacer le cuivre par du plastique. Magnifique, le plastique ! Coloré, hygiénique. Jetons ce qui est vieux. Les *cuves-à-laver* en cuivre accrochées dans la cuisine. Les vieux meubles. Dehors. Nous voulons du plastique, du nylon, de la rayonne, du moplen. Nous voulons des usines. Clelia se coupa les cheveux et se fit une mise en plis.

Quand Gioia eut six ans, on lui enleva les amygdales : c'était un morceau de chair superflu dont la nature vous dotait par erreur, un nid à microbes, un foyer de grippes. Pour qu'elle oublie la brûlure, le masque avec l'*endormant* et la chaise à liens, Candida, sa grand-mère, lui raconta des fables pendant trois jours et trois nuits sans s'arrêter un instant.

Catarina Catarina damm la jamm co tutt'a scat'lina...

Caterina Caterina donne-moi la jambe avec toute la boîte. Encore. Ça suffit maintenant, je suis fatiguée. L'histoire des barils, c'est tout ! Bon, mais après on dort. Oui.

Il y avait les histoires de grand-mère Concetta, qui était pauvre, et de grand-père Francesco, qui était riche. L'histoire des barils pleins de ducats découverts à l'intérieur d'un mur. Celles de la beauté de tante Angelica et de la couturière dont les robes vous paralysaient les bras. Candida les racontait à Gioia une, deux, trois fois. Toujours les mêmes, en ajoutant de temps à autre une variante, une nuance, un mot différent. À chaque fois, la fillette voyait s'ouvrir une pièce dans laquelle elle pouvait s'engouffrer un moment sans provoquer de cris.

Plus tard, Gioia entreprit de chercher des histoires sur le papier imprimé. Elle s'était emparée de la bibliothèque de son oncle Mimmo, abandonnée dans une armoire aux poignées en verre. Elle commença à lire ce qui lui tombait sous la main, depuis les romans de Dostoïevski jusqu'aux almanachs pour agriculteurs, dans le seul but de ne pas entendre les bavardages des femmes qui tricotaient, en cercle dans la chambre de Candida.

Souvent, ces dames se taisaient quand Gioia entrait. La fillette parvenait à saisir, au mieux, une ou deux phrases sibyllines qu'il lui était impossible d'interpréter mais qui lui transmettaient une impression d'intrigue et de secret, semblable à celle qui se nichait dans les romans captivants de sa grand-mère. Dans la vie réelle, l'effet était complètement différent. Il lui fallut un certain temps pour comprendre que ces phrases, ces regards, ces allusions avaient pour objet une seule et même personne.

Elle s'est acheté des bottes, vous avez vu ?

Sa mère était la plus acharnée de la petite assemblée : quand elle abordait ce sujet, le ton de sa voix changeait.

Des bottes jusqu'au genou, une nouveauté qu'un représentant de commerce lui a vendue. Quelle horreur, je n'en porterais jamais, pas même si on me payait. Les pantalons. Des pantalons à carreaux, quelle honte ! Mon frère est trop bon, pour ne pas dire autre chose : ce garçon-là n'a réussi à se faire obéir qu'une seule fois, et il faut voir de qui, le crétin ! Une salamandre qui s'habillait autrefois comme l'as de pique, qui portait des manches trois-quarts parce que son père le lui imposait. Maintenant, elle a levé la crête, elle s'est coupé les cheveux, elle est folle, elle est bête, ne vous intéressez pas à elle, ne l'écoutez pas, elle se donne des airs parce qu'elle gagne de l'argent, et en attendant vous avez vu sa maison, vous avez vu combien de temps elle met pour laver les assiettes, pour laver le linge et l'étendre, pour faire la poussière, elle ne sait même pas ce que le ménage veut dire !

Sans compter Gioia : à entendre Alba, la personne en question la lui avait abîmée.

Et toi, ne te salis pas, fais attention à ta robe neuve, je viens juste de te la mettre, tu t'es tachée, tu me rendras folle.

La femme dont elles parlaient n'était autre que tante Clelia.

Elle avait complètement changé après son mariage. Elle avait épousé Mimmo quelques années plus tôt et avait commencé peu à peu à se donner des airs, au point de devenir le contraire de ce qu'elle était. Elle avait été taciturne, timide et insignifiante, elle se montrait maintenant de plus en plus farfelue. Elle était toujours prête à embrasser une cause absurde, à dire l'opposé de ce que le bon sens dictait, se lançant dans des discours interminables que les autres femmes écoutaient, amusées, en échangeant dans son dos un regard de compassion. De temps en temps, Candida la défendait par principe, sans jamais s'enflammer, car ce n'était pas dans sa nature, mais ses belles-filles et sa fille repartaient aussitôt à l'attaque, les cancanières, telles de petites flammes demeurées dans les braises.

Clelia atteignit le sommet de l'impopularité quand elle décida de prendre la pilule : elle disait que ses jumeaux lui suffisaient, qu'elle ne voulait pas d'autres enfants, que ce n'était pas possible à cause de son travail. Ces pauvres gamins abandonnés ici et là, livrés à eux-mêmes, avec leurs grosses joues sales. Mais pourquoi mangent-ils, eux, et pas ma fille ? Ma fille ne mange rien…

L'intérieur de Clelia ne brillait pas par sa propreté, contrairement à ceux des autres. On n'y voyait pas de meubles au plateau de cristal impeccable. Pas de napperons amidonnés. Pas de sols cirés, astiqués, glissants. Les jumeaux couraient comme des dératés dans le couloir, qu'ils ne craignaient pas de rayer. Pendant les repas, ils tachaient la nappe et leurs vêtements de sauce, laissaient tomber les miettes par terre, ne se croyaient pas obligés de finir le contenu de leur assiette s'ils n'en avaient pas envie – ce qui était très rare ; ils avaient généralement une faim de loup et ingurgitaient n'importe quoi : lessive, pièces de monnaie, bibelots et bijoux… Un voile de mystère enveloppait leur naissance, on pensait qu'un dieu de l'Olympe y était impliqué sous une forme animale.

Clelia abordait des sujets dont Gioia n'avait jamais entendu parler. Elle nourrissait, par exemple, une passion immodérée pour le bidet, qu'elle mentionnait au moins une fois par jour, avec des yeux aussi brillants que ceux d'une femme amoureuse. Elle expliquait à Gioia comment s'en servir, mimant les mouvements à califourchon sur une chaise et la priant de l'imiter pour voir si elle avait bien compris. Le dimanche, elle désertait l'église et demandait à son mari de l'emmener se promener sur la grand-place. Mais Mimmo, qui aurait fait n'importe quoi pour la satisfaire, qui allait jusqu'à laver les assiettes en espérant que personne ne l'apprendrait, lui opposait sur ce point un net refus : les gens cancanaient déjà suffisamment…

Clelia réclamait l'avis de Gioia sur les vêtements qu'elle achetait, des vêtements incroyables, robe-pantalon de soirée, minijupe. J'ai de belles jambes, n'est-ce pas ? Gioia lui lançait un regard surpris, mais Clelia ne se laissait pas démonter. Elle lui proposait de les essayer. Après un premier refus, Gioia acceptait et éclatait de rire. Elle aimait beaucoup la compagnie de Clelia. Elle avait l'impression que les lignes de démarcation entre le monde des adultes et celui des enfants, entre le monde des femmes et celui des hommes, s'estompaient au point de se confondre dans les rêveries psychédéliques des chemisiers en rayonne de sa tante.

Alba effaçait les traces. Elle nettoyait furieusement les objets comme si elle voulait faire disparaître les preuves d'un crime atroce. Elle s'acharnait sur les empreintes de pieds et de doigts, sur les gouttes d'eau, sur les grains de poussière jusqu'à ce que les surfaces soient lisses et étincelantes, aussi vierges que les paysages lunaires qu'elle avait vus à la télévision avant qu'Armstrong y pose le pied.

Alba aimait la lune. Le 21 juillet 1969, quand la télévision retransmit l'alunissage, il lui sembla que ces espaces vierges où, en l'absence de force de gravité, les corps étaient libérés des nécessités terrestres constituaient sa vraie patrie. Tandis qu'elle nettoyait les meubles, frottait les carreaux, lavait les sols, époussetait les bibelots, ses pensées s'envolaient vers ces lieux légers, voisins de l'infini, où il était possible de vivre sans migraine, sans saleté, sans besoins.

L'hiver, Rocco se consacrait au centre de lecture, à la section du Parti, au cercle, aux cours de soutien pour les redoublants, à des discussions politiques enflammées qui le retenaient sur la grand-place jusque tard dans la nuit et au concours qu'il préparait pour devenir directeur d'école. L'été, il emmenait Alba et Gioia visiter pendant une semaine les églises des grandes villes du Nord, qu'il examinait longuement, sans négliger le moindre chapiteau ou la moindre voûte, avant de conclure qu'avec cet argent on aurait pu construire d'innombrables maisons pour le peuple.

Lorsqu'ils traversaient Grottole à bord de leur Volkswagen, les villageois se rangeaient des deux côtés de la rue, parce qu'elle était étroite et qu'ils aimaient les regarder passer, puis ils les saluaient d'un geste de la main. Rocco expliquait avec orgueil que Volkswagen signifie « voiture du peuple ».

L'été 1968, la fête de San Rocco, qui voyait affluer des Italiens partis travailler en Amérique, en Allemagne et au nord de l'Italie, fut particulièrement pitoyable : la fanfare des orphelins jouait faux et gémissait sur la grand-place. À l'occasion de ces festivités, Cataldo fit un immense affront à don Arcangelo, chargé depuis toujours de leur organisation, en donnant avec quelques amis et son plus jeune frère, Francesco, une fête qui ne célébrait pas un saint mais une divinité païenne et scandaleuse : la jeunesse. Ils débusquèrent dans un village des Pouilles « Marilù et ses Dynamiques ». Marilù se présenta vêtue d'une mini-jupe vertigineuse et chaussée de bottes blanches qui lui arrivaient au-dessus du genou, ce qui mettait en valeur ses cuisses bien rondes. Les habitants de Grottole en eurent le souffle coupé.

Elle ouvrit le spectacle avec la chanson *Ma tu vuliv a pizz* – Tu voulais d'la pizza – qu'il lui fallut reprendre sept fois. Les jeunes se pressaient au pied du kiosque à musique, jouant des coudes pour conquérir une position stratégique, celle d'où il était possible d'entrevoir un coin de paradis, soit le slip en nylon bleu de Marilù. Au cours des années suivantes, dans le millénaire à venir, il n'y eut pas un seul orchestre qui ne fût prié de jouer *Ma tu vuliv a pizz*, mais aucun ne parviendrait à l'interpréter comme ce jour-là.

1969. Grand mouvement populaire. Des barrages s'élèvent partout, parce que la vallée du Basento n'a pas droit aux financements gouvernementaux destinés à l'industrialisation. Des usines, nous voulons des usines. Stop à l'émigration. Ce fut la dernière action à laquelle Rocco participa. Bien sûr, il l'ignorait.

Le dimanche, les femmes allaient à la messe, même si elles n'avaient pas la foi. Les hommes se rendaient sur la grand-place puis au cercle. Parfois un meeting avait lieu. À l'âge de trois ans, Gioia apprit à dire « l'Moustachu viendra, Staline », le poing dressé ; à six ans, elle fit sa première communion, le nez abîmé par une mauvaise chute et apprit le point de tige ; à sept ans, elle broda son premier mouchoir de dentelles et lut le conte de Gramsci, *L'Arbre du hérisson*, que son père lui avait offert. Elle avait huit ans quand elle s'attarda longuement avec sa grand-mère devant le Christ déposé. Mamie, je dois te dire un secret. Je ne crois pas en Dieu. Eh bien, pensa Candida. Comment, amour de ta grand-mère, tu ne crois pas ? Regarde-le, Notre-Seigneur, dans quel état on l'a mis. Il s'est sacrifié pour nous. Et elle se signa en priant pour la énième fois son ami le Christ d'éloigner les problèmes qu'elle voyait se profiler au lointain. Mais il ne l'exauça pas. Il devait être distrait ou fatigué, ce jour-là.

Zzzzzz Zzzzzz Zzzz… Un bruit d'hélicoptère. Le coléoptère vert qui a un fil à la patte tourne, tourne, tourne. Je peux essayer ? Non, non et non. Tant pis pour toi. Je sais un truc que je ne te dirai pas. Quoi ? Je ne te le dis pas.

Printemps. Les enfants ont fait une hécatombe d'oisillons. Ils ont abattu les nids sous les gouttières. Les oisillons sans plumes aux énormes becs jaunes. Ce soir, nous les ferons cuire. Non. Je ne veux pas. Ils sont petits, ils pleurent. Arrête donc. Idiote. Je ne veux pas je ne veux pas. Si tu n'en veux pas, n'en mange pas. Gioia pleura toute la journée, avec de gros sanglots qui l'épuisaient. Une avalanche de tristesse. Vers le soir, l'odeur des oisillons cuits se répandit dans la maison, pénétrant dans chaque pièce, y compris dans la chambre où Gioia se tenait, enlacée à la poupée parlante qu'on lui avait offerte, un souvenir de l'opération des amygdales. Odeur maléfique, appétissante, irrésistible. Les petits, ils pleuraient… Je goûte moi aussi. Elle les mangea presque tous avec un terrible plaisir, entre les larmes.

19.

À l'âge de neuf ans, Gioia découvrit que la Terre promise existait et qu'elle n'était pas située, comme le disait la Bible, aux sources du Tigre et de l'Euphrate, mais à moins de cent kilomètres de son lieu de naissance, sur les côtes des Pouilles.

Rocco avait fini par se présenter au concours de directeur d'école primaire, après avoir repoussé cette échéance d'année en année, à cause de ses activités politiques. Une fois reçu, il porta son choix sur Monopoli, dont Alba avait fréquenté le pensionnat et où vivait encore une partie de la famille de Colino, une branche regorgeant de filles aux prénoms de reines qui avaient dilapidé avec leurs maris la fortune que Minguccio le *mercant* avait assemblée au prix d'innombrables efforts. Les rares visites qu'ils se rendirent ne servirent qu'à fournir à Rocco et Alba une avalanche d'anecdotes et d'imitations qui ajoutèrent pendant des années au désordre des repas de Pâques et de Noël, quand la famille se réunissait à Grottole. Une fois satisfaites les exigences de l'étiquette, ils cessèrent de les voir, mais la présence de ces cousins les amena à prendre conscience qu'ils ne se trouvaient pas sur une terre inconnue.

À Monopoli, les oliviers n'évoquaient pas des bras squelettiques tordus par la souffrance, le soleil ne brûlait pas, la campagne n'était pas assoiffée. Il y avait la mer, les rochers, les plages. Les femmes portaient des vêtements bariolés. Le train passait.

On revient demain ? Gioia était bouche bée, derrière le passage à niveau. Sois sage, et après nous verrons. Leur nouvelle maison possède un ascenseur. Gioia le prend encore une fois jusqu'au quatrième étage et redescend à pied. Elle a dépensé ses dix lires.

Rocco avait cessé de parler de politique et d'en faire. Désormais, la politique était quelque chose de lointain, un sujet de conversation que mille autres balayaient dans les salons convenables – organisation d'excursions, de vacances et de repas –, une de ces bonnes intentions noyées dans la bonhomie de l'opulence. Certes, il lui arrivait de se réveiller la nuit en proie à certaines pensées, mais elles s'évanouissaient avec le jour sans laisser la moindre trace.

Rocco et Alba sortaient avec d'autres couples de leur âge. Ils participaient à des déjeuners, des dîners, des réceptions où l'on servait des canapés et des vol-au-vent commandés au Gran Caffè. Ils se battaient pour payer et en venaient parfois aux mains. Ils achetaient vêtements et chaussures à Bari. L'été, ils allaient au bord de la mer, et l'hiver au cinéma : *Un flic hors la loi, L'Adieu à Venise, Amarcord...* Qu'est-ce que ça veut dire, Amarcord, tu le sais ?

Ils s'amusaient et en avaient honte, parce qu'ils avaient toujours pensé que les divertissements n'étaient autorisés et circonscrits qu'à une seule période de la vie, à savoir le passage de l'adolescence à la première jeunesse, quand l'homme cherche une épouse, et la femme un mari.

Alba observait tout avec méfiance, refusait les propositions qu'on lui faisait pour la première fois et finissait par plonger dans ces nouveautés avec l'enthousiasme d'une fillette. Elle apprenait des recettes, mais il y en avait des milliers ! La salade de poulpes. Le veau de lait. Les pâtes à la *sangiovannella.* Tu as mis des câpres ? Les nuits d'été, ils dansaient dans les maisons de campagne de leurs nouveaux amis. D'abord au son du tourne-disque, puis de la mandoline dont jouait le professeur Cavallo, et les couples s'enlaçaient sur le tango : *changez de dame**... À l'entour, les oliviers avaient des troncs si larges que les bras d'un homme ne pouvaient pas les ceindre, et les grillons chantaient dans la terre grasse. Les cerises, reçues en cadeau dans des caissettes, étaient aussi grosses que des alises. On voyait arriver aussi des sacs d'amandes, des bocaux de câpres, des saladiers remplis de figues de Barbarie juteuses. Des oranges fondantes. Goûtes-en une, elles sont délicieuses. Une patiente de mon mari, la femme du secrétaire, cette dame si polie, m'a donné la recette... Alba sortait seule ou avec des amies.

Un après-midi de pluie, Alba alla chercher Gioia à ce cours de piano qui les désespérait autant l'une que l'autre – Gioia parce qu'elle ne voulait pas s'y rendre, Alba parce qu'elle l'exigeait. Gioia avait accepté de poursuivre ces leçons pendant un mois, et ce jour-là Alba l'emmenait au cinéma en récompense. Elles verraient un film qui avait longtemps fait hésiter la mère car elle ne le croyait pas approprié à l'âge de sa fille qui insista tant qu'elle avait fini par consentir : une histoire d'amour triste, deux ouvriers dans une usine, avec Giuliano Gemma et Stefania Sandrelli... Elle avait téléphoné pour s'assurer qu'il n'y avait pas de scènes osées. En effet, on ne comprenait plus rien désormais : quelque temps plus tôt, elle avait vu avec son mari un film au titre romantique, plein de promesses, Le *Dernier Tango à Paris*. Ils étaient sortis du cinéma dès le début, les yeux bas. Était-ce bien utile, je vous le demande ?

Dans le désordre occasionné par la pluie, Alba se heurta à une élégante en manteau de fourrure. Dans cette région, les hivers étaient doux, et les manteaux de fourrure n'avaient rien de nécessaire, mais les dames convenables en portaient. Alba écarquilla les yeux et tressaillit comme si elle avait vu un fantôme. La dame et elle se dévisagèrent dans un silence suspendu. De nombreuses années défilèrent dans leurs yeux. Puis elles s'exclamèrent en même temps : Tu es...

Elles sourirent. De gêne. Un nouveau silence s'ensuivit. Voici ma fille, déclara Alba en poussant Gioia devant elle. Enchantée, je m'appelle Gioia, répondit la dame. Et toi ? demanda Alba. J'en ai deux, un garçon et une fille. Plus grands. Cette nuit-là..., dit soudain Alba avant de s'interrompre. Oui ? interrogea son amie, mais Alba décida d'en rester là. Un monsieur plus âgé survint. Mon mari. Enchanté. Enchantée. Une vieille amie. Alors, on s'appelle. N'attendons pas trop, n'est-ce pas ? Elle partit en laissant derrière elle un sillage de parfum.

Parmi ces maisons blanchies à la chaux et ponctuées de coupoles mauresques, non loin de la marina,

Gioia cessa très vite d'être l'enfant terrible qu'elle avait été à Grottole. Après sa quatrième opération, elle ne boitait presque plus, mais tanguait comme une barque et se déhanchait : sa démarche n'était plus qu'une mauvaise habitude, et la gymnastique corrective lui renforçait les muscles. Le professeur palpe son corps d'adolescente pour lui expliquer le travail qui l'attend. Pendant ce temps, ses seins pointent, beaux, ronds et fermes, et elle les contemple longtemps, le dimanche matin, dans le miroir à moitié embué par la vapeur de la salle de bains.

Rocco et Alba nourrissaient pour leur fille des rêves personnels et secrets qui ne correspondaient pas. Rocco l'imaginait à l'Université, professeur – à Paris, quand il était en veine de *grandeur* *–, souhait qu'il manifesta uniquement par l'achat d'un cours de français en quarante-cinq tours : *Le premier jour d'école est toujours une aventure* *… Alba aurait aimé la voir sur scène, vêtue d'une robe du soir, au piano, mais Gioia n'avait aucune envie de passer des années assise à étudier. Alba se consolait alors en songeant qu'il échoirait à Gioia le même sort que le sien et qu'il était juste d'avoir : le mariage. Et des enfants. Il en avait été ainsi pour sa mère et sa grand-mère, il en serait ainsi pour elle.

Gioia tenta de s'adapter à ces rêves, ainsi que ses parents s'étaient adaptés autrefois aux vêtements que leur confectionnaient les couturiers du village. Mais elle arborait un nouveau prénom chaque semaine parce qu'elle n'aimait plus le sien, continuait à se méfier des potages de sa mère et à placer dans les propos de son père une confiance que rien, ou presque, n'avait encore égratignée.

Certains jours, Rocco semblait distrait. Il pensait à sa mère, Lucrezia. À Noël, il la persuada de s'installer chez eux. Il l'y obligea presque. Elle refusait de quitter Grottole, alors il s'y rendit par un après-midi gris, surgit chez elle à l'improviste, fourra dans un sac son unique robe de rechange, ferma la porte vitrée et l'arracha à ses tracas, à ses querelles avec ses voisins et aux mauvais tours des enfants, bien décidé à lui apporter le bonheur qui lui revenait de droit. On lui prépara un lit dans le bureau. Lucrezia passait ses journées assise sur une chaise, immobile, tournant le dos à la fenêtre d'où l'on voyait la mer. Avec son châle marron, sa robe noire et ses chaussures bosselées, elle avait tout d'un arbre déraciné.

Gioia plonge les mains dans le trou qu'elle creuse dans la pelouse près de la plage. Avec ses meilleures amies, Porzia et Madia, elle a planté de magnifiques et nauséabondes fleurs d'oignon qu'elles arrosent d'eau de mer. Quand elles sèchent, il est trop tard pour se chagriner. Elles ont conclu un pacte : une fois mariées, elles viendront vivre ici, dans la ferme abandonnée. Gioia a rencontré son premier amour. Un petit blond doté d'un regard doux et d'une moto Morini qui a essayé en vain, pendant un an, de lui dire qu'il voulait l'embrasser.

Il la serre contre lui. Ils dansent un slow sur le thème du *Parrain*. Il lui murmure à l'oreille qu'il doit lui dire quelque chose. Il semble prêt à s'élancer d'un plongeoir. L'odeur de lessive de sa chemise et le parfum-crème de Gioia se répandent dans l'air au contact de sa peau brûlante. Que voulais-tu me dire ? Une seule réponse, son souffle. Les frissons tièdes se propagent du pavillon auriculaire de la jeune fille jusqu'au bas de son dos, lui laissant entendre que le bonheur est éternel. Il l'étreint encore plus fort. Je n'arrive pas à deviner. Sa voix est de plus en plus grave. Pourquoi ne me le dis-tu pas au téléphone ? Elle s'était amusée à le tenir sur des charbons ardents.

Trop longtemps. Car ils n'échangèrent jamais ce baiser.

Ô mon ratounet *pelè, tu as crevé dans la marmite.*

20.

Le 16 mars 1978, la nouvelle de l'enlèvement d'Aldo Moro se mit à circuler. Gioia était sur les marches du lycée E. Duni de Matera quand elle l'apprit. Incrédule, elle demanda à son interlocuteur de répéter. Comme elle, les autres élèves songèrent qu'il s'agissait d'une plaisanterie, alors que l'information était vraie. Une euphorie un peu brusque s'empara de la jeune fille, doublée du sentiment que les règles avaient soudain changé sans que personne l'eût annoncé, ou plutôt qu'il n'y avait plus de règles : tout était devenu possible. Elle éprouva un sentiment d'égarement et de pouvoir. Elle éclata de rire alors que la sonnerie marquant la fin de la récréation retentissait. Elle regagna la salle de classe à regret, mais elle ne s'y attarda guère, car la surveillante vint bientôt l'appeler.

Comment ? Mais quand, où ? Qui l'a dit ?

Oh mon frérot, oh mon frérot. Oh mon fréroooot.

La dépouille de Colino était exposée dans le salon aux murs ornés de fleurs. Depuis le matin, le village entier défilait devant. Les femmes se décoiffaient et racontaient des épisodes de la vie du défunt en se frappant la poitrine.

Oh mon frérot, oh mon frérot, il était bon, il était doué. Oh ! Tout ce que tu as fait pour moi, oh, mon frérooot. Cette année-là, la méchante année où il gela au mois de mai, j'suis venue à ta boutique, j't'ai demandé des pois chiches et de la farine sans la moindre vergogne, et toi, tu me les as donnés, tu ne m'as pas grondée, tu ne m'as pas grondée, l'père Colí. Après quoi j't'ai dit : l'père Colí, j'ai ma petite Lucietta qu'est fiancée, jamais j'pourrai lui constituer une dot, jamais j'pourrai, elle restera vieille fille, elle doit rester vieille fille. Alors tu m'as répondu *clapète*, *clapète*, *clapète*, que tu m'as répondu, j'veux plus t'entendre, allez, allez, ôte-toi, ôte-toi donc, tu m'as coupé de la toile pour les draps et pour la parure, tiens, ramasse ça et *volatise*-toi, ramasse ça et *volatise*-toi, j'veux plus t'entendre. Tu étais bon, tu étais très bon, l'père Colí. Lucietta n'avait pas moins de trois enfants quand nous t'avons *rensaché* notre dette, trois enfants qu'elle avait, bon dieu, jamais nous ne l'oublierons, jamais au grand jamais, car le Père éternel s'emmêle les pinceaux, y devait emmener quelqu'un d'autre, oui, quelqu'un d'autre qu'y devait emmener, pas toi qu'étais *doté*, toi qu'étais bon, toi qu'auras autant de bénédictions que tu nous en as donné, l'père Colí.

Oh mon frérot, oh mon frérot, *u cerson*, mon chêne…

Effondrée sur une chaise, Candida était tétanisée. De temps en temps elle se ranimait, s'approchait du cercueil, possédée, semblait-il, par une force surhumaine.

Oh, la *poupone*, la *poupone* que tu m'as achetée. La *poupone* est encore là, et toi, tu t'en vas…

Vinrent les ouvriers agricoles qui racontèrent que Colino leur fournissait des pâtes à crédit, vinrent les petits propriétaires qui lui achetaient de l'engrais et ne le payaient qu'une fois leur récolte vendue. Vinrent les femmes qui lui vendaient des œufs et celles qui nettoyaient pour lui les oignons de serpent et la racine de saponaire. Tous avaient une histoire à relater, qui remontait parfois à la lointaine époque de la guerre : à cette époque-là, Colino aurait pu s'enrichir au marché noir, comme tant d'autres, mais il avait fait la sourde oreille, il n'avait jamais refusé de donner un peu de blé ou de ricotta en sous-main, évitant à bon nombre d'entre eux de mourir de faim.

Oh mon frérot, oh mon frérot.

Vint aussi Lucrezia, qui se frappait la poitrine et disait : Pourquoi ne suis-je pas morte à ta place ? C'était moi qui devais mourir : je me serais *volatisée*, et tout le monde aurait été plus content.

Il n'y eut pas un seul habitant de Grottole qui ne lui rendît hommage. Au cours des semaines, des mois et des années suivantes, Candida recevrait encore la visite de paysans qui voulaient rembourser leurs dettes. Ils auraient pourtant pu s'en dispenser car Colino les notait dans son cahier d'une façon qui n'était déchiffrable que par lui.

Dans un coin, Gioia observait, interdite, les pleureuses. Il y avait longtemps qu'on ne l'avait vue à Grottole : après le déménagement, elle avait refusé d'y retourner.

Deux ans plus tôt, elle s'était installée avec ses parents à Matera.

En effet, Rocco avait pris sa retraite pour se rapprocher de Lucrezia, qui, bien qu'elle fût très âgée, ne voulait pas abandonner sa maison.

Gioia aurait préféré mourir plutôt que de quitter Monopoli, l'appartement au quatrième étage de l'immeuble des instituteurs, les balcons donnant sur l'orangeraie, la mer au loin, ses copines, ses copains, les vagues qui, l'hiver, parsemaient de coquillages la ligne de brisement des flots. Alba n'avait pas envie de partir, elle non plus. Rocco avait donc fini par déclarer que, dans ces conditions, il s'en irait seul.

En 1974, Alba avait voté non au référendum sur l'abolition du divorce ; le non l'avait emporté et le divorce avait été maintenu. Mais elle n'entendait pas en supporter la honte : le divorce, c'était pour les femmes qui vivaient au loin, dans les grandes et terribles villes du Nord, des femmes malheureuses qui subissaient les coups de leurs maris violents et alcooliques. L'idée de la battre n'avait jamais effleuré l'esprit de son mari. Voilà pourquoi elle le suivit.

Gioia avait pleuré toutes les larmes de son corps son amour encore à vivre, la fin des étés sur les mobylettes de ses amis, la ferme abandonnée qu'elle n'habiterait jamais et la trahison de son père. Longtemps, Rocco espéra que ce chagrin lui passerait, à l'instar du rhume, de la grippe et des caprices quand elle était petite. Pour la consoler, ou plutôt pour la distraire, il lui acheta un livre dont les journaux avaient fait grand bruit et qui s'était vendu aussi facilement que des petits pains. Il commençait par les mots : Putain, putain, putain. Au début, cet ouvrage arracha à Gioia un sourire, puis il compta au rang des pierres qu'elle jeta à son père.

Oh mon frérot, oh mon frérot. Oh la *poupone*, la *poupone* que tu m'as achetée…

Gioia vit les yeux de sa grand-mère se remplir de passion, comme une adolescente, d'une passion charnelle pour cet homme qui partait. Elle aperçut Liugino la Cheminée et elle craignit qu'il ne l'embrasse.

Clelia se tenait elle aussi près de la bière. Gioia posa la tête sur son épaule.

Le cercueil s'enfonça dans la terre, et rien ne fut plus pareil.

La boutique fut léguée à Cataldo, le seul fils de Colino à ne pas avoir fait d'études. Au début, il connut une période de prospérité inouïe. Il liquida les antiquailles de son père. Il élimina progressivement des articles qui lui paraissaient superflus. Le savon, les pâtes, à quoi ça sert ? À gagner trois sous, mais on s'en fiche. On ne peut plus tout mélanger maintenant. Il se débarrassa de l'engrais, du blé, des olives. Maman, mais pour qui me prends-tu, pour une banque ? Il ne vendait pas à crédit. Et peu à peu, les clients désertèrent le magasin.

Au début des années quatre-vingt, les filles de Cataldo étaient d'une élégance inouïe. Elles arboraient des vêtements qu'elles achetaient à Bari, à Rome ou à Milan, leur marque si bien en vue qu'elles donnaient l'impression de les porter à l'envers. Armani, Missoni, Krizia et des noms d'autres individus qu'elles semblaient mieux connaître que ceux de leurs proches parents. Un supermarché ouvrit dans la vallée. C'était presque la boutique de Colino :

on y trouvait de tout, mais les marchandises étaient rangées dans des rayons et pas question de faire crédit. Aussi gros que des baleines, Cataldo et sa femme passaient leurs journées à s'éventer dans la boutique vide en remplissant des grilles de mots croisés. Même les clients les plus fidèles avaient cessé de se montrer. Les trousseaux ne se vendaient plus. Et puis les gens avaient des voitures. Il était facile d'aller à Matera, à Bari. L'élégance des filles n'en souffrit pas, bien au contraire ; le réfrigérateur débordait de nourriture tandis que Cataldo se couvrait de dettes et hypothéquait la maison. Les vêtements dernier cri suscitaient la jalousie et les racontars des rares villageois encore présents, mais ils ne suffisaient plus à remplir les journées de leurs propriétaires.

La plus jeune, Isabella, se levait de plus en plus tard pour tromper le temps, puis elle arrêta de se lever. Concetta, l'aînée, dite Tina, partit à la recherche d'une meilleure piste où exhiber ses tenues. Trébuchant sur ses talons trop hauts, elle hanta le Milan by-night le temps nécessaire pour se retrouver impliquée à son insu dans une histoire de cocaïne qui coûta à ses parents les yeux de la tête en frais d'avocat. Elle contribua donc, elle aussi, à la faillite de la boutique.

Cataldo finit par exercer le métier de concierge dans l'immeuble de son frère, à Ancône, et la ruine économique fut le salut de la famille. Isabella se vit obligée de se lever le matin pour se rendre au travail, Tina se résigna à épouser un voisin qui l'avait courtisée en vain et qui se révéla un excellent mari. Cataldo et sa femme évitèrent de se noyer dans le cholestérol qui les aurait certainement tués.

Après l'enterrement, Gioia et Clelia allèrent se promener ensemble derrière le mur. Le soleil se couchait au-delà du parapet de pierre, sur la vallée du Basento. Les pylônes de l'Anic transperçaient de gros nuages rouge et violet. Elles marchaient main dans la main ; elles n'étaient plus une tante et sa nièce, mais deux camarades de l'école primaire. Clelia avait troqué ses chemises psychédéliques contre des hardes qu'elle achetait dans les surplus américains de Rome, où elle s'était installée avec son mari et sa fille. Les badauds se retournaient sur leur passage, mais elles s'en moquaient bien. Elles discutèrent longuement de sujets choisis et inventés pour le seul plaisir de se les confier. Gioia déclara qu'elle n'avait qu'un seul désir : quitter Matera. Clelia parla des zones érogènes, de la conscience de soi et de l'emplacement exact du clitoris. Gioia acquiesça d'un air de dire que cela n'avait rien de nouveau. Quand elles rentrèrent, elles s'aperçurent qu'on les cherchait depuis longtemps.

Ce soir-là, la famille dîna debout dans la cuisine. On décrocha les têtes roulées, pendues au plafond. Ce fut la dernière fois. Puis la demeure se vida peu à peu.

Fils, belles-filles et neveux cessèrent de peupler ces pièces ; les hommes, le salon où ils parlaient politique ; les femmes, la chambre à coucher où elles cancanaient ; les enfants, la maison où ils se poursuivaient.

Candida errait seule dans sa demeure vide, se plaignant de la hauteur des plafonds qui dévorait la chaleur des radiateurs récemment installés et priant en vain le Père éternel de la rappeler à Lui. Elle avait cessé de distribuer à ses enfants paquets de pâtes, coupons d'étoffe, billets de banque et conseils lors de leurs visites, le dimanche et les fêtes d'obligation. Maintenant qu'elle n'était plus flanquée de son mari, plus rien ne comptait à ses yeux, et peu importait qu'elle eût toujours commandé quand il était de ce monde. Elle ne conserva qu'un seul trait de caractère, son impertinence. Elle continua de répondre avec esprit aux abus de la vie, y compris quand elle n'eut plus rien d'autre. Entre-temps, Alba avait pris sa place sans même le vouloir, ainsi que dans un troupeau dont les lois ne sont soumises à aucun arbitre personnel.

Lorsque tout fut terminé, qu'on eut échangé étreintes silencieuses et poignées de main, Rocco, Alba et Gioia regagnèrent leur fortin de béton.

C'était ainsi que Gioia surnommait en son for intérieur la maison qu'Alba avait voulue après leur départ de Bari. Une petite villa entourée d'un jardin qu'elle avait fait bétonner, car elle avait cru devenir folle, au mois de juin, lorsqu'elle s'était échinée à chasser la poussière des chaumes qui pénétrait partout, recouvrant les meubles d'une patine de deuil.

Rocco alla aussitôt se coucher. Alba et Gioia s'attardèrent dans la cuisine. Les deux femmes ne se ressemblaient pas et pourtant, sur les photos, elles baignaient dans la même atmosphère. Il était impossible de ne pas remarquer qu'elles étaient mère et fille. Après les années d'incommunicabilité qui les avaient séparées, Alba essaya de parler.

Que raconte ta tante ? Que doit-elle raconter ? Cette… Quoi ? Rien. Quand tu étais petite, tu rêvais de devenir danseuse, tu t'en souviens ? Non. Tu voulais aussi un tutu… Maintenant, je m'en contrefiche. Les jumeaux… Eh bien ? Ils ont le même grain de beauté que tonton Vincenzo, ne me dis pas que tu ne t'en es jamais aperçue. Arrête, laisse-moi tranquille.

Quand Rocco entrait dans une pièce, il l'emplissait de silence. Il ne faisait plus de politique. Il se contentait d'en discuter avec ses beaux-frères en arpentant la grand-place, les mains derrière le dos, les dimanches où on allait à Grottole. Des discours interminables sur l'avenir qu'on aurait pu avoir. Sur l'avenir qu'on aurait dû avoir. Des discussions avec Mimmo qui, depuis son installation à Rome, avait abandonné le parti communiste pour prendre la carte du parti socialiste, à présent guidé par un jeune leader agressif et dynamique, Bettino Craxi. Ce même Mimmo qui était resté fidèle au Parti en 1956, après les événements de Hongrie, et qui avait invité Rocco à l'imiter en affirmant qu'il importait de se montrer confiant et cohérent en ces moments difficiles. Il tenait maintenant des discours étranges et alambiqués où le terme « moderne » apparaissait chaque fois qu'un problème surgissait et qui avaient pour Rocco le goût de la volte-face.

Depuis qu'ils avaient emménagé à Matera, les années s'écoulaient plus vite, et il arrivait de plus en plus souvent à Rocco de se sentir dépassé par son époque. Au début, cette impression l'avait troublé, elle était apparentée à la découverte d'une ride sur son visage ou d'un fil blanc dans ses cheveux, puis il avait fini par s'y habituer et par céder à la vieillesse. Il perdit l'enthousiasme qui avait sous-tendu ses activités, y compris celles qu'il avait entreprises sur le tard. Rien ne lui semblait plus valoir la peine d'être vécu.

Il devint irascible. Il s'emportait pour des bêtises, à la grande stupeur de ceux qui avaient toujours vu en lui un homme pondéré et doux ; il empira au fil des années, et l'on cessa d'y prêter attention.

Un après-midi qu'il rentrait de Grottole, où il avait rendu visite à Lucrezia pour passer avec elle deux heures dans un silence complet, ainsi qu'il le faisait trois fois par semaine, il prit sans raison apparente la route de La Martella, un des villages ruraux édifiés dans les années cinquante après la réforme foncière. Soudain, la joie d'autrefois lui revint à l'esprit. Tout comme la place en fête, les ouvriers agricoles, le bal chez Mimmo, au cours duquel il avait rencontré sa femme. À présent, seules quelques maisons étaient encore habitées. Les rues étaient désertes, comme dans les villes fantômes du Far West. Les arcades qu'avait dessinées l'architecte Quaroni montraient des taches d'humidité, des touffes de pariétaires poussaient dans les cours destinées aux activités communes. Il bruinait. Rocco s'aperçut qu'il n'avait pas envie de rentrer chez lui. Ni ce jour-là, ni le lendemain, ni le surlendemain. Ne rentrer nulle part. Se perdre dans la campagne silencieuse, parmi les collines aux lignes ondulées.

Il poussa encore un peu sa Volkswagen droit devant lui en cajolant cette idée, tandis que son regard errait dans le vert tendre des champs, puis il fit demi-tour sur une aire de stationnement et rebroussa chemin. Mais ce fut comme si une partie de lui-même, peut-être la meilleure, en tout cas la plus vive, continuait d'errer à travers les rues désertes de La Martella, sous la bruine, dans l'espoir toujours déçu de rencontrer un habitant qui, en regagnant son domicile, s'attarderait un moment pour bavarder et lui confierait qu'il était heureux.

Au terme d'une période de larmes et de sommeil, Gioia se réveilla un jour avec le sentiment d'avoir totalement changé. Elle déchira la photo qui la représentait avec ses amis de Monopoli, Giovanni, Francesco, Porzia et Madia, un cliché pris au port par un matin ensoleillé, sur lequel, grâce aux illusions de la perspective, elle semblait tenir ses amis dans la paume de sa main. Elle cessa de se tordre les cheveux en chignon pour les lisser, remisa les chemisiers blancs en peau d'ange parfaitement repassés par sa mère, ainsi que les sous-pulls bleus à jeter sur les épaules. Elle laissa pourrir ses chaussures Cambridge dans son armoire, jeta à la poubelle ses brillants à lèvres au goût de fraise et renia ses rêves.

Elle occupa d'abord son temps à feuilleter les livres qu'elle avait dénichés dans les cartons de son père, ressurgis miraculeusement après le déménagement et qui retraçaient une époque dont personne ne se souvenait plus. Trotski, Engels, Gramsci. Ils lui donnaient la migraine. Parfois, elle s'arrêtait sur une phrase qui lui plaisait et la transcrivait en majuscules dans son cahier de textes illustré par Jacovitti[1].

Plus que des réponses, elle trouva des questions. Et une seule certitude : son père s'était trompé sur toute la ligne. Elle décida qu'elle ne suivrait pas son exemple et souhaita une vie qui n'avait rien à voir avec celle de ses parents. Une vie à inventer de A à Z. Elle commença à fréquenter certaines maisons des Sassi dont les murs accueillaient des inscriptions, et les pièces des jeunes gens qu'on regardait d'un

1. Benito Jacovitti (1923-1997), célèbre dessinateur de bandes dessinées.

mauvais œil. Ils venaient des quartiers populaires, où leurs parents s'étaient établis dans les années cinquante, après la loi sur l'évacuation des Sassi. Ils faisaient des erreurs d'italien et farcissaient leurs propos de jurons. Ils lui empruntaient pull-overs, livres, bracelets de perles, et finissaient par les garder parce que, pour eux, elle n'était qu'une fille à papa, une gosse de riches.

Chaque fois que Gioia rentrait, Alba examinait ses yeux à l'aide d'une lampe de poche, non pour vérifier si elle avait mis du rimmel – ce qu'elle faisait quand Gioia avait treize ans – mais parce qu'elle avait vu à la télévision un reportage sur une terrible substance qui rend d'abord heureux et paisible comme par un jour de printemps, dans une prairie près d'un ruisseau en compagnie de l'être aimé, puis qui vous tue à petit feu. Depuis quelque temps, sa fille lui semblait différente.

Et pourtant, en admettant qu'elle ait eu moyen de retraverser tous les carrefours de son existence et d'emprunter systématiquement la route qu'elle n'avait pas prise, elle serait toujours arrivée au même endroit. Mille chemins de traverse où l'on pouvait se perdre guettaient la fillette qui, à quatre ans, poursuivait la lune sur la grand-place de Grottole, fondait en larmes à l'âge de sept ans parce que son oncle lui avait offert pour Noël un fer à repasser miniature, établissait à dix ans avec sa cousine un pacte qu'elle tenta en vain de rompre bien des années plus tard. À moins que ces prétendues déviations ne fussent la route la plus directe, la seule à parcourir pour atteindre sa destination.

Quand te mettras-tu du plomb dans la tête, amour de ta grand-mère ?

Un jour où, selon son habitude, elle séchait les cours, Gioia fit la connaissance d'Alex, dans le quartier des Sassi. Ce n'était rien de plus qu'un camarade ; un garçon maigre, moustachu, vêtu d'une chemise à carreaux ; aux cheveux noirs semés de pellicules ; aux muscles d'acier et au regard de loup. Les minettes ne pouvaient lui échapper. Ils se promenèrent longuement parmi les gravats et les mauvaises herbes. De temps en temps, Alex donnait un coup de pied à une boîte de conserve rouillée en relatant une histoire douteuse. Il prétendait ainsi qu'il avait pris des contacts avec certains individus, à Rome. Qu'il se cachait et devait trouver avant le soir un endroit sûr où personne ne le débusquerait. Il pria Gioia de lui fournir un sac de couchage. Un moment, elle se demanda si ces histoires étaient vraies, ou s'il les racontait dans le seul but de se rendre intéressant, puis, comme à son habitude, décida de glisser sur ce sujet. Les propos du garçon et les perspectives qu'ils lui ouvraient la fascinaient. Rien de plus.

Elle le conduisit au Sasso Caveoso, dans une maison abandonnée qu'elle appréciait particulièrement. Elle avait souvent rêvé d'y vivre. C'était un enchevêtrement de pièces petites et grandes, de salons anciens et d'écuries, de grottes et de caves. D'une fenêtre, on pouvait voir les falaises qui surplombaient la Gravina se teinter de rose à la lumière du couchant. Des orties poussaient sur le sol, presque entièrement dénudé, et des touffes de pariétaires jaillissaient des murs. Il y avait de hauts plafonds. Dans un coin – peut-être une ancienne chapelle –, on apercevait les vestiges d'une fresque, une Vierge au visage d'adolescente. Une mangeoire pouvait servir de lit. Gioia le dit à Alex, qui acquiesça distraitement. Il semblait soudain suivre le fil d'une pensée et se désintéresser du reste.

Il la retint au moment où ils s'apprêtaient à partir. Son regard de loup s'enflamma et il la bloqua là. Envahie par une sorte de dégoût, Gioia tenta de se dégager, en vain. Il la poussa contre le mur, malgré ses protestations. Il se colla contre elle, haletant. Gioia tourna le visage de l'autre côté et dit non. Or les mains d'Alex avaient déjà soulevé sa jupe. Elles remontaient le long de ses cuisses. Gioia se sentait impuissante. Un frisson chaud lui parcourait le bassin, la clouant au mur, des chevaux galopaient dans son bas-ventre, un petit incendie se déclarait sur son cou et ses lèvres. Elle avait l'impression de fondre, de mourir et de vivre, de s'égarer et de se retrouver. Son dégoût et son désir croissaient. Non, protesta-t-elle, cette fois plus faiblement. Alex rétorqua qu'elle était une bourgeoise, il suffisait de voir ses vêtements, sa conduite, sa coiffure. Il la couvrit de honte, tandis qu'il introduisait puis remuait les doigts dans sa chatte, qui s'humidifia aussitôt. Bourgeoise, peurs bourgeoises. Honte et désir. L'évidence de l'excitation contredisait le reste. La bouche d'Alex lui saisit l'oreille. Elle la mord, la lèche, souffle et plonge dedans. Gioia se perd dans un paradis infernal. Bourgeoise. Il lui palpe les seins, presse ses mamelons. Gioia soupire, respire vite. Alex sent la sueur et porte un tee-shirt en coton rêche qui lui gratte la peau. Il s'enfonce en elle. Il l'écrase contre le mur. Il l'attire au sol, les jambes fléchies et écartées, la jupe soulevée. Gioia a peur qu'on les surprenne. Elle le dit. Alex ne l'écoute pas. Il est ailleurs. Au milieu de ses jambes. Il pousse, halète. Gioia est effrayée. Ses poils enchevêtrés semblent former une ultime barrière. Alex murmure quelques mots que Gioia ne comprend pas. Il paraît contrarié. Il glisse de nouveau une main dans l'entrelacement de bras et de jambes. Il fait de son mieux. Il écarte en tremblant les poils souillés de terre. Il pousse, pénètre. Gioia crie de douleur. Des petits cailloux sous ses cuisses. Les cheveux entortillés contre les pierres humides et râpeuses. Du sang.

Tu étais vierge ? demande Alex, surpris. À en juger par son regard liquide et apaisé, il semble rentrer d'un voyage de promotion. Vierge. Bourgeoise.

Gioia s'enfuit de chez elle le jour de ses dix-huit ans. Elle laissa une lettre, n'essayez pas de me retrouver. Rocco la chercha longuement dans les Sassi, montant et descendant les escaliers, entrant dans les maisons croulantes, traversant des quartiers déserts.

À la naissance de sa fille, il avait éprouvé de la joie, mais aussi une déception inavouable. Il aurait voulu un garçon avec lequel il serait allé pêcher la carpe et la tanche dans le Bradano et, plus tard, aurait parlé de politique en s'enflammant. Un jour il se serait aperçu que son fils en savait plus long que lui et il en aurait conçu une certaine fierté. Sa déception augmenta au fur et à mesure que Gioia grandissait, passant de l'enfance à l'adolescence : au lieu de jouer avec lui aux trois petits cochons, elle s'entretenait avec sa mère de choses qui l'excluaient et se montrait de plus en plus étrangère. Avec le temps, l'amour qu'il lui portait augmentait lui aussi. Un amour passionné, qui n'avait rien à voir avec les sentiments qu'il avait éprouvés jusqu'alors. Moins il la comprenait, plus il l'aimait. Plus il pensait la comprendre, plus il l'aimait pour une mauvaise raison ; plus il l'aimait, plus il voyait en elle un être qu'elle n'était pas et désirait lui donner le bonheur qu'il n'avait pas réussi à donner à sa mère. Il erra longuement à travers les Sassi, croyant la distinguer dans toutes les ombres, en vain.

Oh, mon frérot, oh mon frérot, oh mon frérooooooooooot.

III

Vinrent des hivers très froids qui durcirent la terre et crevassèrent les pieds pleins d'engelures. Les mites dévorèrent le tulle de la robe de mariée et le vert-de-gris rongea les brocs. Pino la Demi-Langue descendit au fleuve pour suivre une fille aux cheveux blonds qui lui était apparue en rêve, et on le retrouva quelques jours plus tard, le ventre gonflé, sa chair blanchâtre à moitié mangée par les carpes. Un enfant apprit à jouer avec le vent : il le faisait courir sur sa tête, l'enroulait autour de son poignet, le lançait au loin et le ramenait à lui, regorgeant de forêts, de montagnes, d'autoroutes. Dès lors, il n'y eut plus rien à dire. Aïe, aïe, aïe, murmurèrent les sorceleuses *de Salandra.*

21.

Ils ont de quinze à trente ans, se dirigent en masse vers le lac. Ils avancent à l'aveuglette, traversent des petites routes et des groupes de maisons en mangeant des hot-dogs, des glaces et des pastèques à pleines mains, en se les jetant dessus, en se passant des bouteilles de mousseux et en buvant au goulot. Certains sont nus, d'autres drapés dans un tissu bleu damassé.

Une fille dont les cheveux bruns s'embrasent sous le soleil rit et secoue la tête. Comme les autres, elle arbore un rideau du train, enroulé autour de son corps tel un péplum romain. Le train qu'ils ont attaqué ensemble, ce matin-là. Son voisin rit, lui aussi. Au bord de la route, un couple d'âge mûr les contemple en secouant la tête. Le garçon a les hanches ceintes avec le même rideau, son torse est glabre. Il porte autour du poignet un foulard de batik brûlé par le narguilé. Entre elle et lui je ne saurais choisir… On dirait qu'ils se connaissent depuis toujours. Mais bientôt un groupe de Napolitains partisans de l'autoréduction et armés d'une énorme pastèque les rejoint, les sépare. Gioia enfonce les doigts dans la pulpe couleur rubis.

Le jus coule sur son épaule bronzée. Un garçon coiffé d'un haut-de-forme lèche sa peau. Elle lui jette un regard de travers puis lui rend son sourire. Une main lui ferme les yeux. Nooon. J'étais certaine que nous nous reverrions ! Chérie, chérie, chérie. Elles s'étreignent au point d'en perdre le souffle et tournent sur elles-mêmes. Si tu savais. Tu te rappelles ce mec ? Lequel ? Le mec de maman, qui était venu la chercher. Elles se sont perdues sur une place, où ? Elles ne s'en souviennent pas... J'étais persuadée que je finirais par te revoir. Tu étais à Pérouse ? La poussière se soulève. Elles sont heureuses, heureuses et tristes, heureuses et paranoïaques, heureuses et c'est tout. Puis elles plongent nues dans le lac Trasimène. Umbria Jazz, 1978.

Une courte période de liberté et d'appartenance. Perdue parmi la foule sur les places italiennes, Rome, Bologne, Florence, le Ponte Vecchio, elle couche avec un Suisse qui a la peau lisse d'une fille, couche avec un camarade calabrais, crie le slogan P38 un trou se dessine dans ta bouche, s'émeut à la vue des drapeaux rouges, utilise leurs hampes comme des battes, baisse son foulard rouge sur son visage, lève le poing fermé. Elle le faisait déjà à l'âge de trois ans, montre à tonton, comment tu dis ? Le drapeau rouge triomphera... triomphera... Les Lamas vivent au Tibet, nous voulons tout et tout de suite, *fuck your mother*.

L'utopie est une terre qui n'existe pas. C'est la seule patrie où Gioia peut vivre.

Une moitié de Gioia est restée à Monopoli, s'est mariée, a un enfant, une petite fille. Son mari est médecin, chef du service de pédiatrie à l'hôpital de Putignano, ils fréquentaient le même lycée, la mythique terminale B. Elle, elle enseigne l'histoire de l'art. Elle passe le dimanche dans ces villas où elle entendait, enfant, les chansons de Francesco De Gregori [1] et sentait la chaleur de la peau se propager à travers le coton des chemises. Elle écoute encore Francesco De Gregori. Elle porte des vêtements modérément originaux par rapport à ses amies. Elle n'emploie pas le mot « bien élevé », mais ses amies oui. Elle aimerait visiter Paris, elle n'en a pas encore eu l'occasion. Elle est heureuse et elle l'ignore.

La rue nous appartient, la ville nous appartient. Le ton monte. Contre la vie chère, à bas les défilés, expropriation prolétaire, vol à main armée. Une rafale de vent soulève la poussière. Vive le camarade Berlinguer Enrico qui n'a rien à voir avec les cocos. Un vacarme. La police qui fait feu, bas les pattes nous vous baiserons tous, nous nous tuerons d'un coup de feu dans la bouche. Tremblez, tremblez, les sorcières sont de retour. Plus de mères, d'épouses, de filles détruisons les familles. Sa-cri-fi-ces, sa-cri-fi-ces. Crétin crétin, crétiiiin… Le bruit croît au point de devenir assourdissant.

Maison de Gioia et de son mari à Monopoli, dans la vie qu'elle aurait pu mener : appartement au quatrième étage avec balcons et vue sur la mer, non loin de l'école qu'elle a fréquentée avec ses deux meilleures amies, qui sont toujours ses deux meilleures amies et habitent à quelques rues de là. L'une d'elles a deux enfants, l'autre un seul, elle aimerait lui donner un petit frère ou une petite sœur, mais le bébé n'arrive pas. Entrée ouverte sur le salon

1. Célèbre auteur-compositeur engagé.

avec porte en arc, cuisine reliée au salon par un passe-plats qui se transforme, si besoin est, en plan de travail décoré de motifs floraux. Un couloir et deux chambres à coucher, une pour Gioia et son mari, l'autre pour la fillette. Bureau du mari, débarras-garde-robe et deux salles de bains, plus une salle d'eau de service. Accessoires Guzzini, meubles en teck, rideaux faits par le tapissier, assiettes du dimanche reçues en cadeau de mariage bien empilées dans les armoires de la salle à manger, serviettes aux bordures de dentelles confectionnées par mamie Candida, par mamie Albina, par mamie Concetta, draps du trousseau qui accueillent son heureuse vie conjugale.

Nous ne sommes pas en 1968, mais en 1977, nous n'avons ni passé ni avenir, l'histoire nous tue.

Sur les marches de l'église, Gioia brûle un billet de dix mille lires à la flamme de son briquet. Le camarade Salvo de Palerme l'observe, admiratif. Il regarde ses cheveux bouclés et brillants, il a envie de pleurer.

Quelque part, dans un temps possible, Gioia déambule sur la promenade du bord de mer avec sa fille, Alba, treize ans. Un joli prénom, lui disent ses camarades de classe. Gioia entretient avec elle une relation formidable, que les petites escarmouches entre mère et fille adolescente ne troublent pas, mieux, renforcent. Contrairement à sa propre mère, Gioia n'est pas obligée de dire non deux fois sur trois quand sa fille lui réclame un jean de marque, un tee-shirt parfumé ou bariolé, bref, ce genre de choses. Elle les aimait beaucoup, elle aussi ; lorsqu'elle était enfant, elle possédait un tee-shirt frappé d'une grosse fraise sur la poitrine qui sentait vraiment, et les garçons venaient la humer. Si ses souvenirs sont bons, le tee-shirt portait l'inscription *Smell.* Elle a fait un bon mariage, elle peut dire à la petite Alba « moi, à ton âge », même si, tout bien considéré, elle n'a pas vraiment souffert des petits sacrifices que la récession des années soixante-dix a imposés. L'austérité, les dimanches à bicyclette, si tu ne veux pas marcher achète-toi un âne… On ne lui a pas interdit de fréquenter les amis du Monopoli chic regorgeant de villas, de motos et d'attentions, et c'est l'un d'eux, son second fiancé, qu'elle a épousé. Rocco, son père, est gâteux de la petite. Quand il ne va pas la chercher à l'école et ne l'accompagne pas à la danse ou au piano, il passe son temps avec les instituteurs à la retraite, qui se réunissent encore dans les maisons de campagne où ils dansaient autrefois, à parler de la tyrannie de leurs petits-enfants. Depuis qu'elle est née, il oublie d'aller à Montescaglioso, un village de la province de Matera, saluer la veuve d'un militant communiste comme il le faisait auparavant, au moins une fois par an. Mais il n'a jamais cessé de rendre visite à Lucrezia jusqu'à ce qu'elle les quitte, quelques années plus tôt. Le jour des défunts, la famille va s'incliner sur sa tombe, dans le petit cimetière de Grottole orné de fleurs.

Je parlerai à titre strictement personnel. Je parlerai au nom des Elfes de la forêt de Fangorn, des Noyaux Colorés Rires Rouges, des Cellules Dada-hédonistes, de Jouissance Ouvrière…

Gandalf le violet, dans l'immeuble de la Presse étrangère, à Rome.

L'air est lourd. Gioia n'est qu'un petit point lilas au fond de la salle, à moins qu'elle ne soit ce nuage de dentelles et de jours, ce jupon à fleurs, cette robe de tulle rouge transparent qui n'a pas réussi à impressionner la pellicule. Ou plutôt elle n'est pas là, elle n'est jamais arrivée, elle n'est pas encore arrivée, elle est arrivée trop tard, TIREZ SUR LE TEMPS.

Le tableau serait le suivant : déjeuner dominical chez Candida. Gioia est également présente, venue de Monopoli avec son mari et sa fille. La table recouverte de la nappe des fêtes est dressée sous les plafonds décorés. Candida, Alba et Gioia ne tiennent pas en place, elles enlèvent les assiettes, en apportent d'autres, les autres se fâchent, allez, venez donc vous asseoir. Derrière eux, les photos. Les diplômes de maîtrise, les mariages, les baptêmes. Gioia, son mari et la petite Alba. Gioia qui serre la main du professeur. La première femme de la famille titulaire d'une maîtrise.

NOUS REVENDIQUONS LE DROIT À L'OISIVETÉ

Une petite annonce paraît dans *Lotta Continua* : Loin du sordide, de la folie sans mots et des mots sans folie, de la province qui vous broie, de votre angoisse bourgeoise, de tes promesses non tenues, des rêves qui ne sont pas les miens. Tu étais gentil quand j'étais petite, mais maintenant je reprends possession de ma vie, ne me cherche pas, papa.

Rocco la lit à la maison. Alba et lui ne se parlent plus que pour établir la liste des courses. Alba marque son territoire au moyen de détergents de plus en plus puissants.

Han, han, han… han !

À Rome, sur le pont des Anges, Gioia vend des boucles d'oreilles bleues en mie de pain. Elle sourit, et tout le monde lui en achète sans imaginer qu'elles s'émietteront au bout de quelques jours. La vie est facile, simple.

Pendant plusieurs mois, Gioia alla d'une maison occupée à une maison commune, d'un appartement d'étudiants à un attique bourré de bibelots africains, elle attrapa des tiques, passa des disques de musique atonale chinoise à deux heures de l'après-midi sur Radio Onda Rossa, séjourna dans les comités féministes de la Via del Governo Vecchio vêtue de la chemise de nuit de sa grand-mère, avalant au petit déjeuner des brioches à la crème pour compenser les nuits blanches. La vie lui appartient, le bonheur est à portée de main, il suffit de le cueillir avec les bonnes ou les mauvaises manières, elle en est persuadée ; certes, elle entend un bruit, la terre tremble sous ses pieds, mais elle imagine que c'est dû au fait qu'il y a du changement, et cela change en effet, mais pas ainsi qu'elle le pensait, la fête est finie et elle ne s'en est pas aperçue, ou plutôt elle vient de commencer, la fièvre du samedi soir a commencé sans qu'elle s'en rende compte. *Listen to the ground, there is mouvement all around*… Un papier se soulève un instant et retombe, un blondinet lui demande de l'embrasser, il pose sur elle ses doux yeux noisette, puis tout s'arrête.

Ma fille, dit l'autre Gioia, tu ne peux pas imaginer combien je t'aime. Tu le comprendras quand tu auras à ton tour des enfants. Je veux t'offrir ce petit collier en or rouge. Il appartenait à mon arrière-arrière-grand-mère, Concetta. On l'enterra, raconte-on, parée de tous ses bijoux, mais celui-ci échappa par miracle au tombeau, sans doute parce qu'elle l'avait laissé tomber. Ma grand-mère, Candida, l'a pris, puis donné à Alba, ma mère, et maintenant c'est moi qui te l'offre.

Gioia déambule dans la banlieue de Rome. Sa silhouette s'imprime sur l'asphalte dans la forte lumière de ce début d'après-midi. Elle lance un regard à la ronde, pénètre dans un immeuble, monte au cinquième étage, frappe à une porte. Plus haut, deux femmes se mettent à discuter sur le palier. Son cœur bat la chamade puis semble s'arrêter. Elle remet le paquet et repart sans se retourner. Elle ignore ce qu'il contient. Elle l'ignore parce qu'elle a accepté cette mission quand on la lui a proposée, l'affaire a été conclue en un instant. Elle ne s'est jamais dérobée devant le danger.

TOUT EST RENVERSÉ

Elle se retrouve sans un sou. Avec ses dernières pièces, elle achète cinq jetons de téléphone. Elle les introduit dans l'appareil, compose le numéro. Alors que le premier jeton tombe, elle fond en larmes dans le combiné. Le lendemain matin, Rocco est à Rome, il balaie la gare Termini d'un regard dépaysé. Gioia le reconnaît de loin. Il y a longtemps qu'elle ne l'a pas vu. Il lui paraît petit et vieilli, parmi les marbres fuligineux du hall. On dirait qu'il attend, lui aussi – davantage qu'elle –, qu'on vienne le chercher. Il ralentit le pas.

Gioia s'inscrivit au DAMS, Discipline des Arts, de la Musique et du Spectacle, à Bologne. Qu'est-ce que tu fais, de la danse ? Elle commença à étudier la sémiotique et à se vêtir de noir. La ville où elle avait vu des moutons traverser l'église de San Petronio avec leurs bergers et la pierre devenir aussi vive que le feu, où elle avait lu son destin dans les hiéroglyphes d'une table de l'auberge Al Pratello, où elle avait distribué des baisers sous le nom d'Alice et parcouru les jardins Margherita, main dans la main avec un jeune toxico aux yeux en amande, était en deuil. Dans les jardins de la Via del Guasto, les rescapés du mouvement se shootaient. Adossés aux murs encore couverts d'inscriptions colorées, sous les arcades de la Via Zamboni, des jeunes gens qui avaient pété les plombs réclamaient cent lires aux passants. À la cuisine, le camarade dont personne ne connaît le nom se glisse dans son sac de couchage et se tourne de l'autre côté. Il est en nage, il s'est bourré de cachetons, il a pris du Rohypnol. La police se présente à la maison. Ce camarade, tu t'en souviens ? Comment s'appelait-il ? Lucio, Alessandro, non, Alex. On a trouvé sur lui un agenda avec des numéros et des adresses. Gioia frappe à une porte. Son cœur cogne – on dirait qu'il y a un moineau effrayé sous sa chemise –, puis semble s'arrêter. Elle remet le paquet et s'en va. Les « non » que tu n'as pas dits, c'est moi qui les dirai. Les « non » que vous n'avez pas dits, c'est moi qui les dirai. Je dirai tous les « non » du monde. Ils partirent cette nuit-là pour Paris. Dans le train, une comptine bourdonnait dans les oreilles de Gioia tandis qu'elle regardait l'Italie s'éloigner : « Une souris verte qui courait dans l'herbe, je l'attrape par la queue, je la montre à ces messieurs… »

Et la Bastille, où est-elle ? *Coupée, coupée* *.

22.

Combien de choses un homme peut-il perdre sans s'égarer pour autant ? Il peut perdre l'amour, son argent, sa position. Un être aimé. Sa dignité. Il peut gâcher son talent ou rater une grande occasion, le rendez-vous auquel il s'était préparé sa vie entière. Il peut perdre ses idéaux, ses rêves et enfin la mémoire.

Et si un homme était aussi tout cela ? Ces vies qu'il aurait pu vivre, ce qu'il a perdu ?

C'est l'histoire de Spiros qui, en 1980, à Athènes, franchit l'enceinte de la caserne où il faisait son service militaire pour aller coucher avec une fille de dix-huit ans, Eleni, dans les pièces fermées pour l'hiver de sa villa du bord de mer. On le surprit et l'expédia dans les corps spéciaux, cantonnés à environ quatre-vingt-dix kilomètres de Salonique. Là, il comprit rapidement que ni sa sympathie naturelle ni sa famille, pourtant influente, ne parviendraient à le sauver à la longue des attaques incessantes contre l'intégrité de son âme et de son corps ; la fuite lui apparut le seul salut possible et, effectivement, il partit un peu plus tard en compagnie d'Eleni qui avait réussi entre-temps à vider le coffre-fort de ses parents. La somme ainsi acquise leur permit d'aller jusqu'à Paris, où ils menèrent la belle vie pendant environ quinze jours. Déserteur de l'armée, Spiros ne pouvait plus regagner la Grèce.

À Paris, après les premières années, Gioia avait loué un studio dans la rue des Rosiers, au cœur du quartier juif du Marais. Nombre des camarades qui l'avaient accompagnée étaient rentrés en Italie, mais elle ne voulait pas y retourner avant que ne se tienne le grand procès dont elle était une accusée mineure. En cas de condamnation, elle s'établirait définitivement en France. Rocco tentait de la persuader qu'il valait mieux se présenter au tribunal. En vain. Le soir, Alba et lui regardaient la même émission dans deux pièces différentes, la première sur un appareil en couleurs tout neuf, le second sur le vieux téléviseur en noir et blanc.

Le studio de la rue des Rosiers était une mansarde au septième étage sans ascenseur, que Gioia atteignait en parcourant un escalier en colimaçon dans lequel il lui fallait se déhancher, ce qui réveillait sa vieille douleur et lui insufflait une rage qui la conduisait tout droit au sommet, jusqu'à ses vingt mètres carrés en soupente. La vue sur les toits en ardoise était très belle. Là, Gioia aimait contempler le ciel. Ces vastes ciels du Nord aux nuages colorés qui jouaient à se poursuivre. Ils étaient balayés par un vent rigoureux qui, les premiers temps, quand elle n'avait pas encore compris comment il convenait de s'habiller, lui cinglait les mains et le visage. Lors de son deuxième hiver parisien, elle s'acheta un chapeau russe bordé de fourrure qui réchauffait son visage irrespectueux de vieille brigande. Elle avait déjà pris certaines habitudes : ne jamais sortir sans gants, ne pas oublier son agenda ni le plan du métro, porter des manteaux qui lui descendaient jusqu'aux pieds, tourner la tête discrètement quand elle voyait un clochard en train de mourir de froid et ne jamais dire qu'elle était libre à la première invitation. Au cours de son troisième hiver à Paris, Gioia se déplaçait avec désinvolture, y compris les jours de grésil, elle buvait de la vodka, connaissait par cœur les lignes du métro, ne claquait des dents que lorsqu'elle voulait attirer l'attention et se sentait souvent heureuse. Dans ce no man's land, elle était enfin libre d'être joyeuse ou triste, de sortir en pyjama ou en robe du soir, de se perdre dans la foule des boulevards.

Un jour, parmi les nombreux petits boulots qu'elle faisait avec plus ou moins de succès, elle décrocha un rôle dans un film. Je regrette, il n'y a plus personne, devait-elle dire.

Elle le dit avec tant de transport et de conviction que le cinéaste la remarqua. Ce soir-là, il l'invita à dîner et essaya de coucher avec elle. Elle refusa mais eut l'idée de mettre à profit son sourire lumineux et ses conflits intérieurs. Une photo d'elle, où elle affichait une expression particulièrement intense, fut introduite dans le catalogue d'une agence d'acteurs. C'était souvent elle qu'on choisissait parmi les filles qui aspiraient à un rôle dans les antichambres. Elle se glissait dans la peau des personnages et en ressortait sans plus se rappeler qui elle était.

Quand elle déambulait le long de la Seine, elle était aussi heureuse que les anges, qui n'ont pas de corps, ne vieillissent pas et ne sont pas aimés charnellement.

Elle devint très belle. Les hommes s'arrêtaient souvent pour le lui dire et elle s'en étonnait elle-même en voyant son reflet dans les vitrines des magasins. Son inquiétude, tempérée par le froid du Nord, produisait une lumière liquide qui s'échappait de ses yeux aussi noirs que des lacs volcaniques, et son corps s'en trouvait sublimé.

En vertu d'un miracle tardif, la fillette qui tachait et déchirait ses petites robes de poupée s'était transformée en une jeune femme aussi parfaite que la matière inorganique, qui échappait à l'imprévisibilité du temps. Chaque matin, lorsqu'elle s'exprimait dans cette langue sans souvenir, elle parvenait à s'inventer un passé et l'emportait au supermarché, à la poste, sur le *tapis roulant* *. Elle tournait à vide, mais elle l'ignorait encore. Maintenant qu'elle avait la possibilité d'être tout le monde, elle n'était plus personne.

Il existe un bout d'essai en super 8 où Gioia sourit. Elle vous donne le vertige. On dirait un rocher qui a traversé de lointaines ères géologiques et s'est tellement durci qu'il menace de s'émietter d'un instant à l'autre.

Avec les hommes aussi, les rapports changèrent.

Depuis qu'elle était arrivée à Paris, Gioia n'était pas sortie avec un Italien. Elle avait eu dans l'ordre : un nombre plutôt imprécis de Français, dont des Corses, des Bretons et des représentants d'autres minorités ethniques, avec lesquels elle avait perfectionné l'art de la sexualité ; chacun d'eux lui avait dit et répété après l'amour, avec des mots à peu près identiques, qu'elle était la femme la plus belle et la plus fascinante de la terre et le grand amour de sa vie, jusqu'au jour où ces exploits érotiques avaient commencé à l'ennuyer. Il y eut un groupe d'Anglais, des diplômés d'Oxford ou de Cambridge, certes incompétents au lit, mais dont le « th » cristallin et les étouffantes cravates style Eaton l'envoûtaient. Ensuite deux Canadiens, dont l'un était si grand et si gros qu'il avait peur de l'écraser chaque fois qu'ils faisaient l'amour. De nombreux Américains, un Portugais né à Madagascar qui se nommait Nuño, c'est-à-dire « personne ». Un Colombien sexagénaire à l'âme d'enfant et à la force adolescente. Un Mexicain qui la prit sur le coffre de la voiture de son épouse, à bord de laquelle il l'avait raccompagnée après le dîner. Un Sud-Africain qui exerçait le métier de cascadeur. Un étudiant de Prague. Il y eut aussi un Turc, un Chinois qui la remplit de stupeur, une top-model finlandaise mais jamais aucun Noir. Et ce fut terminé.

La chasteté de Gioia vint de loin. Alors qu'elle s'était toujours appliquée avec enthousiasme aux jeux du sexe, elle en perdit peu à peu le goût, jusqu'à s'endormir au meilleur moment dans les bras de son dernier amant. Une étrangeté privée de rancœur et peuplée de quelques souvenirs fugaces s'instaura alors entre les hommes et elle. Son corps cessa de vieillir, il devint plus doux, plus blanc et plus souple, et dégagea bientôt une sérénité ennuyeuse comme celui des petites religieuses que, dans son bienheureux lit conjugal, sa grand-mère avait tant rêvé d'imiter.

Les bouts d'essai commençaient à ne plus donner de résultats et elle avait le loyer à payer chaque mois, alors Gioia décida un matin de répondre à l'annonce d'un centre d'appels érotiques parue dans *Libération*. Avec le Minitel, ces centres d'appel se multipliaient en même temps qu'apparaissait une nouvelle maladie aux allures de vieille épidémie.

On lui avait raconté, dans une agence, qu'une rock-star s'était barricadée dans une chambre stérile parce qu'un simple rhume risquait de la tuer. Gioia avait pensé qu'il s'agissait d'un de ces bobards typiques des acteurs qui veulent se rendre intéressants, mais la maladie avait éclaté au grand jour un peu plus tard, fauchant homosexuels, drogués, individus des deux sexes et *branchés* *. Désormais, la sexualité au téléphone rassurait les gens. Déshabillez-vous et caressez-vous, *s'il vous plaît* *. Je veux voir comment vous vous caressez. L'homme en complet-cravate l'observait, impassible, derrière sa table en cristal, dans le bureau hi-tech dont les grandes baies vitrées donnaient sur le *seizième* *. Un peu plus loin, la tour Eiffel. Pourquoi ? Quel est le rapport ? Je suis censée parler et c'est tout. Vous croyez que cela m'amuse ? J'ai vu des centaines de filles, bien plus belles que vous. Alors ? Je n'ai pas de temps à perdre. Mais où ? Là, sur le parquet. Un parquet de bois étincelant.

Gioia déambulait sur la promenade du bord de mer avec sa fille. Une brise printanière se lève. Maman, tu m'achètes une glace ? Quel parfum ? À la fraise.

Quel parfum ? À la fraise.

À l'approche du couchant, les buissons s'empoussiéraient, l'air fraîchissait et l'écho des sabots qui martelaient le sol se faisait plus grave. Le cheval de derrière les rejoignit. Ils franchissaient les limites du Cugno del Ricco. Dans les champs, une alouette s'envola. Un bourdonnement sourd d'insectes retentit soudain et s'installa en arrière-fond. Don Francesco

Falcone eut un dernier sursaut. Tandis que la vie s'échappait de sa bouche entrouverte, il sentit qu'il devait retenir quelque chose. Une chose inconnue.

Un matin de mars, alors qu'elle quittait le centre d'appels, Gioia entendit une phrase gronder dans ses oreilles, non pas une de ces phrases qu'elle disait aux clients au téléphone, *oui mon chou, oui mon poulet, oui, fais-moi ce que tu veux**, avec son accent italien qui les excitait tant. Une autre, un slogan de 1977, réduit à cet instant précis à un son, qui revenait encore et encore à son esprit, scandé par le tic-tac de ses talons sur les pavés de Beaubourg.

Mieux vaut une fin désespérée qu'un désespoir sans fin, mieux vaut…

La signification de cette phrase la frappa brusquement tandis que, au-dessus de sa tête, une minute s'achevait sur l'horloge qui faisait le décompte du temps jusqu'à la fin du millénaire. Onze ans, 6 127 233 minutes. Une sorte d'euphorie s'empara de Gioia, comme le jour où, enfant, elle avait ouvert la porte de la maison et s'était rendue seule sur la grand-place.

Comme à l'époque, tout lui parut soudain plus beau. La bohémienne qui vendait des fleurs, les fleurs, les deux marins qui semblaient s'être entendus pour marcher du même pas, la dame dont le chien-loup s'arc-boutait sur ses pattes arrière alors qu'elle essayait de l'entraîner, le papier un peu gras que le vent souleva et qui heurta le bord du trottoir avant de retomber.

La des-truc-tion-c'est-la-li-bé-ra-tion. La des-truction-c'est-la-li-bé-ra-tion.

Le feu s'apprêtait à passer au rouge, sur le boulevard. Un instant, Gioia songea à s'arrêter. Le ciel était limpide. Trop limpide. Quand te mettras-tu du plomb dans la tête ? La destruction… Elle se tint en équilibre sur ses pensées, puis, selon son habitude, elle alla jusqu'au bout.

Mais, cette fois, un trouble la retint tandis que la petite voiture venait vers elle.

Un crissement de freins. Gioia projetée sur l'asphalte à quelques mètres de là, la Citroën qui tourne sur elle-même à un instant où, par miracle, personne ne passe. Un homme en sort. Il est grand, brun, a la peau olivâtre et les yeux noirs, doux, levantins. C'est Spiros.

L'ombre des chênes s'étendait sur le corps immobile de don Francesco. Dans le ciel encore clair, on voyait déjà les premières étoiles. Les grillons se taisaient encore. Le silence régnait. Un spasme contracta ses membres. Il s'abandonna.

Il n'était rien arrivé. Spiros accompagna Gioia à l'hôpital le plus proche pour s'assurer qu'elle n'était pas victime d'un traumatisme crânien. Elle n'avait qu'une contusion au bras, quelques égratignures et un gros bleu sur la jambe. Il insista pour lui offrir un café dans un bistrot voisin.

Une grande paix. Les grillons stridulaient, s'interrompaient en même temps puis recommençaient. Les étoiles brillaient.

Au début, Gioia ne s'intéressa guère à lui. Le *petit crème** qu'elle avait devant elle paraissait absorber son attention. Elle mélangeait le sucre et regardait les passants à travers la vitre. Elle essayait d'assembler des éléments qui ne s'emboîtaient pas, mais elle n'en parla pas.

Quant à lui, il s'abstint de lui confier qu'il avait pris ce matin-là sa dernière dose de méthadone, qu'il était marié à une femme, Gloria, qui l'entretenait, et qu'ils avaient une fille, Sabine.

Ce qu'il lui dit, en revanche, suscita ses rires.

La Citroën recule.

Qu'est-ce que c'est ? a demandé Gioia. Il a rebroussé chemin : en bas, sur le quai de la Seine, une chèvre broute de l'herbe qui pousse entre les pierres. Impossible de comprendre comment elle est arrivée là. Ils prononcent quelques mots, puis se taisent. Elle se tourne vers lui et le voit soudain.

La voiture est immobile près du fleuve. L'eau est très proche. Il fait noir. L'obscurité les enveloppe si bien qu'il leur est impossible de se regarder droit dans les yeux. Seul brille un reflet sur leurs lunettes respectives posées sur le tableau de bord. Ils ont longtemps roulé avant de dénicher ce coin. Ils ont bavardé tout l'après-midi, ils ont ri. Soudain, Gioia se rend compte qu'elle se trouve dans une voiture avec un inconnu, dans un endroit isolé et sombre. Il pourrait la violer et la tuer. Personne ne sait qu'ils se sont rencontrés. Il pourrait l'embrasser. Elle s'écarte, s'écrase contre la portière. Elle n'ose pas l'interrompre alors qu'il parle de sa famille. L'histoire semble interminable, elle s'entrelace avec la résistance héroïque d'une radio pendant la montée au pouvoir des colonels et les aventures d'une dénommée Maria. Gioia a honte de ses pensées. Par quel mystère l'idée qu'il voulait l'embrasser lui a-t-elle traversé l'esprit ?

Ils sont enfermés dans la mansarde depuis des heures. Parfois, pendant qu'il la prend, elle prononce quelques mots. Il répond et le rythme ralentit. Ils se confient une pensée, un rêve, un souvenir. Ils ont du plaisir à prolonger ainsi ce laps de temps, comme s'il ne devait jamais s'achever. Leur premier baiser a duré un temps fou, une demi-heure, trois quarts d'heure, une heure, il finissait et recommençait, telle une roue qui touche terre et se soulève une nouvelle fois, un cercle. Ils se sont reconnus, et s'embrasser est leur façon de se le dire.

Le cœur de Spiros bat à chaque fois si fort qu'on le croirait près d'éclater.

Quel effet cela fait-il ? Tu en prends, et tes souffrances cessent. Quelles souffrances ?

Un jour, il observe le corps de Gioia sur le lit, ses formes, et lui caresse le ventre. D'où viens-tu ? demande-t-il. Je ne m'en souviens pas, répond-elle en riant. J'ai toujours été ici, avec toi.

En bas, près de l'Ai Mar, une grenouille se mit à croasser, bientôt imitée par d'autres. Il y eut un bruissement dans le blé.

Elle comprend ce qu'il éprouve, loin de sa terre. Une terre sèche, baignée par la mer. Elle voit dans son corps les troncs noueux des oliviers, ce bois dur qui plonge ses racines dans la terre pierreuse.

Il lui rappelle son grand-père, son arrière-arrière-grand-père, ses oncles, le père qu'elle aurait aimé avoir, le frère qu'elle aurait pu avoir, un cousin, des camarades de classe, le garçon avec lequel elle plongeait du haut des rochers les plus élevés, des murets de pierres sèches, la mer, des après-midi d'hiver, des soirs d'été, des surprises, la tristesse et la joie.

Leur peau se ressemble.

Ils voudraient se connaître, pour autant que cela soit

possible dans une pièce dont ils sont les seuls occupants. Avec leurs mots.

Spiros lui raconta son parcours dans la mansarde où il la rejoignait l'après-midi. Sa désertion. La Grèce qu'il lui est impossible de regagner. Un jour, Gloria refusa de lui ouvrir. Où veux-tu en venir avec cette histoire ? Il reste là. Je ne partirai pas tant que tu n'auras pas ouvert.

Qui es-tu, qui suis-je, qui es-tu, qui suis-je, j'ai eu de la chance de te rencontrer, toi qui as envie d'écouter mon histoire et qui sauras peut-être me dire à la fin qui je suis, et moi qui ai envie d'écouter la tienne et saurai te dire qui tu es.

L'histoire d'une partie de poker, d'un tremblement de terre, d'un rendez-vous sans cesse repoussé…

Gioia sait ce que signifie repousser les rendez-vous.

Leurs vies semblent se compléter, elles s'éclairent réciproquement, se fondent en une histoire. La seule possible dans cette ville où personne ne les connaît. Une histoire d'amour.

En haut, parmi les arbres, une chouette hulula.

Gioia voyait en Spiros et elle deux fleuves qui avaient détourné leur cours et, s'égarant dans des terres étrangères, avaient perdu la puissance de leur flux, la sécurité de leur lit, s'étaient enlisés et échoués dans des bas-fonds, divisés en mille rigoles au point de perdre l'espoir d'atteindre leur embouchure. Elle espérait que, en se rencontrant, leurs eaux s'uniraient et, se nourrissant mutuellement, recommenceraient à couler, paisibles et tranquilles, jusqu'à la mer. Mais il n'en fut pas ainsi.

Un jour, il disparaît. Elle l'attend en vain le mardi, le mercredi, le jeudi, puis la semaine suivante et celle d'après. Elle s'aperçoit qu'elle connaît parfaitement son passé ; mais de son présent, seulement ce qu'ils ont partagé dans la mansarde, après-midi après après-midi, minute après minute.

Elle ne connaît pas son numéro de téléphone. Sans lui, elle ne se connaît plus elle-même.

Puis-je te flanquer une gifle ? Elle aimerait lui flanquer une gifle quand ils se retrouveront. Une gifle ? Pourquoi ? Pour pouvoir lui pardonner. Mais une petite gifle. Pas trop douce, pas trop forte. Enlève tes lunettes. Voilà. Oui.

Le téléphone sonne. Gioia répond le cœur battant comme à chaque fois depuis qu'il s'est volatilisé. C'est son agent. Un cinéaste célèbre voudrait faire d'elle l'héroïne de son film. Le tournage a lieu en Espagne et en Normandie. Gioia réfléchit un instant puis accepte. Ainsi, j'échapperai à mon destin, se dit-elle.

À chaque jour, heure, minute de son attente, Gioia a formulé les mots qu'elle entend dire à Spiros lorsqu'elle le reverra. Elle a eu le temps d'élaborer les phrases, les pauses, les virgules et les conséquences. Elle a négligé un seul détail. Il se présente sans avertir. Il frappe à la porte. Croyant qu'un coursier lui apporte les nouvelles scènes du scénario, elle ouvre avec distraction, toute décoiffée. Spiros se tient sur le seuil. Ils se dévisagent. La première phrase qu'il prononce la fait rire. Soudain, les mots et la gifle qu'elle a imaginés s'évanouissent.

Spiros ne justifie pas son absence, qui semble brusquement se contracter au point de devenir négligeable. Il est rentré avec une idée qui suscite l'enthousiasme de Gioia. Il veut l'emmener dans le Midi, sur la Côte d'Azur. Il y a là des oliviers, la mer, des murs de pierres sèches. Des *falaises* *. De l'huile, de l'ail, des oignons. Le sang recommence à circuler dans les veines de Gioia. Elle accepte sans un instant d'hésitation. Elle ne lui dit pas que le tournage du film débute le lendemain. Ce n'est pas son histoire. Son histoire, c'est celle qu'elle s'apprête à vivre avec Spiros, et peu importe qu'elle soit bonne ou mauvaise. À présent, elle en est certaine : avec lui, et seulement avec lui, elle est elle-même. Authentique comme une pièce d'or.

Ils ont rendez-vous le lendemain place de la Bastille. Gioia se présente, vêtue d'une robe qu'elle s'est achetée pour l'occasion. Une robe bleu vif qui lui va très bien. Elle est belle, et quelqu'un le lui dit dans la rue. C'est une journée de soleil, une de ces journées parisiennes où le ciel est limpide et dégagé. Sur le chantier de l'Opéra Bastille, les maçons se retournent pour l'admirer. Spiros est un peu en retard. Tout en patientant, Gioia contemple l'obélisque et pense un instant à l'anecdote que son père et son oncle lui racontaient. Que disait-elle, déjà ? Mais elle n'a ni le temps ni l'envie d'y penser. Une minute de plus s'écoule, interminable, en son absence.

Elle aime ses mains sur le volant, la maîtrise qu'il a de ses mouvements, sa décision, sa tendresse. En voiture, ils parlent, rient, se caressent. C'est un monde où ils ont existé depuis toujours. Près de la côte, il déclare qu'il serait formidable de partir ensemble. Aux États-Unis. Loin. Le plus loin possible. Elle n'a aucun doute. Le bonheur l'attend là-bas, avec lui, mais elle ne le lui dit pas ; sa main remonte le long de la cuisse de Spiros, tandis que la voiture aborde le tournant.

Il est tard quand ils arrivent. Une lumière isolée dans le noir, sur le promontoire, leur indique le restaurant. Il n'y a plus que quelques clients, et le serveur annonce qu'ils ne tarderont pas à fermer. Il leur prépare une table dehors, avec un léger sourire dans les yeux. De l'autre côté de la côte bétonnée s'étend la mer.

Pendant le dîner, le mistral se lève. Il s'engouffre dans la nappe et les serviettes, renverse les verres. Gioia et Spiros continuent de parler. De banalités, des films qu'ils ont vus au cours de ces trois derniers mois, des livres qu'ils ont lus, d'un fait divers qui a été à la une des journaux, de leur animal préféré.

Le vent devient très fort, c'est maintenant une sorte de tornade. Assiettes, verres, chaises et tables s'envolent. Mais ils poursuivent leur conversation comme si de rien n'était, comme si la vie ensemble avait toujours été possible, comme si c'était là que se trouvait le salut.

Après avoir payé l'addition, Spiros se rend aux toilettes. Gioia l'attend à leur table. Elle contemple le vent qui fléchit les pins maritimes. Tout est parfait. Le paysage, le moment, les circonstances, la lumière un peu jaune du ciel, l'histoire qui l'a conduite à cet endroit-là, ce soir-là, à une trentaine de kilomètres de La Ciotat. Elle est si heureuse qu'elle se lève pour aller à la rencontre de Spiros. Elle veut lui parler des États-Unis. D'eux. Elle descend l'escalier en pierre dont la balustrade est formée de branches attachées par une ficelle. Une fois au pied des marches, elle l'aperçoit. Il bavarde non loin de là avec quelqu'un, appuyé sur une Saab noire qu'elle se rappelle soudain avoir vue plus tôt. À l'intérieur, une femme blonde que Gioia a l'impression de reconnaître, une actrice, qui sourit à chaque blague de Spiros. Il lui sourit, lui aussi. Il tend à l'homme une mallette. Le vent apporte à Gioia des lambeaux de leur conversation, puis la voiture redémarre.

La chemise blanche de Spiros se détache dans l'obscurité. Maintenant, il va se retourner et la voir. Elle pourrait feindre d'arriver. Ils pourraient s'embrasser sous les arcades. Partir ensemble pour les États-Unis. Recommencer. Être heureux. Comme si le secret qui les unit n'était pas une vieille vocation à l'échec ; et le bonheur, cette petite brise qui les a caressés à la dérobée un peu plus tôt, le temps d'un instant, avant de se changer en tempête et de se sauver Dieu sait où.

C'est la dernière image que Gioia a de Spiros. La chemise blanche qu'il porte sur sa peau bronzée s'imprime dans son cerveau : c'est comme du napalm. Sa bague en argent s'enchâsse dans son cœur, ainsi que chaque minute qu'elle a passée avec lui, chaque geste, image et mot partagés : ce sont des éclats de bombe.

Soudain, les oiseaux cessèrent de jacasser dans le petit bois de chênes qui bordait les champs, et le silence se fit. Le ciel s'éclaircissait. Les cavaliers qui cherchaient le corps s'approchaient.

Au même moment, un vent se leva, un petit vent frais qui descendait des Cappucini, fléchissant les épis de blé encore verts. La journée serait limpide. Le vent écarta les cheveux trempés de sang qui encadraient le visage méconnaissable de don Francesco, balaya les feuilles et s'éloigna en direction de l'Ai Mar.

En sortant de la gare de Lyon, le lendemain, Gioia eut l'impression de voir des gens qui n'auraient pas dû être là. Elle sursauta. Une épaule maigre, des cheveux clairs, de grands yeux noisette. C'est son premier petit ami, à califourchon sur sa moto Morini. Une camionnette l'efface. La tante Angelica aux joues de pomme et au port élégant tourne au coin de la rue, pépé Nicola et sa moustache apparaissent derrière les vitres d'un autobus, Lucrezia, sa grand-mère, mène paître un cochon, armée d'une branche de noisetier, et lui fait traverser une rue de Rivoli très encombrée. Une flaque se forme par terre, se met à couler, se change en rigole : c'est de l'huile qui dévale la ruelle, grossit, s'étend et croît au point de tout renverser sur son passage.

Dix ans plus tard, Gioia reçut une lettre de Spiros, qui avait réussi à se procurer son adresse à Rome. Grâce à l'argent du trafic auquel elle avait participé à son insu, lui écrivait-il, et à des contacts qu'il avait pris durant son absence, il avait gagné le procès qui lui permettait de rentrer en Grèce. Il avait quitté sa femme, sa fille, et le reste. Il était heureux.

L'enveloppe ne portant pas d'adresse, Gioia ne put pas lui répondre. Elle aurait aimé le remercier, car en le perdant elle avait trouvé ce qu'elle cherchait depuis longtemps sans le savoir.

23.

Il n'est pas facile de raconter cette histoire à ceux qui ne connaissent pas la vallée du Basento, le ciel aussi bleu que les crayons de couleur des enfants, les talus que le blé teint en vert au printemps et en jaune à l'automne, les feux dans les chaumes, les pylônes destinés à l'extraction du pétrole, les villages agonisants sur les collines, le vol du milan.

Je ne sais définir son lien avec moi. Je l'associe à l'expression qu'il m'arrive de surprendre sur mon visage certains jours, quand je me regarde à la dérobée dans le miroir. À ces états d'âme subits dont la profondeur me laisse entendre qu'ils existaient bien avant moi. Aux questions que je me pose et aux réponses que je trouve parfois sans les chercher. Aux imprévus. Aux projets sans cesse bouleversés. À ce qui a un sens, et peu importe lequel.

Il y a, dans certaines vies, des moments où les événements prennent un tournant inattendu. L'image qui me vient à l'esprit est celle d'un déraillement. Vous commencez par errer dans vos journées ainsi que vous pourriez le faire dans les rues d'une ville inconnue. Vous observez des objets et des êtres qui devraient vous être familiers et vous ne les reconnaissez pas. Vous ne reconnaissez pas les faits et les occupations qui remplissent ces heures.

Vous vous demandez quand cela s'est produit. Comment cela s'est produit et comment vous avez pu en arriver là. Vous parcourez à l'envers les routes que vous avez empruntées. Les carrefours, les bifurcations. Et, sans vous en rendre compte, vous vous perdez dans votre histoire ; celle que vous avez assemblée pièce par pièce et que vous vous racontez chaque jour pour exister. En rebroussant chemin, vous comprenez soudain que le temps n'est pas un cercle, mais une spirale, que l'effort produit pour étreindre le passé vous projette de nouveau vers l'avenir.

Au mois de mars 1989, les journaux rapportèrent des nouvelles du monde communiste qui s'effondrait ; à vrai dire, ils le faisaient déjà depuis un certain temps. *L'Espresso* publia des lettres tirées du courrier des lecteurs de la revue soviétique *Ogonjok*, l'une des plus lues à l'époque de Gorbatchev. On racontait que Staline avait provoqué la grande famine des années trente en Ukraine, celle-là même qui avait fauché vieillards et enfants, afin d'obliger les paysans à travailler dans les kolkhozes. On décrivait les privilèges accordés aux membres de la nomenklatura, les falsifications de l'Histoire enseignées à l'école, l'occultation des données indispensables à la recherche scientifique, les abus dans les casernes, l'absence de liberté. Alba parcourut ces articles dans le train. Son mari, Rocco, les lut à la maison, où il était resté, et son monde vacilla jusque dans ses souvenirs.

Le 19 mars 1989, il faisait plus chaud à Paris qu'à Matera.

Quand Alba descendit du train à la gare de Lyon, les os en capilotade parce qu'elle n'avait pas voulu prendre de couchette, elle tomba nez à nez avec une grande affiche où il était écrit : « *Liberté, égalité, marron glacé* * ». Paris fêtait le bicentenaire de la Révolution. Des images de Marianne, de Danton, de Marat et de Robespierre tapissaient les murs de la ville. Le tricolore français, bleu blanc rouge, colorait les gadgets qui envahissaient les vitrines : broches, cravates, briquets, tasses et slips, assiettes, poupées, agendas, calendriers, cendriers, statuettes, bustes, pyjamas et foulards. « *Le bonheur de tous* * », fin ultime de la Déclaration des Droits de l'Homme, en vente à un prix modique.

Alba traversa en taxi la place de la Bastille. La Bastille n'y était pas. On l'avait abattue en 1789. À cet instant précis, Alba avait la tête vide.

L'appartement de sa fille ne la surprit guère : il était en désordre. De la fenêtre, on voyait les toits de Paris. Alba s'était dit souvent qu'elle aimerait se rendre dans cette ville, mais elle n'aurait jamais imaginé que ce souhait se réaliserait dans de telles circonstances. Pourtant, elle ne s'attarda pas sur cette pensée. Elle jeta au studio un regard technique. Puis, se mit au travail.

Elle trouva des vêtements et des livres éparpillés partout. Au fond de l'armoire, chiffonnés et gris, les draps que sa grand-mère Albina avait ornés de broderies au crochet. Elle se rappela que Gioia avait beaucoup insisté pour les emporter, dépareillant ainsi son trousseau. De toute façon, lui avait-elle dit ce jour-là, elle n'avait pas l'intention de se marier. Alba s'était battue avant de céder, et à raison, il suffisait de voir leur état pour s'en persuader : ils ne seraient jamais plus blancs, même si elle les faisait tremper dans un litre d'eau Javel.

Elle rassembla les vêtements, parce qu'il fallait les emporter. Elle décida de les laver avant de les ranger dans les valises. Quant aux livres, elle les empaqueta dans des cartons. Ils resteraient là dans un premier temps, puis on verrait. Elle fut horrifiée par la moquette constellée de taches et imprégnée de poussière : elle n'avait sûrement jamais été nettoyée à fond depuis des décennies. Elle se jura que pour rien au monde elle ne se laisserait convaincre d'en poser chez elle, puis elle entreprit de la shampouiner à l'aide d'une mousse qu'elle avait achetée exprès. Le soir, elle avait les reins brisés, mais la moquette avait changé de couleur. Il lui fallut trois jours pour remettre le studio en ordre. Quand elles repartirent, l'appartement brillait d'un éclat sinistre, les vêtements de Gioia étaient pliés dans les valises, parfaitement repassés et parfumés, les draps du trousseau avaient été coupés en morceaux et utilisés pour retirer la poussière. Un taxi conduisit Gioia au wagon-lit.

Pendant la première semaine, Gioia ne prononça pas un seul mot. Sa mère lui donnait la becquée comme à l'époque de son enfance. Elle lui préparait les mêmes bouillies, qu'elle introduisait patiemment dans sa bouche, après avoir soufflé deux fois sur la cuiller. Les trois quarts de la nourriture refroidissaient dans l'assiette.

Rocco entrait dans la chambre de sa fille une douzaine de fois par jour. Il ne s'y attardait pas plus de dix minutes. Debout, immobile, il essayait de lui parler puis s'en allait. Il revenait au bout d'un moment, et la scène se répétait.

Le son des téléviseurs s'échappait des pavillons qui avaient été construits de plus en plus près de leur villa au cours des dernières années. Le soir, Alba jouait elle aussi avec la télécommande puis s'endormait dans le fauteuil, enivrée par les robes pailletées des danseuses.

Un jour, Gioia répéta un geste qu'elle faisait à l'âge de huit mois : elle cracha la soupe au visage de sa mère. Elle déclara ensuite qu'elle s'en irait. Où ? demanda Alba, tu ne tiens pas sur tes jambes. Une semaine plus tard, elle partit.

À Grottole, Candida la coucha dans la crypte, sous la *survoûte*, veillée par les photos de son grand-père Nicola, de son arrière-grand-mère Albina et de son arrière-arrière-grand-mère Concetta, ainsi que le portrait de don Francesco Falcone, qu'elle y avait transporté. La nuit, les lumignons brillaient dans la pénombre. Les draps en peau d'ange, ceux avec lesquels elle jouait aux Indiens dans son enfance, étaient frais sur sa peau. Dans cette pièce, le temps était enfermé comme dans une bulle, il tournait le long des murs et revenait toujours au même point. Sa guérison, d'abord lente, s'accéléra doucement. Elle grossit et ses règles réapparurent. Elle reprit des couleurs. Une brise se leva parmi les ruines qui l'habitaient.

Quand, dans cent ans, tu iras rejoindre le Père éternel, lui disait Candida, tu lui raconteras que tu as visité la France, l'Espagne et l'Angleterre, tu lui diras je suis allée ici, je suis allée là, je suis allée en haut, je suis allée en bas, et j'ai vu ceci, cela. Ah, répondra le Père éternel, je suis bien bête d'être resté là où je suis, de n'être jamais allé nulle part...

Les derniers temps, Candida s'était mise à ressembler à sa mère Albina et à sa grand-mère Concetta, qui étaient différentes dans leur jeunesse et étaient devenues petit à petit le portrait craché l'une de l'autre, comme si, l'approche de la mort, l'essentiel avait affleuré à leur visage. Elle passait ses journées au chevet de Gioia, tricotant ce qui serait son dernier ouvrage.

Elle l'avait entrepris à l'âge de quatre-vingts ans, presque dix ans plus tôt, mais l'avait interrompu mille fois. C'était un grand couvre-lit au dessin extrêmement compliqué, qu'elle réalisait avec le coton le plus fin du monde. Candida parlait et agitait son crochet sans même regarder les points, parce qu'elle ne voyait presque plus et que ses mains étaient déformées par l'arthrose. L'expérience suppléait à tout.

Dès qu'elle pénétrait dans la chambre de Gioia, le matin, elle lui racontait des histoires. Le jour où, enfant, on lui avait enlevé les amygdales. Son oncle Mimmo et les injures qu'il avait prononcées devant l'autel, sa grand-mère Concetta qui était bonne avec les pauvres, la dame de Milan, les barils de don Francesco... Gioia avait entendu des milliers de fois ces récits, mais elle n'y avait plus pensé au cours des dernières années. En les réécoutant, à présent, elle avait l'impression qu'ils s'assemblaient, de la même façon que les napperons qui ne sont au début que des mailles pleines et des mailles vides, des arcs de chaînettes, des losanges et des colonnettes, et qui, une fois l'ouvrage achevé, forment un dessin plus grand dont le sens n'est autre que le temps et l'amour qu'on a consacrés à son exécution.

Plus les jours passaient, plus ces anecdotes absorbaient Candida. Le passé et l'avenir se la disputaient. Son présent s'étiolait, on sentait une membrane près de se rompre.

J'ai l'impression que j'ai vécu mille ans, disait-elle le matin après avoir bu son café. Je me *mort-fonds.* Toujours la même soupe ! Mais lui, ce puant qui se trouve là-haut, a effacé mon nom, il n'a aucune envie de m'appeler. Et moi qui voulais innover… Tu parles ! Regarde ce que je suis devenue, qui aurait dit ça, pauvre de moi.

En attendant, elle continuait d'arroser les plantes. Ses yeux brillaient quand l'une d'elles fleurissait.

Comme tout semble différent ! s'exclamait-elle un autre jour en jetant un regard curieux à la ronde. Tant de changements ! Avant, le monde était très simple, maintenant on n'y comprend plus rien, cela n'a ni queue ni tête. J'ai tout perdu, tout perdu, ma fille.

Où es-tu ? Pourquoi es-tu parti ce matin pour la boutique sans m'apporter mon café ?

Et cette maison, qu'est-ce qu'elle deviendra ? Elle ouvrait les portes, examinait les pièces, où l'on avait parfois construit des mezzanines pour loger enfants et petits-enfants. On aurait dit une mouche qui cherche une issue. Vendez-la si vous trouvez quelqu'un pour l'acheter, sinon offrez-la, qu'elle aille se faire foutre. Vous n'avez plus rien à faire ici. Tu veux savoir ce qui lui arrivera quand je serai morte ? Elle *parterrera.* Faites-la donc *parterrer*, qu'elle aille se faire foutre.

Soudain, elle regardait Gioia avec étonnement, puis tentait de se rappeler : de qui es-tu la fille, ma chérie ?

Comment t'appelles-tu ? J'oublie tout, heureusement il ne s'agit que de ton prénom. Écris-le-moi sur un papier, je le mettrai dans ma poche.

Candida avait tapissé la maison de bouts de papier qu'elle utilisait pour s'orienter dans l'espace et, plus encore, dans le temps, éloignant les morts qui se mêlaient avec insistance aux vivants au point de ne plus s'en distinguer.

Cette nuit, j'ai entendu les enfants qui m'appelaient. Où est mon mari ? Où est mon père ? Où est ma mère ?

Un soir, avant de se coucher, elle voulut appeler Cicia, à qui elle n'avait pas téléphoné depuis des années. Elle composa son numéro, qu'elle connaissait par cœur, et entendit au bout d'un moment son amie, qui était devenue un peu sourde mais n'avait pas perdu courage. Elles parlèrent, sans céder à la nostalgie, de ce qu'elles avaient mangé à midi, du temps et de leurs douleurs. Puis elles se dirent au revoir.

Un matin, Gioia constata qu'elle avait retrouvé ses forces. La femme qui faisait le ménage et préparait les repas n'était pas encore arrivée, et Candida non plus ne s'était pas montrée. Gioia s'appuya sur son bras et se leva. Sa tête tournait un peu, mais elle avait du plaisir à respirer à pleins poumons. L'air lui brûlait légèrement la trachée. Elle marcha sur le carrelage à fleurs, qui était frais sous les plantes de ses pieds nus.

En passant devant le salon, elle aperçut sous la porte un rai d'une lumière qui ne semblait pas naturelle. De fait, les volets du balcon qui donnait sur la vallée étaient fermés, et le lustre allumé. Au milieu de la pièce, la table dépliée comme elle ne l'avait pas été depuis des années et recouverte de la nappe brodée des jours de fête. Dans les douze assiettes, une entrée composée de saucisse et d'œufs durs.

Gioia éteignit la lumière et referma doucement la porte derrière elle. Elle demeura immobile un instant. Elle respira profondément. Puis elle se rendit dans la chambre à coucher, qui était encore plongée dans la pénombre. Au milieu de son grand lit, Candida paraissait minuscule. Gioia s'approcha et lui saisit la main.

Mets-moi ma robe neuve, amour de ta grand-mère, celle que j'ai préparée dans l'armoire, dit Candida avant de s'en aller, et ce fut sa dernière coquetterie.

Quand sa grand-mère eut fermé les yeux, Gioia lui lâcha la main, s'approcha de la fenêtre et ouvrit. Dehors, le soleil brillait.

Soudain, un bonheur unique, sans raison, s'empara d'elle. C'était un sentiment éclatant qui naissait à l'endroit où ses pieds touchaient terre et remontait vers sa tête en s'attardant dans chaque cellule de son corps. Il était fait du ciel léger et bleu pâle qu'elle avait au-dessus du crâne, du silence des pierres blanchies à la chaux, des cris des hirondelles, des fleurs qui poussaient au bord des routes, bleues, pervenche, roses, pourpres, jaunes, rouge vif, presque douloureuses parfois dans la compacité de leur couleur. Un bonheur ancien qu'elle avait oublié, mais qui était resté intact quelque part. Elle le retrouverait quand elle se distrairait ou se laisserait surprendre, ou encore quand elle tomberait amoureuse, dans des moments de désespoir ou d'ennui au fond desquels il lui clignerait soudain de l'œil, l'amenant à sourire sans raison apparente.

Elle se remémorerait alors l'époque où elle était reine, ainsi que son royaume d'objets, de personnes, d'événements qui existait ailleurs, dans le temps et l'espace, et qui ne devenait présent qu'en elle : les après-midi de printemps, les petites tasses de la Vierge, Luigino la Cheminée et Cague-Buissons…

Dans la rue, dans la cohue du métro ou dans la queue d'un supermarché, elle repenserait aux ducats rouillés avec lesquels elle avait joué dans son enfance, aux mouches dans la maison de sa grand-mère, aux rires, aux baisers et au reste. Le trésor de don Francesco, enterré dans les récits, dans les regrets et dans les rêves qui, franchissant le temps, étaient parvenus jusqu'à elle. Je suis Gioia, pensa-t-elle en fermant la fenêtre.

Elle s'attarda plusieurs mois chez ses parents, jusqu'à ce qu'elle soit totalement rétablie. En novembre, elle partit pour Rome. Elle devait assister à la première audience de son procès. Le matin de son départ, les deux téléviseurs étaient allumés dans le fortin de béton, ils transmettaient en direct les événements de Berlin. C'était le 10 novembre. Le mur était tombé. Dans la cuisine, Alba faisait cuire des côtelettes pour en fourrer des sandwiches. Gioia n'osa pas lui rappeler qu'elle était végétarienne depuis plusieurs années.

Avant de partir, elle jeta un dernier coup d'œil au seul arbre qui peuplait le jardin, un mimosa très fourni qu'elle avait regardé pousser pendant sa convalescence. À la télévision, les gens fêtaient leur liberté retrouvée, s'aventurant au-delà du mur dans un endroit en partie inconnu. Gioia ferma sa valise sans rien oublier, elle embrassa ses parents et s'en alla.

Il n'y avait personne dans son compartiment. Elle posa sa valise à côté d'elle, s'assit et regarda à travers la vitre.

La campagne ondulée qui avait bercé sa nostalgie – nostalgie d'une souffrance bien-aimée, de larmes, d'une curiosité insatisfaite, d'une captivité – avait à présent perdu sa virginité. La ligne harmonieuse des collines uniformes, de la même couleur, été comme hiver – jaune, vert, marron, comme les sentiments qui habitaient successivement le cœur unilatéral des habitants de cette terre – avait été déflorée. Casemates de béton, pylônes, panneaux publicitaires y avaient introduit angles aigus et nouvelles teintes. « On n'y comprend plus rien », la voix de Candida lui revenait à l'esprit puis s'estompait dans le bruit du train, tandis que Gioia sentait son cœur s'émietter à l'instar de ce paysage où l'œil ne se perdait plus que çà et là, où il heurtait un objet et rebroussait chemin telle une mouche affolée sur les murs d'une pièce. Le noyau qui était demeuré intact pendant des siècles, voire des millénaires, s'était brisé en l'espace de quelques années, mais personne ne semblait l'avoir remarqué. Elle, qui avait rué dedans, regrettait à présent sa perte et en célébrait en silence des funérailles sans larmes.

Remerciements

J'aurais aimé remercier ceux qui, par leur aide, m'ont permis d'écrire ce livre, mais ils se sont tellement multipliés au cours des six années nécessaires à sa rédaction, dépassant en nombre les personnages qui l'habitent, qu'il m'est désormais impossible de les mentionner tous. Je voudrais remercier d'abord les inspirateurs de ce roman pour leurs récits, en particulier les membres de ma famille, et en premier lieu ma grand-mère Emilia. Les amis qui m'ont hébergée pendant que je le rédigeais. Ceux qui ont répondu à mes questions, quand j'ai essayé de reconstruire histoires, traditions et parlers. Les membres de ma famille, encore une fois, et des gens de Grottole et des environs. Certains ne sont plus là. Madame Luisa, qui m'a fourni des renseignements sur Reggio Emilia. Mon père qui a fait une partie des recherches. Les bibliothécaires de Matera, qui ont mis à ma disposition livres et documents. Les premiers lecteurs de ce roman qui m'ont donné leur avis ou qui l'ont lu pour m'aider à trouver une maison d'édition. Ceux qui l'ont choisi et l'ont suivi jusqu'à sa version définitive, ne perdant patience que rarement. Merci à tous.

Impression réalisée par

BUSSIÈRE

GROUPE CPI

à Saint-Amand-Montrond (Cher)
pour le compte des Éditions Robert Laffont
en juin 2008

Mise en pages : Bussière

Dépôt légal : septembre 2008.
N° d'édition : 48783/01. — N° d'impression : 80657-081857/4.

Imprimé en France